近世の村と民衆運動

白川部達夫著

塙書房刊

はしがき

本書は、著者が折にふれて書いてきた論文のなかから『近世の村と民衆運動』にかかわる論文を収録したものである。共同研究の報告書などに執筆したものが多く、入手も簡単ではないものもあるので、この機会にまとめておくことにした。その時々、テーマを拡げることを心がけて書いたものが中心となっており、強いまとまりというものはないが、『日本近世の村と百姓的世界』（校倉書房、一九九四年）以後の著者の模索の跡を示すものといえるであろう。以下、簡単に紹介しておきたい。

Ⅰ　研究展望

第一章「総説―村落論の展開」は村上直・白川部達夫・大石学・岩田浩太郎の四人で『日本近世史研究事典』（東京堂出版、一九八九年）の編集にあたったときに、担当した村落論の総説として書いたものである。一九八〇年代までの村落史研究の総括として、読んでいただければと思う。事典編集にあたっての苦労がなつかしく思い出される。自分たちも若かったが、若手に書いてもらおうと、ときには厳しい議論をしながら人選した。書いて下さった方々が、その後、一線で活躍されたことは、編集にあたったものとして、誇らしく思っている。

第二章「世直しと地域市場―幕末維新の基礎構造」は二〇一四年九月二七日の関東近世史研究会例会報告を原稿化したものである。第一章が一九八〇年代までの研究史であるのにたいし、その後の状況の補足になればと思い、発表時にある程度できていた原稿に手を入れて完成させた。一九八〇年代は、世直し状況論が収束を見ていく時代であったが、本章は、八〇年代以降の新しい展開を踏まえている。その違いを感じていただければと思う。両論文の間に、資本による自然の収奪が、人間の家族の収奪にまでおよび始めていることを改めて思い知らされている。

Ⅱ　百姓の所有と共生

第三章「近世の村と百姓の土地所持」は、〈江戸〉の人と身分のシリーズに収録したものである。質地請戻し慣行を軸に、東アジアの同時代の土地所有意識との比較を試みたものである。この点については拙著『近世質地請戻し慣行の研究』(塙書房、二〇一二年)があるので、参照されたい。

第四章「日本近世の共生思想―『河内屋可正旧記』をめぐって」は、東洋大学の共同研究『東洋知に基づく「共生」思想の研究』の報告書に発表したもので、河内屋可正の共生意識を検討している。ことに元禄期に彼が見た夢の記述については、早くから興味深く思っていたが、これまで誰も指摘するものがなかったので、この機会に検討することにしたものである。

両論文とも、近世の村の意識構造にかかわるものとして、ここにまとめた。

Ⅲ　村と民衆世界の広がり

本編には、近世後期の村と民衆世界の広がりを示す論文を収めた。

第五章「畿内先進地域の村と商品生産」は東洋大学人間科学総合研究所プロジェクト『日本における地域と社

会集団』の報告書に発表したもので、村の共同性と商品生産の関係を北摂津の村の史料に基づいて論じたものである。村共同体が小商品生産の発展に果たす役割と限界を検討している。村共同体が構成員の小商品生産の発展をささえる面があることは当然としても、これが安定的に続けられるには、村共同体自体がこれまでと異なった組み立てと意思をもつ必要があり、それは一九世紀に入って各地でおこなわれた仕法として表されたのではないかということを指摘した。この時期を仕法の時代ととらえる必要があるのではなかろうか。

第六章「江戸地廻りの賑わい」は、『番付で読む江戸時代』に書いたものである。「番付」を読むというテーマには十分応えられなかったが、江戸地廻り経済の展開を考える上で、よい経験をさせてもらったと思う。金沢から東京へ戻ってすぐに青木美智男さんから連絡をいただき、引き受けることになった。青木さんとは、それから親しくさせていただいたが、突然亡くなられた。世直し状況論をリードした青木さんが第二章の論文などをどのように受け止められるか、聞けなかったのが残念である。

第七章「幕末維新期の村と旅人改め―村をめぐる交流・流通・地域」は、元治のいわゆる天狗騒動をめぐる旅人改めを題材に、そこに浮かび上がる地域社会の人の動きを探ろうとしたもので、記録された人物一人ひとりの背景を調べてみると、意外に広がりが感じられて、楽しみながら書くことができた。幕末期の地域市場の様相を人の旅から眺めようと狙ってみたものである。

第八章「幕末維新期の村方騒動と『小賢しき』者」は、「幕末維新期の村方騒動と主導層」（地方史研究協議会編『茨城県・思想文化の歴史的基盤』雄山閣、一九七八年）の一部と『小山市史』通史編二・近世（小山市、一九八六年）の担当部分を再編したものである。安丸良夫「民衆運動の思想」（安丸良夫他編『民衆運動の思想』日本思想大系五八、岩波書店、一九七〇年）が出て、青木美智男さんの指摘がおこなわれた頃のことで、一九七七年地方史研究協議会の水戸大会で、報告したものである。その後、深谷克己さんの『八右衛門・兵助・伴助』（朝日新聞社、一九七八年）が出ている。それぞれ民衆史をリードした人々の見解があるが、私は私なりに、伝統的共同体結合から私党的結合へという流れのなかで、この問題を深めてみたいと思っている。まだ準備不足の感があるが、ここでは『小山市史』に書いた部分を事例として補足しておいた。

Ⅳ　村と民衆運動

第九章「一八世紀末における幕藩領主の関東認識と村方騒動」は名著出版の『歴史手帖』に書いたもので、彦根藩の江戸賄い領だった栃木県佐野の市史を執筆したとき、印象深い記事を見つけたことが契機となった。彦根藩や幕府が当時、関東を紛争や訴訟の多い、やっかいな地域と見ていた事実から、民衆運動との関連を探ったものである。

第一〇章「近世村落の社会結合と民衆運動―天保三年、武州橘樹郡南加瀬村門訴一件を中心に」は『法政史学』に発表したもので、故村上直先生を中心に取り組んでいた『川崎市史』編集の過程で発見した史料をもとに、伝統的な村の社会結合とそれを媒介にした門訴の結集を検討したものである。風呂をめぐる日常関係や言継ぎの過程が復元でき、これらを含めて百姓の門訴への結集過程が明らかにできた。

第一一章「寛政期肥料国訴の動向について」は、人間科学総合研究所プロジェクト『日本における地域と社会集団』の報告書に発表したもので、摂津国八部郡花熊村村上家文書や武庫郡上瓦林村岡本家の調査で得られた史料から寛政期の国訴の史料紹介をおこなったものである。年表などに紹介されているものもあるが、活字化されていなく、細かな検討もないので紹介した。ここでは寛政期の国訴が幕領の肥料や年貢増徴政策への反対訴願に始まったことが注目される。また国訴をめぐる問題を、全国市場における畿内の地位の変化、その内部における地域市場の形成、幕府の統制強化への抵抗の三重の課題のなかでとらえるべきであることを指摘した。

第一二章「文政期の肥料訴願と国訴について」も第一一章と同じ人間科学総合研究所プロジェクト『日本における地域と社会集団』に報告したものである。文政六年（一八二三）の国訴は、国訴の確立を示す画期的なものとされるが、その背景には、文政二年（一八一九）におこなわれた幕府の物価引き下げ令の矛盾があったことを指摘した。かつて中井信彦『転換期幕藩制の研究』（塙書房、一九七一年）が問題とした幕府政策の実効性が問われたといえよう。

以上、各論文にふれてみた。本来、問題がどのように拡がっていくかを探りながら書いたものなので、完結したものとしてではなく、その可能性を読み取って下されば、本書を上梓した意味があると思っている。

二〇一八年七月

白川部達夫

目次

目次

近世の村と民衆運動

Ⅰ 研究展望

第一章　総説――村落論の展開

一　戦後歴史学の転換と近世村落論

一九五〇年代後半からの高度経済成長の進展は日本の社会構造を大きく変化させていった。とくに都市への急速な人口集中と農村の過疎化が進んだことや、農業の機械化が本格化したため、村落共同体の解体は決定的なものとなっていった。こうしたなかで戦後の社会科学研究が前提とした、日本社会の民主化という問題意識も有効性を失っていった。市民的自由の精神の発展を阻んでいると考えられた封建的村落共同体そのものの解体が進むいっぽうで、都市を中心に大衆社会が成長し、民主的社会が実現されつつあるかのように見えたのである。高度成長期にあらわれた日本文化論や近代化論、あるいは一部の大衆社会論は、こうした経済発展のもとで一定の経済的な平準化や民主化の進行を楽観的にとらえ、日本社会を近代化の成功例とし、封建社会をその母体として高く評価する発想を生み出した。

しかし現実には、日本の現代社会は大局的に見れば、高度経済成長により、上から農村社会を急速に解体しつつ形成されたもので、おこなわれたのは全面的近代化ではなく工業化にすぎず、あらわれたものは下からの民主化の歴史的経験を十分成熟させないままに、管理社会としての抑圧的性格を強く帯びた大衆社会であった。近代化は、ここでは古い共同体の絆からの解放という単純な形式では進まず、共同体の古い束縛が工業化の論理を補強する方向で作用した。またいっぽうで、現実の共同体諸関係の解体は人びとの生存の基盤を根こそぎ収奪するところまで進み、その存立を脅かし始めた。

こうしたなかで七〇年以降、高度成長経済が終わり、福祉国家や経済的平準化の矛盾が明らかになると、再び共同体の問題に関心が集まるようになった。もちろんその関心は戦後の社会科学が前提としたものとは同じではない。ここでは単純な封建遺制の問題としてではなく、工業化のなかに動員されて、根強く生き続ける共同体的束縛の日本的特質と、これをささえる農業を中心とした日本の小経営の特質を歴史構造全体との関連で明らかにすること。また人間の存立条件の収奪に抵抗するための、よりどころとして共同性の回復の課題に応えるために、各時代での共同体の達成を歴史的に解明することが課題となっているのである。こうした点で、近世村落共同体の研究はきわめて重要な位置にあるということはいうまでもない。近世村落共同体は小農共同体として日本の歴史上、画期的な位置を占め、現代社会の直接の母体となったからである。

二　近世の百姓像をめぐって

近世の村は百姓を中核として構成されている。この百姓の内容は経済的には小農民経営である。太閤検地論争をへて、一七世紀末には中世の名主の系譜を引く家父長的大経営が解体し、小農民経営が村の中心となったことが確認された。しかし問題はその先にある。ここで展開した小農民経営が、歴史上どのような位置と意義をもつのかという点についての理解は、これを発達した小経営としてアジアで唯一資本の本源的蓄積を自生的に準備し得た基盤として評価する立場から、その脆弱性・非自立性から国家的な人身隷属を強調し、開港による外からの全面的解体のなかに資本主義化を見ようとする立場まで、依然として大きな隔たりがあるのである。[1] こうした議論は、世界史の社会構成体理論全体の再構成のなかで、とりわけアジアの近代化をめぐる歴史像の再検討をめぐって提起されているのが特徴であり、近世の百姓経営を問題にする場合、避けて通ることのできないものとなっている。近世の小農民経営は、労働力を多量に投下して、すぐれた生産力的達成を実現した反面、きわめて不安定な性格をもっており、その強さと弱さをこれらの議論を踏まえて、構造的に位置づけることが今後も必要とされよう。

いっぽう百姓存在について、七〇年以降の研究は主として経営論以外のところで広がりを見せている。近世社会は家父長制経営も小農経営も、また山民・漁民も原理的には百姓として一律に把握する社会であったことが一つの特徴であるが、国家論の展開のなかで、百姓という身分が領主制のもとに私的に支配されるものではなく、古代・中世を通じて成長してきた公的規定を強く含み込んでいることが意識されるようになり、その内容把握が問題となっている。[2] また百姓の達成した人間的力量やその創り出す世界の意味をどのように把握するかも、課題にあがってきている。[3] これらはまだ思想史の枠を出なかったり、試論にとどまっている面もあるが、現代社会に対する意義やアジア世界との対比を意識しつつ、広い意味での文明史的達成や限界として位置づける努力を進めれば、大きな成果が期待できよう。[4]

三　村と共同体をめぐって

近世の百姓はそれ自体孤立しているのではなく、共同体を形成して生活している。その共同体は制度的には、

「村」として位置づけられている。このことには二つの問題がはらまれている。一つは村は百姓の生産・生活の場であり、ここには領主層や町人は一般的に含まれないということである。これは日本の近世村落の重要な特徴であり、兵農分離の世界史的な特質の問題となる。

しかしこの点については後回しにして、もう一つの村と百姓の生産・生活のための共同結合の場は、いつでも一致しているわけではないという問題から入ろう。村は太閤検地以下の検地と村切りの過程で、権力により編成されたものであり、生産・生活の場と一致しない場合が、しばしば見られる。そこで近世村落論の課題の一つに制度としての村と生産・生活ための共同組織をどのように統一してとらえるかという問題が生じるのである。この場合、村を権力が支配のために設定した擬制として、生産・生活のための共同組織を共同体として重視するのが一つの立場である[5]。こうした観点をもつことは、百姓の共同結合の実態と村との関係を明らかにするために常に必要であり、村落論に新風を吹き込む原点といえるであろう。

しかしいっぽうで、近世村落に限らず共同体は常に、自然に存在したのではなく歴史的に人びとの営為のなかで形成されている。そして歴史的であることの内容には、支配の契機も当然含まれねばならないのである。またそういった理論的認識を省いても、近世の村は相当程度共同体と一致している実態があり、一概にこれを擬制であるとすることは適当ではない。そこで村と百姓の共同結合は、同じでないことを一応承認しつつ、なお設定された村が共同体としての性格を保持する条件として、領主にたいする地代負担の共同義務と他村にたいする共同利害の擁護があるとする理解が生じる[6]。ようするに領主と百姓の階級矛盾と民衆の内部矛盾の交錯するところに、村が共同体として形成される条件があるということであろう。前者の観点にたいし、この視点は村を歴史的に社会の全体構造のなかで位置づけるさいに欠かせないものといえる。

さて村に論点を移せば、村は兵農分離の所産として、領主や町人を原則として排除した共同体として形成される。そこで領主支配と百姓との接点としての村の位置と機能、これをささえる村の能力といった問題がまず課題となろう。この接点として、村請制があることは異論がないが、その理解のしかたとして、編成の側面を重視する理解と百姓の自律的性格を重視して領主の編成との対抗・協調の過程を理解しようとする見解とが生じ、年貢・村役人・融通・村組・村制裁などの問題が論じられている[7]。さらに村の能力という点でいえば、再生産の仕組みというだけでなく、技術や行政あるいは知的能力にまで広げて問題にすることが、村の自治や小農経営成立の文明史的位置を問うことにつながっているといえよう。この点では、初期開発・治水の領主・土豪の技術から小農的技術への転換や地方書・農書の意味、または農民の算筆能力の高まりと訴訟・内済などの政治的能力、農民闘争など広い文脈で問題にすることができる条件が成長しつつある。またこの問題は村と村との関係においても広がっており、近世の村連合やそこでの代表制の問題なども新しい視点として追究が試みられているのである。さらに豊臣政権の惣無事令をめぐる議論なども、以上のような村や百姓の能力を見極めるなかで、解決される課題であろう[8]。

四　生業と生活の諸相をめぐって

近世の村と百姓を見る場合、当然その生業と生活過程を明らかにすることが必要である。このさい生産力といった視点だけでなく、自然と人間の生産の調和、人びとの共同性の回復などの課題を見通す方向で問題を立てることが望まれている[9]。また高度経済成長が村落のありようをほとんど根底から変えてしまった結果、一九五〇年代以前ならば直接、近世につながり自明であったことがらも、具体的な復元の努力なしには把握できなくなった。このため問題をできるだけ具体相においてとらえる努力が要請されている。

生業・生活の基盤となっている所有の問題について見ると、村落の土地所有の実態を地理的に描き、その上に、作付状況を明らかにするといった作業から所有・生産や共同体規制を分析する地理的研究手法があらわれたり[10]、共同体におけるさまざまな所有慣行から近世の村と百姓の共同体的所有と個別的所有などに迫る仕事があらわれていることが注目される[11]。これらは従来のように、農民的土地所有といった問題を直接前面に出すのではなく、具体的に百姓の土地・自然とのかかわりを明らかにすることから、問題に迫ろうとしているところに特徴があろう。

いっぽう生業については近年さまざまな面から、新しい試みがおこなわれている。近世の村と百姓は農業でのみ生活を立てているわけではない。また農村でも田方の村だけでなく、畑方の村もある。さらに山方もあれば浦方もあり、それぞれの歴史のありようは異なっている。それを一律に村と百姓として把握したのが、近世権力である。そこにどのような民衆の動きや権力の対応があったのか、またそれぞれの面での人と自然とのかかわりという問題が自覚されねばならない。近世小農民経営の不可欠な補完物として農間余業を位置づけた仕事や、技術史の社会史の取り組みも、こうした観点を豊富に含んでいるといえるであろう[12]。また人と自然という問題では、村落景観論の仕事に加えて、大地の占取をめぐる呪術の問題に迫った仕事や人と動物の関係を広い視野から追究した仕事、日本の林業を世界史的な資源保護の観点から位置づけようとした仕事などもあらわれており、今後の発展が期待される[13]。さまざまな生業を内に含む村と権力という点は、結局石高制のもつ村落把握の意味を追究することに問題が集約されようが、これについても多くの研究があらわれている。いっぽう生活という面では百姓の消費生活や文化的結びつきあるいは女性の生活史など、従来ならばあまり関心をひかなかったか、他の分野でとりあげられたことがらが、関心を集めるようになっている。[14] これらをささえているのは、人間的な日常性を回復しようとする人びとの意欲であり、それが抽象的でなく具体的に市民参加の場で、提起されているのが現代の段階である。また生活結合という面では、民俗学の仕事との交流が広く進められている。このなかで民俗的世界を近世世界にどのように位置づけるかという試みもなされるようになった。[15] 最後に解体期を展望しておくと、従来の研究は農民層分解論として立論され、豪農論などを通じて共同体からの解放が課題とされた。しかし述べてきたような文脈で見ると、解放とともに失ったものの重さを再確認すべき時期にきているといえる。それはいってみれば農民的世界と変革の独自性という問題となるのであろう。

(1) 芝原拓自『所有と生産様式の歴史理論』(青木書店、一九七二年)、中村哲『奴隷制・農奴制の理論』(東京大学出版会、一九七七年)。
(2) 深谷克己「百姓」(『一九八〇年度歴史学研究大会報告』『歴史学研究』別冊特集、一九八〇年、後に『深谷克己近世史論集』一巻、校倉書房、二〇〇九年所収)。
(3) 安丸良夫『日本の近代化と民衆思想』(青木書店、一九七四年)、布川清司『近世日本の民衆倫理思想』(弘文堂、一九七三年)、佐々木潤之介『近世民衆史の再構成』(校倉書房、一九八四年)。
(4) 佐々木潤之介「日本封建社会論」(『中世史講座』五、学生社、一九八五年)。
(5) 中村吉治『日本の村落共同体』(日本評論社、一九五七年)。
(6) 中井信彦『幕藩社会と商品流通』(塙書房、一九六一年)。
(7) 深谷克己「幕藩制における村請制の特質と農民闘争」(『一九七二年度歴史学研究大会報告』『歴史学研究』別冊特集、一九七二年、後に「村請制と農民闘争」と改題して同『増補改訂版・百姓一揆の歴史的構造』校倉書房、一九八六年所収）、水本邦彦『近世の村社会と国家』（東京大学出版会、一九八七年）。また両者の前提としているムラ結合の地域性については福田アジオ『日本村落の民俗的構造』（弘文堂、一九八二年）。
（8）藤木久志『豊臣平和令と戦国社会』（東京大学出版会、一九八五年）。
（9）我孫子麟「人間社会存続のための物的諸条件」（歴史学研究会・日本史研究会編『講座日本歴史』一三、東京大学出版会、一九八五年）。
（10）木村礎・高島緑雄編『耕地と集落の歴史』（文雅堂銀行研究社、一九六九年）、葉山禎作『近世農業発展の生産力分析』（御茶の水書房、一九六九年）。
（11）青野春水『日本近世割地制史の研究』（雄山閣、一九八二年）、拙稿「近世質地請戻し慣行と百姓高所持」（『歴史学研究』五五二号、一九八六年、後に同『日本近世の村と百姓的世界』校倉書房、一九九四年所収）、渡辺尚志「近世村落共同体に関する一考察」（『歴史評論』四五一号、一九八七年、後に「土地と村落共同体」と改題して同『近世の豪農と村落共同体』東京大学出版会、一九九四年所収）、丹羽邦男「近世における山野河海の所有・支配と明治の変革」（『日本の社会史』二、岩波書店、一九八七年所収）など参照。
（12）深谷克己・川鍋定雄『江戸時代の諸稼ぎ』（農山漁村文化協会、一九八八年）、『講座・日本技術の社会史』全八・別巻二（日本評論社、一九八三～一九八六年）。
（13）木村礎『日本村落史』（弘文堂、一九七八年）、三鬼清一郎「普請と作事」（『日本の社会史』八、岩波書店、一九八七年）、塚本学「動物と人間社会」（『日本の社会史』八、岩波書店、一九八七年）、コンラッド・タットマン「近世日本の林業についての一考察」（徳川林政史研究所『研究紀要』、一九八三年）。
（14）高橋敏「近世小農の消費生活と教育・文化の創造」（『歴史評論』四六一号、一九八八年、後に同『近世村落生活文化史序説』未来社、一九九〇年所収）、近世女性史研究会編『論集近世女性史』（吉川弘文館、一九八六年）など。
（15）安丸良夫「『近代化』の思想と民俗」（『日本民俗文化大系』一、小学館、一九八六年）。

第二章　世直しと地域市場——幕末維新の基礎構造

はじめに

グローバル化が進むなかで、高度な消費社会が出現するいっぽうで、非正規雇用や労働の異常な強化（ブラック企業の拡大）が、もはや人間の生存そのものの収奪におよび始めている。かつては共同性の剥奪と個別化、大衆化と管理化が問題であったが[1]、現在は家族の解体、人間の再生産の収奪にまで、これがおよんでいる。移民が少ない日本社会は、急激な人口減少にさらされている。文明化が家族と出産・育児を望まない文化を生み出すことも一因であるが、いっぽうで出産・育児の機会が社会的に企業原理のなかで剥奪されつつあることが大きいといえるだろう。日本は市場原理主義的な社会の展開が人間の再生産を食い尽くすまで進んでゆくモデルとなるかもしれない。にもかかわらず日本社会はこうした動きにたいして、強い抵抗を示し得ない状況にある。

現在、このことをより深く、日本の近代化過程とかかわらせて内在的に把握する必要が大きくなっているように思われる。近代・近世移行期の視点を近代市民社会形成史という側面に限定してしまえば、こうした視点は欠落してしまい平板な把握に陥るのではなかろうか。

一　世直しと平均

1　佐々木潤之介の豪農・半プロ論

世直し研究は、戦前・戦後を通じて幕末維新期の民衆的変革主体を問う問題関心から取り組まれてきた。これを受けて一九七〇年代には、佐々木潤之介の豪農・半プロ論があらわれた[2]。佐々木は明治維新の帰結を絶対主義権力の成立と見る立場から、その基礎には日本型ブルジョアジーである豪農の限界があると理解し、したがって変革の課題は半プロレタリアートが担わざるを得なかったとする。また豪農経営の展開は、天保期以降、幕藩制的市場構造の限界に当面して、豪農は都市特権資本や領主階級と共生するようになり、高利貸し的側面を強めて、半プロとの対立を激化して、世直し騒動にいたると把握した。民衆の土地革命の要求も豪農が汲み取ることなく、土地均分も風聞にすぎなかったと指摘している。

2　豪農・半プロ論批判の展開

佐々木潤之介の世直し状況論批判はさまざまな側面からおこなわれたが、ここでは①半プロ論、②豪農論の観点から整理しておきたい。①については落合延孝[3]・深谷克己[4]らが、世直しの主体を小前農民（半プロを含む）を中心とした窮民ととらえ、その要求を質地請戻しが直接基礎にある小農回帰的なものだとした。この視点から深谷克己は『民衆運動』[5]で、百姓一揆の文脈で世直しをとらえる試みをおこなっている。安丸良夫は、早くから土地均分風聞は民衆から出たものではないとしていたが、『近代天皇像の形成』では世直しなど民衆運動の民俗的性格、呪術的世界像を強調し、そこから近代天皇制による統合を見通そうとした。[6]②の豪農論批判では、久留島浩が組合村に結集する豪農を中心とした地域の自治的力量が近代社会の基礎になったとして、豪農の積極性を主張し[7]、藪田貫が国訴などのなかに近代社会へつらなる代議制の萌芽を見出そうとした。[8]こうした検討は平川新[9]や渡辺尚志[10]などにも引き継がれている。ここでは豪農と民衆の対立は決定的なものではないとされ、豪農に地域社会の近代化を担う中間層、名望家として地域の要望に応える側面を見出した。こうした観点から近世・近代の地域社会論が展開されている。いわば近代市民社会形成史的側面からの批判であった。

いっぽう、白川部達夫[11]・岩田浩太郎[12]らは、伝統社会の構造のなかから世直しや都市騒擾をとらえようとした。白川部は質地請戻し慣行論を提起して、世直しの土地要求の伝統的基盤を明らかにして、近世の百姓的所持の意識構造を解明した。

3　世直し論の現段階

世直し研究は、佐々木潤之介の提起した世直し状況論の段階から、民衆の伝統的正当性の見直しなどをへて、新しい検討が進められた。まず世直しの主体は窮民であるが、それは富民と対置される社会認識の転換をともなった画期的なものであるととらえられる。窮民は実体的には、半プロから没落の危機にある中農まで含む幅広い存在であり、半プロ一元論的な発想は有効でないが、落合延孝・深谷克己らは窮民が富民に対置されて登場した言説であり、百姓的世界の解体を意味するものだったという位置づけにたいする理解を欠いていた。窮民言説の出現は、百姓・町人という身分区分が解体し、富民―窮民という階級区分に社会認識の分割基軸が転換したことを意味した。窮民（富民も）は百姓世界にも、町人世界にも普遍的に存在する階級概念であり、身分制社会から階級社会への転換が意識されるようになったことを示した。半プロの概念やそれがどのように存在したかという実態とは別に、社会が自らの社会をそう認識するようになったことが重要である。それは化政期頃に始まり、天保期の危機のなかで初めて表面化した。文政期の加賀藩主が親書で、貧民成り立ちを危機感をもって唱えたことは、百姓成り立ちからの転換として興味深い(13)。

窮民は世直しのなかで、窮民救いのためと正当化されるように、自分の存在内部に蜂起勢の正当化の論理をもたなかった。百姓一揆が、百姓相続を唱えたのとは違っていたのである。身分的正当性を欠如したので、社会的生存権が唱えられた。津田秀夫がかつて、世直しに社会的生存権を読み取ろうとしたのは、この点で有効である(14)。

世直しの土地要求として、その基盤に質地請戻し慣行があったことは指摘したことであるが、世直し蜂起の局面では、それは取戻し要求へ変化している。質地請戻し慣行がもはや機能しがたくなっているので、蜂起では無償取戻しが要求された。したがって状況は、小農回帰が機能しがたくなっていたと理解している。もちろん没落した小百姓の多い地域では、請戻しが前面に出てくるが、農業経営からの脱離が進んだ地域では、あまり前面に出てこない。武州世直しでは、平均が唱えられ、施米金・質物返還などが主流になっている。また世直し勢自体は平均を唱えるにとどまったが、これにさらされた豪農層のなかに土地均分建白を出すものがいたことが明らかになっている。したがってかつて豪農層が土地回帰への要求を汲み取れず、土地平均は風聞に終わったとか、風聞は明治政府の土地改革への恐怖感から出たもので、民衆的なものではないという議論があったが、いずれも理論的要請からきた主張にすぎなかったといえる。

富民―窮民分割はこれにともない、富の正当性をめぐる議論も生み出した。天富論とでもいうべき議論である。

論語に「死生は命にあり、富貴は天にあり」とある教説は、正統派の儒学では、人の生死・富貴は天の定めなので、人にはどうすることもできないといった意味で解釈されている。しかし武州世直しを記録した伊古田純道はその『賊民略記』の最後で、天がその才のある人に蓄財をさせるのは、窮民を救わせるためで、これに背くから天罰として打ちこわしにあうのだと指摘している。また均分建白書を起草した中村甚五左衛門も別の建白で富民は「窮民ヲ軽蔑シ、富貴天ニ在ルノ理」を知らないから、争いが生じると論じた[15]。いっぽう二宮尊徳は日頃から「貧富天ニ在ラズ、分ヲ守リ倹ヲ行フニ在リ」と説いていたという。二宮尊徳の主張を進めると、富は勤勉・倹約の結果であり、貧困なものはこれを怠った怠惰なものと否定的に扱われた。こうして豪農・富民と窮民との区分に、怠惰と勤勉論が結びついて、世直しを切り捨てて、近代市民社会が成立してゆく傾向があらわれた。この議論では、均分は怠惰を奨めるようなもので、文明開化を否定すると主張されたのであった[16]。

二　地域市場の展開——肥料と地域市場

1　世直し状況論の市場理解とその後

世直し状況論の経済過程の理解は、天保期に豪農経営が幕藩制的市場構造の限界に突き当たり、高利貸し収奪・領主との共生を強化し、半プロ層との対立が激化して、世直しにいたったとするものである。このような幕藩制的市場構造の強固さは、三都商人の強固な市場・金融支配によって維持されていたので、幕藩体制の解体はこれが崩れる開港を待たねばならないとして、対外的契機を重視した。そしてそこに明治新政府が、絶対主義権力として成立する契機を見ている。

いっぽう、その後、石井寛治は明治維新の基礎過程として商人的対応論を提起した。これは開港・外圧による幕藩制の危機にたいして従来の志士的対応・民衆的対応のほかに商人的対応を設定し、志士的よりは民衆的、民衆的よりは特権的な商人路線による近代化の存在を指摘したものである。石井は、幕末期には一部にマニュファクチャ的経営の成長や局地市場が形成されたことを認めている[17]。商人的対応論の提起は、世直し状況論が豪農の利貸し経営の側面の強化を前期資本の側面の強化や行き詰まりと評価したのにたいし、これを相対化し、積極的にとらえる道を拓いた面があったことに注意したい。

また谷本雅之は在来的産業発展論を主張し、幕末維新期を小農経済の成熟と市場経済化ととらえ、小農の市場対応の深化と在地主導型の商品流通の展開を指摘して、在来的産業発展が幕末維新期から一九世紀を通じて続いており、機械制大工場の展開と並行していると独自の論理を指摘している[18]。

いっぽう渡辺尚志は小商品生産と共同体の相互補完論を指摘して、村が小商品生産の発展を阻止するのではなく、保障しており、村は幕末維新期でも有効な役割を果たしているとし、豪農・半プロの対立という面に収斂されない、村の機能を指摘した[19]。

白川部はこれにたいし、どのような条件のもとに、村の共同性と小商品生産の保護が可能で、かつ限界をもつかの検討が必要と指摘し、村の共同性もそのままではなく、二次的変容が必要であり、それは近世後期におこなわれた仕法（例えば尊徳仕法）といった意志的結合を強化しなくては維持できないと論じている[20]。

2　肥料と地域市場

古島敏雄は、畿内の商品作物生産に基づく富農経営が、天保期に肥料価格や労賃の高騰と都市特権商人の吸着により挫折し、寄生地主へ転換していったことを指摘した。これにより明治絶対主義権力が成立する基盤となったと見通すことになった[21]。これにたいしては、山崎隆三[22]、八木哲浩[23]らが、肥料価格や労賃の高騰などがあり、富農の利潤は制約されるものの、松方デフレ期まで、富農経営は継続したことを指摘し、その意義を見直すことを提起した。

いっぽう荒居英次は関東を中心に肥料商の動向について包括的検討をおこない、江戸問屋の前貸しによる浜方支配、同じく在地肥料商への前貸しにより、農民への干鰯販売が半年で二〇パーセントを超える高利でおこなわれたこと指摘した。在方干鰯商と農民との関係では、干鰯の高値販売・高利前貸し・出来秋安値買取の現物決済という三重の収奪により、農村荒廃の一因となったと、その高利貸し資本としての性格を強調した[24]。

これにたいし一九九〇年代には、原直史による江戸干鰯問屋を中心とする研究が進み、江戸干鰯問屋は、集荷市場の整備を通じて、市場を把握しているのであり、単純に高利貸し支配というだけでは済まない実態が明らかになった[25]。また上方では、中西聡が蝦夷地の鯡漁業とその流通を検討して、大坂で干鰯に代わって使用されるようになった鯡粕などの流通と近代化の関係を解明した[26]。原・中西により、肥料の全国市場の解明は進んだが、いっぽうで、在地肥料商や彼らが依拠する地域市場などの動向は未解明のまま残された。

①阿波藍特産地

阿波は、藍の特産地で、かつて戸谷敏之は西南日本の商品生産地帯の類型として、ともかく萌芽的剰余の農民への蓄積（ブルジョワ型発展）が見られた摂津型にたいして、商品作物が展開しながら、領主権力と高利貸し資本による剰余への吸着のために貧窮化した地域と把握した。こうした理解のもとで、大規模藍師が藍葉を集荷するために、生産農民に魚肥を前貸し、生産物決済をおこなったため、農民が困窮化して、半プロ化したと把握されていた。[27]

しかし一九九〇年以降は、一九世紀になり中小藍師の広範な展開と成長が見られ（富農化）、大規模藍師は藍葉ではなく、完成品である藍玉集荷へ転換し、魚肥の供給も止めたとされるようになった。明治後半まで発展した阿波藍は、こうした小規模藍師の展開によりささえられたことが注目されるようになった。[28]

江戸に出店をもつ藍商人の三木家は文化・文政期は江戸や産地から直接干鰯を購入していたが、天保期になると阿波廻船と結んで魚肥を供給するようになった。さらに幕末維新期には藍葉の購入から藍玉購入に比重を移すようになり、肥料供給は減少していった。[29] また大坂干鰯屋の近江屋長兵衛家や同市兵衛家では文化・文政期には阿波の藍作地帯への直接販売をおこなっていたが、天保期に撤退した。[30]

文化・文政期から天保期にかけて阿波廻船が成長し、斉田の塩を運び出し、帰り荷で魚肥を運ぶ、買い積み船経営が成長した。[31] 天保期に発展した撫養の廻船問屋山西家はその典型で塩大問屋と干鰯平問屋をかねていた。三木家はこれと結んで魚肥を確保するようになっていた。

いっぽう、在地でも小規模藍師が成長し、魚肥を仕入れて、藍葉生産農民に貸し付けて、藍葉で精算した。その一人、名西郡覚円村天野家では、安政三年（一八五六）には、魚肥を貸し付けて、藍葉で相殺することが一般だったが、文久三年（一八六三）には、取引人数三一名中、藍葉精算を明記したものは一二名にすぎず、前貸し利子も従来の一四・四パーセントから一二パーセントを適用されたものが八名いたことが明らかとなった。[32] 富農が成長し、中小藍師が展開するのに有利な条件が生まれてきたといえる。戸谷敏之の藩や高利貸し資本の吸着による貧窮分解的理解は適用できないことが指摘できる。

②北関東主穀生産地域

利根川中通りの常陸龍ヶ崎や取手など在郷町では、天保末年から幕末期にかけて、干鰯・〆粕の現金販売ないし、短期の貸し付け販売がおこなわれていたことを指摘した[33]。北関東の主穀生産地帯である下野国都賀郡西水代村の田村家は旗本の割元、地主、利貸し、肥料商をかねていた豪農であったが、文化期に肥料商を開始し、天保~幕末期には春に〆粕一〇〇〇俵前後、秋に糠を販売していた[34]。仕入れは、関宿の干鰯問屋からであったが、関宿干鰯問屋は、北関東の在村に魚肥を仲介する問屋として、近世後期に台頭し、江戸の干鰯問屋の取引独占を崩す存在となった。ここでは農民にたいしては前貸しで、秋口に現金決済がおこなわれた。また前貸し利子は、文政期には一八パーセント、天保期には一五パーセント、天保改革の利子低減令を受けて一二パーセントと低下した。利子があがるのは明治一五年（一八八二）に深刻なインフレーションの進行が見られた後で、一五パーセントとなった。

田村家は通帳を信用のおけるものに配布して、購入を促し、その通帳を利用して他人が購入することにも対応していた。通帳貸与の場合、代金の回収は通帳名義人の責任となった。また紹介者がいて、その人物を見極めて、購入を紹介することもあった。この場合、前年の支払い実績が悪いと断ることもあった。これらは人と人の濃密な共同体的関係を通じて前貸し信用が供与される人格的・共同体的信用供与であったといえる。いっぽう同家の販売の外縁部に手形での販売があった。これは同家と契約した手形発行人とでもいうべき人物が手形を農民に渡し、農民がこれを持参して田村家に来て、手形と交換で魚肥を受け取る取引で、支払いは手形発行人が取りまとめた。手形持参者について、田村家側は、その人物の情報をもっていない。それでも前貸しがおこなわれるのが手形の意義ということになる。まったく知らない人物に前貸し信用が手形であたえられているので、非人格的・非共同体的信用供与の制度がおこなわれたことがわかる。

従来、在村肥料商についての指摘は、荒居英次に代表されるように、高利貸し的性格やその停滞性を強調するものが多かった。しかし荒居の分析にしても、一八世紀の史料が多く、それも経営帳簿ではなく、訴状などの表現によっている場合が多い。一八世紀については妥当するとしても、一九世紀になると状況は大きく変化してきたといえる。一九世紀になると出来秋現物決済から出来秋現金支払いへの変化、前貸し信用供与の拡大や現金販売などが利子低下とともに進んでいたことが指摘できる。市場が競争的で、合理的機制が展開したことが予想されるのである。これは東アジア経済の近世から近代への移行期の動向とも比較すべき点である(35)。

三　今後の課題

世直し状況論以後の研究動向を踏まえながら、今後の課題として考えられることは、以下の通りである。

1　豪農・半プロ論的幕藩制的市場行き詰り論の克服

世直し状況論では、天保期以降、豪農は高利貸し的側面を強化して、半プロ層と対立を決定的なものとしていったと指摘された。しかし天保期以降の金融の重要性の拡大は、小商品生産の展開における金融市場の必要性から生まれており、近代化の一過程と見るべきで、そこに金利の低下もはらまれながら展開した意味がある。幕府の改鋳で貨幣価値の下落＝インフレが進みながら、利子率はむしろ低下し、あがるのは明治維新以後であった。こうした動きを整合的に説明する必要があろう。当然、高利貸し的吸着による半プロ形成が世直しを生み出したという構想にも問題がある。農民層分解の展開による村共同体の一定の解体が、質地請戻し慣行の解体（出入急増）を生み出し、世直しの均分意識が生まれるような動向に注意を払う必要がある。

2　豪農の展開

豪農は村外の全国・地域市場での蓄積を進めたが、市場は直売買市場（競争的市場）として天保期以降展開を深めた。そこでの蓄積を世直し勢からは私欲と見ることが生まれたが、いっぽうで、天然自然の相場をもとめる国訴の動きや現実の物価は天然自然のもので、特定の豪農商が左右できるものではないとする見方も生まれていた。地域社会のなかで、豪農は一定の地位を占めるにしても、それで地域社会や市場を統御できるわけではない。豪農の村救済はこうした外側の全国・地域市場から資金調達されておこなわれることがあったが、それは村の外側の広い地域社会・市場に矛盾が拡大することにほかならなかった。豪農の類型は上記の環境のなかの対応の違いだと考えたい[36]。

3　近代市民社会論

民衆社会論と近代市民社会論は、区別されて議論されてこなかった。例えば通俗道徳論は民衆が通俗道徳を内心化することで近代化の主体として成長したことを指摘してきたが[37]、そこでいう民衆は、近代市民的な役割ももたされている。それは間違いではないとしても、通俗道徳が勤勉・怠惰（怠惰の切り捨て論）の区分けを常にもっているることによる近代市民社会の問題性が覆い隠されているような面があるのではなかろうか。だとすると世直し状況論批判の豪農論やこれがイメージしている近代市民社会像そのものが問われなければならない。市民社会論の批判的再検討が必要なのではないだろうか。そのさい現実の過程として近代への移行が市民社会と労働者形成の二重の過程であったことを踏まえる必要があろう。そこに富民―窮民論の意味があるのではないかと考えている。

4　アジアの近代化のなかで

これらの課題は、東アジアの近代化との比較を含めて論じてゆく必要がある。それは服部之総・羽仁五郎以来の検討を踏まえることにもなろう。近年では、宮嶋博史が東アジアの近世・近代の共通項として東アジア小農社会論を提起している[38]。また与那覇潤・東島誠らは、中国と日本の違いを、人びとの生活を守るといったときに、市場から守られるか、市場によって守られるのかの違いにあると指摘した。前者を日本、後者を中国と見て、東アジア小農社会でも内容が違うことを指摘している。またそれが近代になって、田舎くさいファシズムの農本主義的な国家観を生み出したとする[39]。ファシズムの土地革命論もそこに根を下ろしている限りでは、訴求力があったのである。

（1）　拙稿「総説―村落論の展開」（村上直他編『日本近世史研究事典』東京堂出版、一九八九年、本書第一章所収）。
（2）　佐々木潤之介『幕末社会論』（塙書房、一九六九年）、同『世直し』（岩波書店、一九七九年）など。

（3）落合延孝「世直しと村落共同体」（『一九八二年度歴史学研究会大会報告』『歴史学研究』別冊特集、一九八二年）。
（4）深谷克己「世直しと御一新」（鹿野政直他編『近代日本の統合と抵抗』一、日本評論社、一九八二年、後に同『増補改訂版・百姓一揆の歴史的構造』校倉書房、一九八六年所収）。
（5）深谷克己・安丸良夫編『民衆運動』（日本近代思想大系二一、岩波書店、一九八九年）。
（6）安丸良夫『近代天皇像の形成』（岩波書店、一九九二年）。
（7）久留島浩『近世幕領の行政と組合村』（東京大学出版会、二〇〇二年）。
（8）藪田貫『国訴と百姓一揆の研究』（校倉書房、一九九二年）。
（9）平川新『紛争と世論』（東京大学出版会、一九九六年）。
（10）渡辺尚志『近世の豪農と村落共同体』（東京大学出版会、一九九四年）。
（11）拙稿「近世質地請戻し慣行と百姓高所持」（『歴史学研究』五五二号、一九八六年、後に同『日本近世の村と百姓的世界』校倉書房、一九九四年所収）。
（12）岩田浩太郎『近世都市騒擾の研究』（吉川弘文館、二〇〇四年）。
（13）前田家編輯部編『加賀藩史料』一二編（一九三九年）八〇五〜八〇六頁。
（14）拙稿「世直しの社会意識」（岩田浩太郎編『社会意識と世界像』民衆運動史二、青木書店、一九九九年）、津田秀夫「『世直し』の社会経済史的意義」（高橋幸八郎他編『近代化の経済的基礎』岩波書店、一九六八年、後に同『近世民衆運動の研究』三省堂、一九七九年所収）。
（15）拙稿「明治初年の土地均分論」（『東洋学研究』四三号、東洋大学東洋学研究所、二〇〇六年）。
（16）拙稿「世直しと土地所有意識の変容」（明治維新史学会編『講座明治維新』一〇巻、有志舎、二〇一六年）。
（17）石井寛治「維新変革の基礎過程」（『歴史学研究』五六〇号、一九八六年）、同『日本経済史』二版（東京大学出版会、一九九一年）。
（18）谷本雅之「産業の伝統と革新」（歴史学研究会・日本史研究会編『日本史講座』七、東京大学出版会、二〇〇五年）。

(19)　渡辺尚志『近世の豪農と村落共同体』(前掲)。同『近世村落の特質と展開』(校倉書房、一九九八年)。
(20)　拙稿「畿内先進地域の村と商品生産」(東洋大学人間科学総合研究所プロジェクト『日本における地域と社会集団二〇〇七年度研究成果報告書』、二〇〇八年、本書五章所収)。
(21)　古島敏雄・永原慶二『商品生産と寄生地主制』(東京大学出版会、一九五四年)。
(22)　山崎隆三『地主制成立期の農業構造』(青木書店、一九六一年)。
(23)　八木哲浩『近世の商品流通』(塙書房、一九六二年)。
(24)　荒居英次「近世農村における魚肥使用の拡大」(『日本歴史』二六四号、一九七〇年)。
(25)　原直史『日本近世の地域と流通』(山川出版社、一九九六年)。
(26)　中西聡『近世・近代日本の市場構造』(東京大学出版会、一九九八年)。
(27)　戸谷敏之『近世農業経営史論』(日本評論社、一九四九年)。
(28)　徳野隆「近世後期商品作物地帯における社会変動について」(徳島地方史研究会創立二〇周年記念論文集『阿波・歴史と民衆』二、徳島地方史研究会創立二〇周年記念論文集刊行委員会、一九九〇年)。
(29)　拙稿「阿波藍商と肥料市場(一)」(『東洋大学文学部紀要』六四集三六号、二〇一一年)。三木家については本論文による。
(30)　拙稿「大坂干鰯屋近江屋長兵衛と地域市場」(『東洋大学文学部紀要』六六集三八号、二〇一三年)、同「大坂干鰯屋近江屋市兵衛の経営(一)」(『東洋大学文学部紀要』六七集三九号、二〇一四年)。
(31)　山西家の廻船経営や三木家との関係は、上村雅洋『近世日本海運史の研究』(吉川弘文館、一九九四年)一一、一二章、森本幾子「幕末期の中央市場と廻船経営」(『ヒストリア』一七七号、二〇〇一年)、同「幕末期阿波国における地域市場の構造」(『ヒストリア』一八八号、二〇〇四年)。
(32)　拙稿「近世阿波における肥料取引の諸相」(『東洋大学文学部紀要』七一集史学科篇四三号、二〇一八年)。
(33)　拙稿「幕末期の江戸地廻り経済と在郷町干鰯商人」(『金沢経済大学論集』二九巻一号、一九九五年、後に同『江戸地廻り経済と地域市場』吉川弘文館、二〇〇一年所収）、同「近世後期の干鰯販売と流通」（白川部達夫編『近世関東の地域社会』岩田書院、二〇〇四年）。
(34) 関宿については、拙稿「近世後期主穀生産地域の肥料商と流通」（『東洋学研究』一七号、東洋大学東洋学研究所、二〇一〇年）、地域の販売については拙稿「近世後期主穀生産地帯の肥料商と地域市場」（『東洋大学文学部紀要』六五集史学科篇三七号、二〇一二年）。
(35) 中村哲「東北アジア（中国・日本・朝鮮）経済の近世と近代（一六〇〇〜一九〇〇年）」（中村哲編『近代東アジア経済の史的構造』日本評論社、二〇〇七年）。
(36) 渡辺尚志『近世村落の特質と展開』（前掲）。
(37) 安丸良夫『日本の近代化と民衆思想』（青木書店、一九七四年）。
(38) 宮嶋博史「東アジア小農社会の形成」（溝口雄三他編『アジアから考える』六、長期社会変動、東京大学出版会、一九九四年）。
(39) 与那覇潤・東島誠『日本の起源』（太田出版、二〇一三年）。

付記　本章は二〇一四年九月二七日の関東近世史研究会例会（於法政大学）の報告原稿をもとに作成したものである。その後若干補充したが、基本的には当時のものである。本書の前章が一九八〇年代までの研究史の整理であったのにたいし、現在までの研究状況を踏まえた補足として、収録することにした。
なお世直しについては拙稿「世直しと土地所有意識の変容」（前掲）、肥料市場については、拙稿「一九世紀前半の肥料商と地域市場」（東洋大学『東洋学研究所』五三号、二〇一六年）に本章を踏まえた総括的な分析を発表しているので参照されたい。「世直しと土地所有意識の変容」については報告時点で成稿していたが刊行が遅れて、前後したものとなった。

Ⅱ　百姓の所有と共生

第三章　近世の村と百姓の土地所持

はじめに

百姓とは、古代中国におきた言葉でもろもろの民という意味で使われた。日本でも古代ではほぼ同様であったが、近世になって農民という意味合いで使われるようになった。百姓のなかには、農業で生計を立てるものだけでなく、山民・海民などが多く含まれた。したがって百姓＝農民観というのは権力のとらえた社会編成上のフィクションであるという言い方も成り立つであろう(1)。

しかし近世では、民衆の中心はやはり農業を営む農民であったことも事実である。山や海の収入は多くの場合、不安定であり、面積は少なくとも安定的な農地が生活上、基盤的な役割を担っていた。このため領主権力は検地で土地生産力を把握して、米を中心にした年貢を収取していた。山村、漁村でも山や海の稼ぎのかたわら耕作された農地を基準に年貢をとり、山や海の稼ぎについては課税は控え目である場合が多かった。近世権力が町以外の人びとを百姓として農地所持に付けて把握したのも理由のないことではない。

ところで近世の百姓の土地所持は領主側からの編成だけでできたのではない。百姓側が自ら土地に根づき、生活の安定を確保しようとした動きを背景にしてこそ成り立っている。このことは山村、漁村でも変わらない面がある。一五世紀から一七世紀にかけてのこうした人びとの動きが、日本近世の百姓という個性的な身分観念と土地との結びつきを生み出したのである。ここでは、質地請戻し慣行に示されている近世の百姓的土地所持の特徴を中心に検討したい。

その場合、時間軸として日本中世の農民の土地所有、空間軸として東アジアの中国明清時代と朝鮮王国時代の農民の土地所有とを参照しつつ、その特徴を把握することを試みたい。なお日本の近世においては、領主的土地所有にたいして、百姓の場合、土地所持と表現されるのが一般で、中世や東アジアと異なっているが、それぞれの個性が用語に反映されていることを考慮してそのままとした。

一　近世質地請戻し慣行と土地所持

1　質地請戻し出入

近世の村と百姓の土地所持の問題を考える上で、象徴的な事例をまず紹介することにしよう。

文久三年（一八六三）といえば、もう数年で明治維新を迎える頃のことであった。下野国芳賀郡下木幡村という村のできごとである。この年、名主ともう一人の百姓繁八が、常蔵という百姓に質地の請戻しをもとめて出入となった。質地は享和二年（一八〇二）に質入れされた土地で、文久三年（一八六三）まで六一年経過していたが、名主たちは元金を出せばいつでも請戻せるという契約だったとして請戻しを主張したのである。

質地は土地を質に入れて金を借りる形式の金融であるが、質地年季があり、年季をすぎて請戻すことができなければ流地となって、質取り主の所持地とされた。しかし質入れ期間中は、土地は質取り主に渡され、質取り主が自ら耕作するなり、小作に出すなりして収益をあげたので、この収益が利子と考えられ、質地の借金には利子がつかないことになっていた。したがって利子が支払われている限り、元金を返せば土地を取り返すことが可能だとする考えも生まれる。これを有り合わせ次第請戻し契約といって、質地証文に書いてあることも多かった。だがそれでは際限もないことになるので、幕府はこれを禁止して、質入れ年限を最大でも一〇年とし、それ以後は流地とすることを命じた。また流地後、一〇年をすぎた訴訟は受理せず、質地による土地移動を認めた。最大二〇年で時効が成立するとしたのである。

以上の幕府法令によるならば、この一件ではすでに六一年も経過しており、土地が請戻せるはずはないことになるが、実際は土地は請戻された。それももっと事態は複雑であった。というのは両者が争っているうちに、第三の人物である百姓善助があらわれ、この善助が請戻すことになったのである。この土地はもともと善助の先祖の名請地（検地帳登録地）で、寛政四年（一七九二）に繁八先祖の弟に流地とした土地であった。名主と繁八先祖は弟が亡くなったので、その土地を管理して、やがて常蔵先祖へ質入れしたのであった。善助家の流地から七一年目となるが、検地帳の名請人であることが決め手となって、請戻しが認められて一件は落着した。有り合わせ次第請戻し契約ではなく、質流れとして渡した土地も請戻されたのである[2]。

こうしたことは近世の農村では、時々見られたことであり、例外的なことではなかった。地域差はあるが、近世では質地は元金を出せば、質入れから何年たっていても請戻すことができ、これが場合によっては永代売にまでおよぼされた。また、その権原はここで述べたような検地名請と百姓株式に基づいていると考えられていた。さらにこうした慣行は、領主の御法にたいして村法・郷例だと意識されており、これに背くものは周囲から私欲と非難された。

近世では、公儀以下、領主の法の力が強かったが、それでもそれぞれの社会集団が場合によっては、相互に背反するような一定の独自な内部規範をもって自律的に活動していた。公儀はその御威光が保たれている限り、これに介入することには消極的であった。近代国家のように、法を諸個人・社会集団に共通のものとして、一律に強制・貫徹するような方向をもってはいなかったのである(3)。

2　近世の村と土地所持

近世では小百姓の家を中心とした村が生産・生活の単位であり、村の共同結合のもとに活動した。農地は村のなかに入り組んで存在しており、用水はこの間を掛け流し方式で流れていたので、田植えなどは村の寄合で取水の時期が決まるのにあわせねばならなかった。土地を多くもつものも小百姓も、事情は同じであったから、村の意思に背いて勝手なことはできなかった。また田畑の肥料採集のための入会地も村持ちが普通であった。田畑は用水の取水や入会地の採草と結びつかないと耕地として意味をもたなかった。そしてその用水・入会の利用権は村の構成員とされた百姓に一定のしかたで配分されていた。

また村は地域で単独で存在しているのではなく、他の村むらと協調したり、対抗して自らの用水・入会地を確保していた。したがって村内の農地は、百姓の所持地であるとともに、村が地域で他の村と競合しつつ、用水・入会や村の境界を維持し、村内の土地を占有することで成り立っていた。このため百姓の所持に村の所持が重なり合っていたといってよい。村で土地を所持し、生産・生活してゆくことは、そうした総体とかかわって成り立っていたので、土地売買もこの関係を壊さないようなシステムが生まれていた。その一つが質地請戻し慣行で、その時々の資金融通がおこなわれながらも、長期的には各百姓の相続が維持されてゆくように配慮されていた。

したがって土地を買った側も、返地を迫られて断った場合、村の生活システムを壊すという他の村民の非難に当面して、何らかの形で請戻しを認めることが多かったのである。

村の百姓生活と土地所持システムを維持する上で、質地請戻し慣行は大きな役割を果たしていたのであるが、それは中世からの農民の土地所持観念を継承しつつ、近世になって再編成されたものであった。日本の中世から近世にかけて百姓の土地所持の性格は大きく変容したので、まずこの両者の違いを踏まえておくことが移行を考える上で有効であろう。従来の法制史や土地所有に関する研究成果を本論にかかわる限りで整理すると、つぎのようにとらえることができる[4]。

3　中世・近世の土地所有秩序

中世の土地所有をめぐる裁判は、土地の由緒がどちらに優位であるかが争われ、優位の側に当面の所有が認められる、という相対的なものであった[5]。その由緒を示すもっとも有力な決め手は、開発以来の譲り状や当該売買の直前の売券である本券とされた。このため本券が売買証文に添えて買い主に渡され、譲り状や売買証文がつぎつぎと貼り継がれた手継ぎ証文と称するものが残された[6]。手継ぎ証文は、その土地が正しく継承されたという由緒を示したのである。しかしその相伝の由緒も本来土地の取得事由を示すにすぎなかったので、絶対的なものではなく、安堵の効力が強まることでしか安定しなかった[7]。また、中世では、領主の名主職の補任権と百姓の相伝権が対抗的に存在していた。百姓が年貢増額を申し出て名田を競望することが認められており、領主から百姓は個別にとらえられ所有権も安定しなかった反面、去留の自由も認められていた[8]。

いっぽう、土地所持観念のレベルでは、土地は開発により息を吹き込まれて、開発者との間に分かちがたい呪術的結びつきが生まれ、土地売買で移動することは仮の姿であり、本主のもとに戻ることで再生すると考えられていた。徳政は本主と土地の本来あるべき姿を回復する行為とされたのであった[9]。

近世になると、土地所持の確認は検地帳をもってなされるようになった。裁判では、検地帳名請の有無が確認され、名請事実のあるものに所持が認められ、双方に名請事実が確認されない場合は、公儀のものとされた。中世のように、争論当事者の由緒の優位な方に所有を認めるという相対的なものではなく、検地帳名請を絶対的基準として判断がなされるので、双方のものでないこともあり得るのである。

検地帳は一七世紀中葉には農民の土地台帳としての意味をもち、名請は天下万民に対抗できる所持の権原になったとされる[10]。双方に名請事実がない場合、土地が公儀のものとされるという点は、天下統一と公儀による検地の遂行により、土地は公儀のものという意識が強化され、順次、領主のもの、村のもの、百姓のものへと展開されていった結果でもあるので、ただちに農民の土地台帳化だけを強調できないが、一定の進展があったことは理解できる。さらに検地は村を基準におこなわれ、百姓の所持は村共同体を媒介に把握され、名田の競望が禁止されて、百姓的所持が保障された。

また、百姓は土地に付いたものとされ、土地売買規制がおこなわれるようになった[11]。領主は農業経営に直接的に関与しなかったので、補任権という意識は弱まって百姓の有付が重要となり、このなかで百姓の家相続が展開して、土地はその家産と意識されるようになっていった。これとともに徳政にあらわれた土地所持観念も変化して、質地請戻し慣行として村の社会慣行となっていった。質地請戻し慣行では、質地は元金を返済すれば、質入れから何年経過しても請戻すことができるとされ、領主の御法に対抗して郷例・村法として「生ける法」となっていった[12]。またその権原は、検地名請と百姓株式であると意識されていた。質地請戻し慣行により村の百姓の長期的な土地所持システムが安定的なものとなったのである。
以上のように、中世から近世の土地所有の変容をおさえると、つぎに両者の移行とその意味が問題となろう。以下、その過程を質地請戻し慣行を中心に考えてみたい。

二　検地と百姓身分

1　太閤検地と百姓身分

近世の百姓身分と土地所持が確定する上で大きな役割を果たしたのは検地であった。その画期になったのが豊臣秀吉によって実施された太閤検地である。戦国大名の検地のなかでも在地で軍役を担うことにより所持地の年貢を免除された軍役衆＝侍身分と、年貢を負担する百姓身分との区別がつけられてゆくことはあったが、太閤検地では、これがさらに進められ、在地で土地を所持して検地帳に登録されるものは百姓身分とする方向が確定した。例外的部分もあるが兵農分離が進行したのである。

兵農分離は豊臣政権の天下統一にともなう大名の大規模な取り立てや転封によってさらに促進された。慶長三年（一五九八）の上杉景勝の越後から会津への加増・転封にあたって、豊臣秀吉掟書は武家奉公人はすべて会津へ連れてゆくこと、土地を所持し年貢を納め検地帳に登録されて百姓と定まっているものは残すことを命じている[13]。すでに豊臣秀吉は天正一五年（一五八七）に、バテレン禁止令のなかで大名・給人に領地を預けたのは当座のことで変わるものであるが、百姓はその土地に付いたものなので、領主がキリシタンだからといって百姓に改宗を強制してはならないと命じており[14]、慶長三年（一五九八）の掟書はその趣旨にそって出されたのである。

こうして検地帳に名請されて、年貢を負担するものは百姓身分とされて、土地に付けられた。名請人の登録と並行して役負担者の把握がおこなわれ、百姓には陣夫役以下の人足役が課されるが、同じ名請をしていても職人には、これらは免除され別に職能に応じた役が課された。被差別民も同様で、土地所持と職能に応じた身分編成がおこなわれた。百姓・職人・被差別民は土地所持では年貢を負担することは同じであるが、職能に応じた役負担によって区別され、それが身分差別ともなっていた。以上は在村での区別であるが、在村以外では、町屋敷を所持する商人・職人は町人身分として括られ、それぞれに役負担があった。

いっぽう、太閤検地では検地帳名請人は前年の年貢直納者とすることとされ、田畑の作職の競望が停止された。文禄五年（一五九六）に石田三成が近江に出した掟書では、田畑の作職は先の検地帳に名請したもののものとして、人に取られることも、また昔自分の作職だったとして人のものを取ることも禁止するとしている[15]。また百姓相互でも、天正一〇年（一五八二）の近江安治村掟では作職があいても脇から望むことを禁止している[16]。さらに翌年の近江今堀惣では、太閤検地を前に耕地は検地帳に付いたものの所持とする。人の田地を望むことは禁止するが、その主が了解すればよいこととする。百姓として迷惑を掛けるものがいれば処分すると定めている[17]。戦乱で耕地が荒廃したり、所持関係が乱れたことが背景にあったが、それだけに惣村では土地所持秩序を自ら形成してゆこうとする動きもあったのである。

惣村などに成長していた所持秩序をもとに検地がおこなわれ、百姓の土地所持は検地帳名請を基準とする方向で進んでいったのであるが、村の内部の問題となると、ことは簡単ではなかった。所持秩序自体が形成途上であったので、名請人を村が決めるといっても、容易ではない問題が含まれていた。名請は、領主側によっても検地ごとに替えられている実態があるし、検地帳の「さばき」にするといっても、中世では土地所持の証拠は売券などの証文であり、検注帳などは対象とはなっていなかったので、これが定着するには小百姓の自立闘争などをへなければならなかった。初期検地で小百姓が多数名請されても、同時に村で年貢徴収のために作成された名寄帳に小百姓があらわれず、百姓数が検地帳に比べて少ないことが見られた。村では小百姓がまだ独立した存在と認められていなかったのである。

また検地帳の記載で名請人の肩書に何某分と分付記載があることがあり、名請人が分付主と何らかの従属関係をもっていたことを示すこともある。分付記載の背景にある従属関係は多様であるが、多くの場合名請人が独立した所持主体になっていないことを表していた。さらに近世初期では検地帳に名請されても、重い年貢・諸役のために百姓が退転・欠落してしまうことも多く、名請が安定したものとはなっていなかったのである。何度かの検地がおこなわれる過程で、下人・被官など従属農民や小百姓の自立が進んで、小百姓を中心とした村共同体が形成されることにより、検地帳が村のもの・農民の土地台帳として定着していったのである。以下、この過程を見るためにいくつか事例を示そう[18]。

2　小百姓と検地名請

天正一九年（一五九一）近江箕浦村では在地領主だった井戸村氏が検地にあたって、被官百姓から検地で名請されても、土地は井戸村氏のもので、いつでもとりあげてよいという「作敷書付」をとって名請させた。これについて、寛永～寛文期（一六二四～一六七三）になると被官百姓と井戸村氏との間に、出入が続いた。自分の預けた土地として下作料を要求する井戸村氏にたいして、被官百姓の助若後家が検地名請を受けた土地であるとして作職を主張して争論となったが、寛永期には在地の代官の裁定は井戸村氏の「作敷書付」の効力を認めるものであった。しかし納得しない助若後家が「国廻り」に訴えたときは、太閤検地以来、慶長・慶安検地に名請された土地であるという主張が認められた。

在地の代官クラスではまだ中世から続いていた証文による所持の判定が有効で、幕府から派遣される国廻りなどでは検地帳名請を基準にするようになっていたことがうかがえる。寛文期の出入では、領主の彦根藩が井戸村氏の強引な土地とりあげについて入牢を命じるなど、検地名請が定着していったが、村ではなお井戸村氏の主張を入れた預り手形が作成されるなど一定の影響力をもっていたのであった。

畿内近国では、太閤検地により小百姓の名請がおこなわれ、家来・譜代下人の名請も認められた。これを契機に、名請をよりどころに主家からの自立をめざす家来・下人の動きも活発となり、中世以来の証文主義による主家の田地所持の主張は、一七世紀中葉になると受け入れられなくなっていった。いっぽう関東などの中間地域では初期検地の名請にあたって、分付記載が広くおこなわれ、これをめぐって対立が生じていた。

武蔵国入間郡では寛文八年（一六六八）に幕府の検地が実施されたが、小杉村の百姓が訴えたのにたいして、主家である本山派修験大先達山本坊は、小杉村の屋敷は戦国期に領主だった越生氏から購入したもので、同坊が移転したので訴えた百姓平左衛門を屋敷守として住まわせていたと主張した。山本坊は小杉村から山に入った黒山村にあったが、元和二年（一六一六）に平野部の入間郡西戸村に移転していたのであった。寛文検地がおこなわれたので、平左衛門に屋敷田地は山本坊の名請にするよう命じた。ところが平左衛門は屋敷のうち、一つは山本坊の名請にしたものの、もう一つを自分の名請にしてしまった。これが山本坊に伝わり、同坊は使僧を派遣して検地役人に申し入れて、「山本坊分平左衛門」と分付することになった。田地についても確認したいので検地清帳を見せるように命じたが、平左衛門は訴訟して応じなかったと述べている。田地を名請して自立しようとする百姓とそれを阻止しようとする山本坊との間の対立をここでは分付記載で調停しようとしている。この一件についての経過は不明であるが、山本坊は門前百姓をかかえる大先達として続き、一九世紀になって、門前百姓にたいして、買い取りによって分付記載を許して、身上がりを認めている。

3　名請と土地売買

同じ寛文八年（一六六八）、信濃国佐久郡小諸藩領の塩沢新田で検地が実施されることになった。これにあたって新田百姓たちが開発人で同新田を一人で名請していた六川長三郎にたいして一札を入れ、分付の田地を配分して百姓の名請とすることとの代償に、六川氏を新田大将としてその所持地一六五石の役儀を負担することを申し出ている。後の記録では、検地帳に六川氏の分付で名請されていては、質地に出すこともできず迷惑するので、新田百姓の名請としたいと願ったという。

新田開発人の名請をめぐっては播磨国加東郡黒石村でも同様の事例が見られる。ここでは大坂の陣の落人であった開発人長兵衛が一人で名請したが、寛永九年（一六三二）の分村を機に百姓に名請させ、田地の作徳として一〇石の免割を受けることになった。さらに元禄二年（一六八九）になって新検があり、一〇石はとりあげられて長兵衛は百姓並みに年貢負担をすることになった。これにあたって惣百姓など二七名が、古証文にあるように非分をおこなえば田畑・山林・家屋敷までもとりあげてよい、また同地の売買にはかならず開発人の指図を受けておこない我儘はしないと約束している。古証文とは、おそらく寛永九年（一六三二）に百姓を名請させたときに長兵衛が取り立てたものであろう。ここでは長兵衛は、開発人として強い規制を百姓におよぼしているように見えるが、同年の代官への訴状で、先代ならば我儘な百姓を入れ替えることもできたが、現在はその力もないと嘆いており、一札にある規制力を実際に振るうことができたのは、古証文の寛永期段階で元禄期には新田百姓の台頭でかなり名目的になっていたと考えられる(19)。

塩沢新田では百姓側が田畑売買ができなければ迷惑すると名請を願い、黒石村では開発人側が百姓の田畑売買を規制する一札をとっているが、いずれも分付では自由に田畑を売買できなかったこと、名請人となるとこれが可能となることを前提に一札が作成されている。また分付を許されることは、身上がりして一軒前の百姓として村の正規な構成員となることを意味した。

4　抱屋・門屋の自立と村

元禄四年（一六九一）信濃国佐久郡下海瀬村では、近世初期以来の土豪百姓主導の村落構造が大きく変容しようとしていた。この時期、村では抱え主である大屋とその抱屋・門屋からなる体制から、抱屋・門屋を含む惣百姓による村運営へと変化が著しく進んでいた。こうしたなかで村のもっとも有力な二家の大屋―抱屋・門屋集団の内部でも抱屋・門屋の小百姓化への動きが強まり、紛糾が生じていた。

貞享五年（一六八八）の五人組帳では、村で最大の抱えをもつ半兵衛家には血縁の抱え四軒と非血縁の抱え（門屋）一八軒がいたが、このうち五軒が門屋ではないと言い出して出入となった。事件は二つのグループに分かれているが、いずれも田植えの手伝いなど門屋としての勤めを怠り、訴訟となった。その結果、半兵衛抱屋であることが認められたが、隠居分家と主張していた三名が元禄四年（一六九一）再び訴え出た。これは前回の事件で入牢させられた費用を賄うため田畑を売ろうとしたところ、売買証文に大屋の加判（保証の連判）がもとめられ、これを半兵衛に頼んだが断られたためであった。半兵衛は抱屋の沙汰を守るなら捺印するといったが、門屋ではないと主張した彼らは受け入れることができず、入牢の可能性の高い出訴の道を選んだのである。結局、二人は再び入牢させられ、年貢未進の借金返済のため畑を売るにあたって、屋敷と屋敷添え田畑はどんな理由があっても売らないと一札を入れて、加判してもらっている。

また、もう一人の大屋忠右衛門家では、名主役をめぐる村方出入で、甥の百姓が忠右衛門の抱屋をつれて新しい組を作っていた。抱屋・門屋から小百姓への自立の動きのなかで、この出入で小百姓として認められ新しい組に参加した百姓孫十郎が元禄三年末に急死した。孫十郎の兄は、後家が幼い娘をつれて近隣の実家に帰っている間に、家作を取り壊し家財を押さえてしまい、さらに娘を渡すようにもとめた。兄は家作の土地は借地で帰す期限が来ており、娘の成長後に、孫十郎株式を相続させると主張した。これにたいして旧大屋の忠右衛門は、孫十郎の土地は自分が扶持したもので兄の勝手にはならないと主張し、後家は実家とともに村中に家の相続を訴えて紛糾した。村中の取り扱いの結果、兄は土地・家財を返還し、旧大屋は孫十郎の分付を外し、預かっていた孫十郎が生前に買っていた田地の買証文を返却した。また後家は旧大屋の抱屋と再婚して、娘の成長後、孫十郎家を相続させることで内済された。孫十郎の場合、村方出入の過程で小百姓として村中が認めていたことが、株式相続できた理由であろう[20]。

5　土地売買の主体

以上、太閤検地を契機にした近江箕浦村の井戸村氏における被官百姓の後家の検地帳名請を盾にした抵抗に始まり、山本坊と屋敷守被官の検地帳名請をめぐる対立と分付など、被官・門屋との自立をめぐる闘争が検地帳名請をめぐってあらわれた事例を紹介した。また、信濃国塩沢新田・下海瀬村・播磨国黒岩村などで、彼らが自らの経営維持のために、土地売買を自由におこなうことをもとめていたことを指摘した。ここでは門屋・被官から自立、身上がりして、一軒前の百姓となることは、土地売買の「自由」な主体となることを意味した。これにより主家の庇護によらなくても、急場を凌ぐことができたのである。

検地帳に名請されることは、百姓身分として重い年貢を負担することを意味したが、いっぽうで競望が否定され作職が保障されるなど、その土地所持の相伝が認められる側面もあった。このため小百姓としての自立をめざした従属農民にとって、検地帳名請が自己の主張の論拠ととらえられ、名請を願ったり、検地帳分付を外すことをもとめたりした。

ところで、小百姓の自立とともに始まる土地売買は、従来その未熟さによる没落のあらわれと否定的にとらえられていた。また永代売り禁止令などの発令はこれを阻止するものと受け取られていた。しかしこれでは、自立しつつあった小百姓が検地帳名請を自らのものとしてとらえることで、土地売買を自律的におこなう主体として成長したという積極的側面があることを見落としていることになる。小百姓をとりまく年貢の重圧など困難を乗り越えるためには、金融と土地売買市場が必要であり、検地名請はその主体となることを保障するものであったのである。

三　近世質地請戻し慣行の成立

以上、近世の百姓的な土地所持の成立と検地帳名請について見てきた。小百姓は土地を所持し、家を相続してゆくために土地売買を主体的におこなうようになった。こうした動きと並行して質地請戻し慣行が成立する。ここでは近世百姓の土地所持の長期持続システムの中心にあった質地請戻し慣行の成立について検討しよう。売買地の取戻しや請戻しが検地名請や百姓株式をもとに主張されるのは、寛文年間（一六六一～一六七三）にまで遡ることが確認でき、おおよそ一七世紀中葉に成立の端緒があると見られる。その二つの事例について紹介する。

1　越後村上藩の検地帳配布

その一つは寛文八年（一六六八）三月、越後下越地方の村上藩に入部した榊原氏が出した覚である。(21) 榊原氏は入部後、さまざまな法令を出して、領内統治を進めようとした。この覚では、検地帳を配布することと土免を実施することが伝えられている。村上藩では前領主の松平氏が明暦・万治の総検地を実施し、知行高一五万石を二一万石とする大幅な打ち出しを実現した。この検地に基づいて年貢増徴がおこなわれたが、検地帳は調整に手間取って村に配布されていなかったのである。この打ち出し高は以後、同藩の村高の基準となったが、かなり過重なもので農民の不満も強かった。

そこで榊原氏は春に年貢を定める土免を実施し、秋に収穫が多くても春に決めた年貢率以上に徴収しないようにして農民に作徳を保障し、年貢の安定的確保を図ろうとした。検地後に荒地となった土地の書き出しを命じて、年貢を減免するなど年貢増徴を緩和した。以後、越後村上藩では、榊原氏時代の年貢制度が定着して幕末期におよんだ。おそらく土免実施の前提条件として検地帳の配布が考えられたのであろう。

ところで検地は明暦元年（一六五五）から万治二年（一六五九）まで実施されたもので、最後の万治二年（一六五九）から数えても、寛文八年（一六六八）までに九年経過していた。当然その間に土地売買がおこなわれ、検地名請人と寛文八年の所持者の間に、相違が生じていることが予想された。同藩では、これまで土地売買は大庄屋に届けておこなうようにとするだけで、永代売り禁止令などはおこなわれていなかったのである。そこでこの覚では、第二条で検地以後、子細があって田畑・居屋敷を他へ譲ったものが、検地帳に名請があるといって「本主」の妨げをしてはならない、また検地帳の「本地主」の上に、「新地主名」を貼り紙するように命じた。その上で、庄屋には百姓のもっている田畑・居屋敷やその石高、年貢高を記載した一人前手帳を作り配布することを命じた。

これは別の触書で示された年貢徴収にあたって、庄屋へ小前にたいして請取の小手形を出すことを命じたことと組み合わされたもので、百姓一人ひとりに所持を確認させ、年貢負担を明確化し、あわせて庄屋の中間取得の余地をなくすることをめざしたものであった。明暦・万治検地では、それまで本家筋の百姓が中心だった名請にたいし、小百姓の大幅な名請増加が見られていたが、帳面は村方に配布されていなかったので、今回の検地帳配布・手帳の作成は、小百姓に所持を認め、村内で一軒前の百姓として自立を保障するものでもあった。

2　本主の妨げと請戻し

以上の点を前提に、問題になるのは紹介した第二条の意味するところである。ここでは藩は九年前の検地帳を配布した場合、検地帳に名請されていることを根拠に本主が現在の持ち主に妨げをいって事態が紛糾することを心配して、これを禁止している。妨げの意味するところは一般的で広い意味を含む。しかしそれを認めた上でも、本主の妨げのなかに売買地の請戻し要求があったことは疑いない。近世初期には国替え徳政や検地徳政がおこなわれ、売買証文にこれを回避する文言が入っている場合が広く見られた。[22]同藩でも元和四年（一六一八）村上氏改易の後、入封した堀直寄にたいし、幕府は掟書をあたえ年貢米未進分の破棄以下の処置を命じた。これに則って堀氏は逃散百姓の還住を命じた掟書で、村上氏の給人と百姓の出入を万事用捨することにしたので安心して帰住するようにと代替り徳政を実施している。

幕府掟書では借物は一札次第（証文ともある）とされ、破棄の対象からのぞかれているが、取戻しを含む借物紛争の論拠は証文であり、この段階では証文主義が認められる。ところが寛文八年覚では、藩は検地名請を根拠とする土地請戻し（取戻し）請求がおこなわれることを想定して、これを禁止しているのである。そして領主側は妨げは禁止したものの、検地名請人を本主・本地主とすることは否定せず、土地が譲られた場合、新地主の貼り紙をすることで両者の関係を調整しようとした。

こうした処理方式は、近世後期分付と共通のものであり、その初発の指示となっていたといえる。近世初期検地では、従属関係が分付されたが、寛文期前後の検地から、小百姓の自立が進んで、こうした分付が姿を消し、替わって名寄帳や検地帳写に土地売買の移動と本主を示す分付があらわれてくる。この覚は、その後期分付につながる指示を領主側が出したことがわかる貴重な事例となっている。こうして検地名請が、土地売買がおこなわれても分付で記録に残ってゆくことは幕末期まで見られ、本主権の根強い存続がうかがわれる(23)。

この後、正徳三年（一七一三）には村上町で上地の返還があり、検地帳名請に基づいて元地主の子孫・曾孫・玄孫・後家・弟まで筋目のものを吟味して返地した例が知られている。また上越地方ではあるが享保期（一七一六〜一七三六）に幕府の流地禁止令を契機におきた越後質地騒動では、質地取戻しの訴訟人たちが、この地方でおこなわれた天和検地の元名請人であることを主張した。同様なことは質地騒動期の畿内で「名前」（名請地）であることを論拠に請戻しをもとめた例が数例あり、一八世紀初頭には検地名請に基づく請戻し請求の主張が表にあらわれたことを示している。

3　会津郡界村議定と百姓株式

もう一つの百姓株式に基づく請戻しは、寛文一一年（一六七一）、陸奥国会津郡界村の村議定に認められる[24]。この村では同年に惣百姓が連印して議定を定めた。その内容は、潰百姓が出た場合、惣百姓が相談の上で田地不足のものに預けることとし、預かったものは一軒前の田地について、金一両を潰れたものに渡して質地に取っておく。後に潰れ百姓が田地を望むときには、金子を返して請戻させる。相対で貸し借りすることはなかったが、以来潰百姓のためにこのようにする。今まで村では田地を金子で貸し借りするので、惣百姓仲間に相談の上で田地を預けることにするというものであった。同じ議定では、この村ではこれ以前、万治三年（一六六〇）、寛文元年（一六六一）の飢饉のときに潰百姓が出たが、このときは肝煎長左衛門が一人で残った百姓に異議なく田地を預けたという。長左衛門は村の有力百姓で、田地の差配を専断したが、このときには退役しており、代わって平兵衛が肝煎となっていた。延宝八年（一六八〇）の不作では、内検見が計画されたが、平兵衛が肝煎になってからは惣百姓と和談して、村の負担も相談して割り合うので不満がなく、検見は実施しなくてよいということが議定された。肝煎長左衛門が退役してから、惣百姓が村運営に大きな力をもつようになり、その代表として平兵衛が肝煎に推されていたのであった。

こうした村落構造の変容のなかで、寛文一一年（一六七一）議定が作成されたのであるが、ここでは潰百姓が出た場合、惣百姓が相談の上で田地は質地として処理し、その潰百姓の再興のときに、元金を出せばいつでも請戻させることが決められている。潰百姓は一軒前の株式とされており、株式に基づく請戻しが村議定として定められているのである。このように百姓株式が質地請戻しの権原としてあらわれたのは、この村を含む地域一帯で、村内の百姓所持地を定期的に割り替える割地制が実施されており、検地帳名請は名目化して、割地の配分基準である一軒前の株式が早くから生まれていたからであった。ただこの地域ではまだ質地金融は発展していなかったし、一件前とされた百姓は小百姓を含むものの、その展開も不十分なものであった。この点で、議定は惣百姓がその百姓と土地の結びつきを安定させようとした願望をあらわしたもので、実際に機能するのはもっと後のことであった。この地域では元禄期頃から質地が目立つようになり、これとともに元地主（百姓株式）を権原とした請戻し慣行も定着していった。

以上、寛文期には近世質地請戻し慣行の端緒を示す事例があらわれた。それは小百姓が土地と結びつき、その家と経営を維持するために、「自由」な売買主体として成長しようとした動きと並行して進んでいたのであった。村上藩では、小百姓の名請を推進した検地帳を配布するにあたって、九年の年月が経過していたため、土地売買がおこなわれ、持ち主が変わっていることが想定された。そこで藩は名請に基づく請戻し要求が出ることを恐れてこれを禁止している。ここでは近世的な請戻し権原の成立が前提になっていることがわかる。

いっぽう、南会津の界村議定は、初期本百姓的なものではあるが、惣百姓による村共同体の運営が開始されていたことが背後にあった。同村では、肝煎を交代させ、惣百姓による村運営をおこなおうとしたときに、潰百姓跡式再興による百姓株数維持の道筋を確保することをめざして、質地とその請戻しを議定したのであった。それは、村が請戻しの枠組みとしてあらわれたことを意味するであろう。村の枠組みのなかでおこなわれる質地請戻しをともなう土地売買が当面、小百姓の経営維持に適合的な土地売買市場であった。

四　東アジアの農民の土地所有と百姓的所持

一六～一七世紀は、東アジアにおいて人口が急増した時代であり、その背景に小農民家族の増加・安定があった。東アジアでは、小農民が自作・小作を問わず小規模な土地を自分の農具で耕作する経営体として成長した。当然彼らは小家族の家を構成したので、家族を養育するシステムが機能して人口が増加したのである。[25]小百姓の自立闘争と土地所持も、その日本的なあり方の一つであった。そこで、ここでは明清時代の中国、朝鮮王国時代の農民と土地所有・売買の社会習慣について概観することで、その共通性と特徴を考えてみたい。[26]

1　中国明清時代の土地所有

中国では集権的官僚制国家が発達した。身分的には一君万民という理念があり、皇帝以外は特別な地位をもたず、大部分の良民とわずかな賤民とに区分された。ただし刑法上は品官の家、庶人、佃客、雇傭人という差別があった。佃客は地主のもとで主佃の分といわれた隷属的立場におかれていたが、明清時代になると小農民として自立していった。ただ小農民の自立が村の地縁的共同結合の強化とともに進んだ日本とは異なって、この時期、もともと自己完結性にとぼしい、社会団体のルーズな組み合わせであったといわれる伝統的村落秩序の動揺が深刻化しており、経済発展の進んだ江南地方では過剰な競争社会が出現したとされる。[27]地主・佃戸制はこうした江南を中心に展開していったが、佃戸は小作関係が継続するなかで耕作権を強め、地主から自由にこれを売買するようになった。佃面佃底慣行といわれるもので、佃戸は佃面権をもつとされ、地主に断りなしにこれを売買した。

明清時代には国家は民地に介入しなかったので、農民は自由に土地売買をおこなった。土地は愛着のある対象である反面、金銭売買可能な財貨という意味が大きかった(28)。また家族制度上、均分相続が厳格におこなわれたので、特定の土地を代々受け継いでゆくということはおこなわれがたかった。当然、日本のように先祖代々の土地という観念とこれに基づく請戻し要求という意識は強くなかった。

土地売買は、売と典に大別されている。売は永代売で、典は質地にあたったが、両者の区別は曖昧で売でも請戻すことができる活売という典と変わらないものがおこなわれた。そうなると完全に売り渡す売買を絶売・死売などといって区別した。また找価《そうか》という売った土地について、増金を要求することがおこなわれた。地価が上昇したり、かつての売り主が資金を必要としたりすると、找価を要求し、買い主もこれに応じることが普通とされた。また請戻しについては永久に請戻し権を確保する売買がおこなわれた。請戻しの訴訟は二〇～三〇年で時効とされたが、厳格に守られるわけではなかった。

土地売買は私的な売買証文である私契により確認された。私契には、「何某に売って「管業」(用益・収益の収得権)させることにした」というように記載され、管業の権利が譲渡されたととらえることができる側面がある。土地帰属の確認は私契により管業取得の正当な継承の証明によっておこなわれた。管業の来歴を証明するため、売買ではそれまでの私契が綴られたものが売り主から買い主へ渡された。来歴の連鎖が所有の正当性を保障するので、売り主のかかわりが消えず、何回も找価が要求された。また来歴の度合いによるので、買い主の力が弱くなれば、さまざまな請戻しや找価の要求がおこなわれかねなかった。村落の有力者が保障や調停に立ったりするが、村の共同結合そのものが急速に解体しており、安定した土地所有秩序が構築できなかった。

そこで科挙官僚である郷紳に土地や自分の身を寄進して、その保護により土地や財産を守るということもおこなわれた。したがって科挙官僚となった人物が亡くなれば、その家から人びとが去り、また別の科挙官僚のもとに集まるという変動の激しい状況を示すこともあった[29]。田主はその土地の包括的で排他的な支配権をもっていたのではなく、管業とそれによる収入の権利を当座もっていただけであったのである。

国家は農民の土地売買にあたって契税（契約税）と土地帳簿の税糧名義書換料を徴収したが、土地の帰属は私契により判断されたので、土地帳簿は租税台帳以上の役割をもつことはなかった。国家は、王土王民思想により小農民的土地所有を望ましい所有のイメージとする観念をもってはいたが、現実におこなわれがたく、清朝では均田・限田論は放棄され、民地の土地所有に介入しなかった。民地では市場的な交替方式である来歴―管業方式がとられた。ここでは土地売買、所有は自由であったが、それにより国家体制の存在基盤を問い直すというような動きは生まれなかった[30]。

2　朝鮮王国時代の土地所有

朝鮮では武人の力が強かった高麗王朝時代から、功臣に私田があたえられ、朝鮮王国でも官人身分にたいして世襲の科田などが配分された[31]。日本の荘園制的な私的大土地所有の広がりがあったのである。しかしやがて職田制がおこなわれ、これも一六世紀中葉に廃止となって国家に回収されていった。とはいっても国家的土地所有のもとで地主的土地所有は認められていた。官僚を出す家柄である両班層は科挙に受かると中央で官僚として活躍したが、その経済基盤は在地の農荘にあり、ここでは家父長的大家族を形成して自ら手作り経営をおこない、そのもとで小農民が成長して、地主・小作関係へと変わっていった。もちろん一般の自作農民も多数存在した。

朝鮮王国では、量田がおこなわれ、日本の検地帳にあたる量案という帳簿が作成されて、租税負担者と土地の結数・租税額が記録された。量案はつぎの量田がおこなわれるまで変更されなかったので、行審という量案の写しを作成して、土地の所有者である起主の変更や免租地の変化を記録した。さらに郷吏層の書吏（書員）が衿記という名寄帳を作成して租税を徴収したのであった。ところで、わずかに残る日本の保護国時代の衿記の起主名は量案の戸名に大・小をつけるなどして細分したもので、現実の地租負担者とかけ離れていた。衿記の起主名は租税の単位のようになってしまっていて、実際の租税負担者は郷吏にしかわからないものであった。郷吏は故意に判読しにくい文字を書いて衿記記載事項の独占を図ったとされる。また、吏隠結という得分が含まれていたので、近代の土地調査のときに、中間利得が発覚することを恐れて焼却されたといわれる。朝鮮王国では土地売買は認められていたが、文記（売買証文）を作成して官へ報告する義務があった。しかし一六世紀中葉には守られなくなり、一七世紀末以後は文記の有無、記載により所持が判断されるようになった。土地売買ではそれまでの証文の束が買い主に渡されたという。

おわりに

以上、近世の百姓身分と土地所持について、中世から近世への移行、東アジアの小農世界の広がりという二つの比較において見てきた。

日本では太閤検地以下の検地を契機に、百姓は土地について農業に従事する身分として編成された。検地は統一権力のもとに公儀の編成としておこなわれ、百姓身分も各領主に支配されつつも公民的性格を帯びていた。中国・朝鮮では伝統的に良民という把握がおこなわれており、これと共通する面があった。また一六～一七世紀には、東アジア社会にはそれぞれの地域差を含みながら、小農民社会が成立していった。

中国では、江南地域を中心に大土地所有が展開し、地主・佃戸関係は主佃の間柄という隷属的なものであったが、やがて明清時代には佃戸の力が増大して、契約的な性格が強まった。日本でも一五世紀以来成長してきた小百姓や下人、門屋・被官が検地を契機に自立を強め、一七世紀には小農民経営が村のなかで中枢を占めるようになっていった。朝鮮では日本や清の侵攻でやや遅れたが、やはり小農民の形成が見られた。これらは東アジア社会の世界史上でも注目される人口増加をもたらした。

いずれの国でも支配階級は、直接土地経営をおこなわず、土地所有から遊離していた。このために近代的土地所有の実現は容易で、急速な近代化が可能となったとされる(32)。

しかしそれぞれの小農民の土地所有の内実はかなり異なっている。明清時代の中国や朝鮮王国では土地台帳は国家の徴税台帳で、農民の土地所有権と結んでいない。朝鮮王国では土地台帳は郷吏層が掌握しており、農民は実態として自分の土地をもっていても、国家から公的帳簿で保障される側面となると曖昧であった。国家は量案で土地と農民を掌握しても、在地ではこれを形式化してしまう力が強かったのである。中国・朝鮮では農民の土地所持を保障するのは売買証文であった。また中国では、土地所有は売買の来歴の正当性により管業を保障することであったので、その所有権としての性格は排他的でなく、権利は代々の所有者の確認の連鎖が保障するという形式となった。このため找価や請戻しがかなりおこなわれた。

日本でも中世までは売券が所持の正当性を保障したが、近世になると検地帳へと変わっていった。検地帳は村へ下げられ、公開される建前になっており、自分の持ち分を手帳として配分もされた。年貢収取を最大限実現するため、代官・村役人などの中間収得を極力排除しようとしたことと小百姓の自立闘争が、徴収制度の公開化という性格を生み出していた。近世初期では検地名請も安定しなかったが、やがて小百姓経営が展開するとこれが所持の原点と考えられるようになった。小百姓化をめざした被官・門屋・下人などの運動は、分付を外すなど検地帳上の正規な名請人となることで、土地売買の「自由」な主体となり、経営の不安定性を売買で補完する方向で進んだ。同時にそれは村のなかで百姓身分として成員権（入会・用水権）を認められることでもあった。百姓株式の確立により、所持も安定した。こうした百姓は、土地の売りと取戻しを繰り返しながら相続するという存在形式をとったので、検地帳名請と百姓株式をもとにした請戻し請求権（権原）が生まれ、検地帳の農民的土地台帳化がおこなわれた。

日本では、最後の検地帳の名請名は、後期分付として名寄帳などに幕末維新期まで継承されることが一般的に見られた。これにより名寄帳から検地帳に回帰することが可能であったし、事実、帳簿は検地帳との対照を意識して作成されていた。検地帳をもとにした請戻し請求が可能な条件が確保されていたといえる。中国では物件変動は自由だったが、所有の権原の絶対的性は生まれず、人間関係の網の目がこれを保障した(33)。日本では、検地名請を所持の絶対的な基準とする裁判がおこなわれたが、いっぽうで質地請戻しに見られるような検地帳名請と百姓株式に基づく請戻し請求が貫徹する性格をもっており、物件変動を阻止する役割をもった。

こうした土地所有の性格の違いは、東アジア地域の社会的結合の違いにも左右されていた。明清時代の中国江南地方では、在地秩序の動揺が深刻化するなかで、小農民経営の展開が見られた。日本では、小農民経営の自立は村落共同体の地縁的結合の強化をともなった。村落共同体の強い社会結合が、百姓の家と土地の強い結びつきの枠組みとなっていると考えられる。百姓身分の個性的あり方もまたそこに起因している。

（1）網野善彦『日本中世の民衆像』（岩波書店、一九八〇年）。
（2）芳賀町史編さん委員会編『芳賀町史』史料編近世（芳賀町、二〇〇三年）九八七～九九〇頁。
（3）拙稿「近世質地請戻し慣行と百姓高所持」（『歴史学研究』五五二号、一九八六年、後に同『近世の村と百姓的世界』校倉書房、一九九四年所収）。
（4）拙稿「近世前期の検地名請と小百姓」（渡辺尚志・長谷川裕子編『中世・近世土地所有史の再構築』青木書店、二〇〇四年、後に同『近世質地請戻し慣行の研究』塙書房、二〇一二年所収）。
（5）石井紫郎『日本国制史研究』Ⅰ（東京大学出版会、一九六六年）。
（6）菅野文夫「本券と手継」（『日本史研究』二八四号、一九八六年）。
（7）新田一郎「相伝」（笠松宏至編『中世を考える　法と訴訟』吉川弘文館、一九九二年）。
（8）峰岸賢太郎「幕藩制社会の身分構成」（深谷克己他編『講座日本近世史』三、有斐閣、一九八〇年、後に同『近世身分論』校倉書房、一九八九年所収）。
（9）勝俣鎮夫『戦国法成立史論』（東京大学出版会、一九七九年）。
（10）石井紫郎『日本国制史研究』Ⅰ（前掲）。
（11）峰岸賢太郎「幕藩制社会の身分構成」（前掲）。
（12）拙稿「近世質地請戻し慣行と百姓高所持」（前掲）。
（13）東京大学史料編纂所編『大日本古文書』家わけ一二、上杉家文書之二（東京大学史料編纂所、一九三五年）二三八頁。
（14）名古屋市博物館編『豊臣秀吉文書集』三（吉川弘文館、二〇一七年）一四三頁。
（15）宮川満『太閤検地論』三、（御茶の水書房、一九六三年）三六五～三六八頁。
（16）笠松宏至他編『中世政治社会思想』下（日本思想大系二二、岩波書店、一九八一年）二〇四～二〇五頁。
（17）同前二〇六～二〇七頁。
（18）拙稿「近世前期の検地名請と小百姓」（前掲）。

(19)　東条町編『東条町史』史料編（東条町、一九九五年）二五七～二五八頁。
(20)　拙稿「元禄期の小百姓的所持と家」（村上直編『幕藩制社会の地域的展開』雄山閣出版、一九九六年、後に同『近世質地請戻し慣行の研究』塙書房、二〇一二年所収）。
(21)　拙稿「越後における検地名請と質地請戻し慣行」（『東洋学研究』四六号、東洋大学東洋学研究所、二〇〇九年、後に同『近世質地請戻し慣行の研究』塙書房、二〇一二年所収）。
(22)　寶月圭吾『中世日本の売券と徳政』（吉川弘文館、一九九九年）。
(23)　拙稿「近世後期の分付記載について」（『古文書研究』二三号、一九八四年、後に同『近世質地請戻し慣行の研究』塙書房、二〇一二年所収）。
(24)　拙稿「南会津地域における質地と請戻し」（『東洋大学文学部紀要』六〇集史学科篇三二号、二〇〇七年、後に同『近世質地請戻し慣行の研究』塙書房、二〇一二年所収）。
(25)　宮嶋博史「東アジア小農社会の形成」（溝口雄三他編『アジアから考える』六、長期社会変動、東京大学出版会、一九九四年）。
(26)　拙稿「東アジア小農社会と農民の土地所有」（金沢星稜大学ORCプログラム報告書『北東アジアと北陸地域の経済・文化交流に関する学術情報の集積と学際的研究』、二〇〇九年、後に同『近世質地請戻し慣行の研究』塙書房、二〇一二年所収）。
(27)　岸本美緒「明清時代の郷紳」（柴田三千雄他編『権威と権力』シリーズ世界史への問い七、岩波書店、一九九〇年、後に同『明清交替と江南社会』東京大学出版会、一九九九年所収）、同「土地を売ること、人を売ること」（三浦徹他編『比較史のアジア』イスラーム地域研究叢書四、東京大学出版会、二〇〇四年、後に同『地域社会論再考』研文出版、二〇一二年所収）。
(28)　寺田浩明「中国近世における自然の領有」（柴田三千雄他編『歴史における自然』シリーズ世界史への問い一、岩波書店、一九八九年）。

(29)　岸本美緒「明清時代の郷紳」（前掲）。
(30)　寺田浩明「中国近世における自然の領有」（前掲）。
(31)　宮嶋博史『朝鮮土地調査事業史の研究』（東京大学東洋文化研究所、一九九一年）。
(32)　宮嶋博史「東アジアにおける近代的土地変革」（中村哲編『東アジア資本主義の形成』青木書店、一九九四年）、中村哲「東北アジア（中国・日本・朝鮮）経済の近世と近代（一六〇〇～一九〇〇年）」（中村哲編『近代東アジア経済の史的構造』日本評論社、二〇〇七年）。
(33)　岸本美緒「土地を売ること、人を売ること」（前掲）。

付記　榊原氏の寛文八年覚は、同氏が再び姫路に転封となり、宝永二年（一七〇五）、姫路に出した郷村条目と、さらに越後高田に移って寛保二年（一七四二）に出した郷村条目に引き継がれたことは、以前指摘した。その後、榊原氏の後に姫路に入部した松平明矩は、寛保二年（一七四二）に元和三年（一六一七）の本多忠政以後の条目を整理して定書を出したが、その一カ条にそのまま条文が継承されたことがわかった（福崎町史編集専門委員会編『福崎町史』三巻、史料編一、兵庫県福崎町、一九九〇年、三六六頁）。姫路藩でも必要事項として継承されたことは、この条文の普遍性を示している。

第四章　日本近世の共生思想――『河内屋可正旧記』をめぐって

はじめに

日本の近世社会は、小農民を中心とした村社会を基礎にしていた。農村では、地縁的な村共同体が強い結合力を保ち、過半の人びとはこのなかで生活した。村の生活は、あらゆる面での共同活動が必要とされたので、ここに共同体的な共生意識が生じた。ここでは『河内屋可正旧記』によって、近世農民の共生思想を紹介することにする。[1]

一　河内屋可正について

河内屋五兵衛（可正）は、河内国石川郡大ケ塚村の住人で、寛永一三年（一六三六）に生まれ正徳三年（一七一三）七月に七八歳で死去した。[2]通称五兵衛、元服して可正と称した。河内屋は壺井氏を称し、元武士であったが可正の祖父源助が永禄八年（一五六五）に上河内村から大ケ塚村へ移住した。源助は天正六年（一五七八）近江八幡で酒造を学び、同一〇年（一五八二）に大ケ塚に戻って酒屋を営んで、同村の有力者となったが、慶長一九年（一六一四）大坂の陣の戦乱で、大ケ塚が襲われたときに討ち死した。河内屋は一家離散の危機に見舞われたが、源助の妻妙意の奮闘で家業は回復した。源助と妙意の間には二人の子供があったが、兄宗左衛門は寛永の飢饉で破産して大坂へ移住し、弟清右衛門が酒造を営んで家業は繁栄した。清右衛門の長男が可正で、幼少から学問を嗜み、儒学・仏教・軍記物などに詳しかった。また和歌・俳句も好み、能楽も一家で大坂新地や淀城下で興行するほどすぐれていた。

大ケ塚村は一向宗顕証寺の寺内町で、在郷町として栄えた。河内屋は、その富裕な豪農であり、庄屋を勤める家柄であった。可正も庄屋を勤めたこともあったが、当番となると名代を立てて済ますことが多かった。『河内屋可正旧記』と称されている著述は、可正が老年に達した五〇歳頃、元禄初年頃から書かれ始めたもので、宝永末年におよんでいる。可正によれば「大ケ塚由来記」と称され、内容は、大ケ塚村の各家の由来などを軸に、教訓を述べたものである。可正は、河内屋の子孫のために、大ケ塚村の各家の歴史と、そこから汲み取るべき教訓を述べて訓戒としようとした。このなかに可正が経験したできごと、世界観などが生き生きと語られており、これによって近世社会の完成した時期における農民の思想をうかがうことができるのである。ここではこの旧記から共生思想にかかわる部分を中心に検討することにしたい。

二　太平と百姓――家と無事

可正の生きた時代は、戦乱はおさまって総じて平安な時代であった。可正は晩年六四歳で九〇歳に達した母の孝行のために一家で能を興行して、満足の意を記しており、豊かで恵まれた人生を送ることができた。[3]いっぽう、可正までの河内屋は決して安穏だったわけではなく、源助の討ち死、清右衛門の早世（可正九歳のとき）など一家の危機を越えてきていた。そのことは可正には、まだ生々しい経験としてあった。それだけに当代の治世を肯定的に受け止め、自らの百姓としての分限を守り、家業に励むことを子孫に教訓する面が強かった。

当代を評価するという観点では、武田信玄・上杉謙信・織田信長・北条氏康・豊臣秀吉らについて、智勇はすぐれていたが、仁道をおこなわなかったので、家の衰えは早かったとして、厳しい評価をしている。武は仁道をおこなうのが本であるとして、徳川家康について若いときに苦労して世を乱す悪敵を滅ぼし、天下静謐を実現した後も、仁義を正しく慈悲深かったので、日本は御仁政にしたがって安穏に世を渡っているとする(4)。

農政についても、天正年中より文禄・慶長末年までは豊臣氏の支配だったが、諸役の掛かり物が多くて、田畑をもっているものは難儀であった。祖父は田畑を酒肴を付けて人にもらってもらったほどであった。しかし元和の初めより天下は「目出度治りし故、御政道たゞしくましく〳〵て、諸役難儀なる事なし」となった。このため諸国はみな田畑を宝とするようになったとする(5)。可正の認識としては、年貢・諸役が豊臣時代は高く、耕作しても作徳がなかったが、徳川治世となって諸役も減じて作徳が生じ、田畑所持の価値が高まったという。

いっぽうでよく指摘されるように、このことは商売との関係で論じられている。商売は次第に当地（大ケ塚）にはあわなくなっていた。戦国から近世初期には、北国などとの売買をおこなって大きな利益をあげるものがいたが、近年ではみな失敗してしまったという(6)。戦国期には、流通網も不十分であったので、遠隔地との商売は危険な反面、利益幅も大きかった。しかし戦乱がおさまり、大坂を中心とした流通網が整備されると、大きな利幅は期待できなくなり、在地の商売は衰退した。こうしたなかで可正は、商売は当地にはあわなくなったと理解していた。このため父の教えとして利益は商売と田畑と半分宛投資するという教訓を述べている(7)。可正の祖父は武士から酒屋商売を営み、父は商売の儲けで田畑を買うことを心がけた。可正までの三代の間に武士から百姓への道を成功裏に歩んできたといえる。

このため可正は百姓としての生き方を強く意識して、子孫へ説くことになった。可正は、若年に弓や乗馬を習った経験があるが、これについては、老年になってよく考えてみれば、なぜ弓を習おうとしたのかわからない。「世は太平也。身は百姓也。武芸をなせば心自ら勇がちに成て、事をこのむ気生ずる物也。惣て益なし。習ふ事なかれ」といい、乗馬についてもこの地の小荷駄馬などは訓練されていないので油断がならず、乗らないのがよいとする。そして「其外兵法をたしなむ事、身を亡す縁とはなれ共、子孫長久の謀に非」らず、無用であるとしている。(8)また家に強盗が入ったという誤報があったとき、父清右衛門が家に隠れて出てこなかったことを記して、父が臆したのだと認めながら、父は知恵があって、少しの物を取られても、身や家族の安全を考えたのだとして、勇（イサミ）のないのは百姓にふさわしく、「民百姓」は「無事」を図るものだと教訓している。(9)清右衛門の父源助は野盗の襲撃で討ち死しており、清右衛門にとっては現実の問題であった。可正も父と幼年に死に別れていたから、一家の支柱を失うことの意味は身にしみていたのであった。

三　頼みつ頼まれつ――多生の縁・慈悲・仁道

河内屋可正は、「頼みつ頼まれつ」生きてゆくことが、望ましい生活のあり方だとする意識をもち再三教訓した。それは一向宗門徒として、仏教をもとにした可正の共生の思想であった。可正の頼み意識については、かつてふれたことがあるが、ここでは共生の思想としての側面を中心に簡単に要約することにする。(10)

可正は大ケ塚村の木綿屋弥兵衛が大坂の帰りに、野中村で遭遇した事件を紹介する。弥兵衛は野中村の茶屋で大脇差を差した男に、足を踏んだと言い寄られた。進退窮まったときに、在所の馬追たち四、五人が通りかかり、顔見知りの弥兵衛を逃して、男を追い払った。弥兵衛は日頃何ほどとも思わなかった馬追がこのときは「親共子共頼タルゾ」と度々語ったという。このことを可正は評して

一、是ヲ以テ思ヘバ、同ジ国同ジ所ニ住者ハ、常ニ中ヲ能シ、互ニ堪忍ヲ致シ、頼ミツタノマレツ、世ヲ渡リタキ事也。一樹ノ陰ノヤドリ、一河ノ流ヲ汲モ、皆是他生ノ縁トアレバ、況ヤ同ジ里同ジ町、遠キ親コヨリ、近キ隣ニ住者共ハ、過去生ヨリイカ計深キ因縁カアラン。然ルニカリソメノ事ヲ云テハ中ヲタガヒ、少シノ損益ヲ争ヒテハ、親キ中ヲモサクル、是ラハ人非人ト云物也。五常ノ道、五倫ノ次第ヲ、少シ成共知ルナラバ、左ハ有間敷事ナルニ、浅間敷儀ニ非ヤ。

と述べている。[11] 可正は同じ在所に住むものは、仲良く互いに堪忍して、「頼ミツタノマレツ」して世を渡りたいものであるとして、これを多生の縁として理解する。遠いところに住む親子より、近い隣人は深い因縁があったのだとするのである。人びとの社会的結合の原初的なものとしては血縁の結合があるが、古代以来この紐帯は次第に緩やかになり、中世以降には地縁的紐帯が強まってきていた。[12] 在所では惣村から村へとその領域は小さく緊密になっていった。地縁的結合は、血縁のように説明のいらない、自明の関係ではない。血縁ではない人びとが、近隣に住むだけで密接な関係を結んでいる状況、あるいは結ばねばならない状況は、説明を必要とする。その一つとして、当事者が計り知ることのできない前生の因縁として、多生の縁により説明されることになった。こうして村を中心とした地縁的結合が進むなかで、血縁以外のかかわりを多生の縁としてこれを受容することは中世以来、広くおこなわれてきたことであった。多生の縁という思考法は、縁を知ることのできない前生の因縁にまかせてしまう、判断中止の説明原理になりかねない面があるが、現に結ばれている紐帯を肯定的に受け止める側

面があり、これにより血縁外の人びとも縁を結ぶことが可能となる積極性があったといえる。

可正は、この逸話の前にある老人の言葉として「其所ノ者ニハ馬追風情ノ者迄ニモ、常ニ情有ベキ事也。悪キ事アラバ異見ヲ加ヘ、哀レミヲタレテ、互ニ世ヲ渡ルベキ事也ト」ということを述べている。[13] ここでは馬追という当時、下賤な職業とされた人びとにたいしても、情けを掛け憐れみをたれて、ともに世を渡るようにすべきだとする。こうした考えは可正にあっては社会全体に広げられるものであった。可正は「天地の恩、国王の恩、父母の恩、衆生の恩」の四恩をあげて、なかでも衆生の恩について、衆生とは天地の間に生まれてきたもろもろの人びとのことである。主人は家来を頼み、家来は主人を頼む。売るものは買うものを頼み、買う人は売るものを頼む。金銀米銭などを借りるものは貸す人を頼み、貸す人は借りる人を頼む。だから知ることもない遠国のものまでも、互いに我が為になり、人のためになっていると述べる。[14] また主従・親子・男女・朋友の人倫関係についても、「互にたのまれツ、たのミツせずバ、世の中ハ有べからず」としている。[15]

いっぽうで可正は、安易に頼まれてはいけないと子孫に警告する。頼みつ頼まれつする関係も「心の信」からでなければ通らないが、頼まれたときに安易に受けて、世話が上手くいかなければ、面目を失うまいと無理をするのでかえって紛糾して、身の破滅を呼びかねないというのである。可正は、決して頼まれるなということではなく、もし頼まれて断れないときは、広言せずに引き受けて、一心不乱に努力せよという。[16] 当時、頼もし立てという言葉があり、男気を出して頼みを引き受けることをいった。[17] 旧記にはこの用例を見ないが、可正はこうした任侠的態度を厳しく戒めていた。

可正にあっては、ともに生きることは、人の頼みを丸ごと引き受けることではない。堪忍しあって互いに家の相続を図ることであり、相互に緊張した関係があった。豊かなものは憐れみをもって、貧しいものに接するが、度を越えて自らが貧しくなれば、施しもできなくなるのである。可正は勇を庶民の稼ぎに置き換えて、勇猛果敢に所帯を稼いで身代をよくするものも、仁義がないのでほどなく衰えるとする。いっぽう世は末代なので、当地では勇を専らとして、所帯を稼ぐのがよく、仁道を先にするのは不相応だとする。ただ心に少しでもとめておいて、捨ててはならない。それが子孫長久・富貴万福のもとだとしている[18]。村や地域のなかで富裕なものとして指導的立場にあった可正が、自らの家の経済的基盤を維持しつつ、仁道により慈悲を施す緊張関係がここには示されている。

可正は天下を治める大将や諸侯は万民や国を憐れみ、村の庄屋・年寄は一村のものを憐れむのはもちろんである。しかし銘々に蓄えたものをあたえよというのではないとする。庄屋を勤めたとき、馬や籠に乗らなかったり、役所へ出かけてもすぐ帰るようにして、できるだけ入用銀を節約して、村に負担を掛けないようにしたと自分の功績を述べ、役威を振るうような行為を戒めている。そんなことをすれば、脇々の小百姓が村入用銀の増加に苦しみ、年貢を未進することは眼前で、こうしたものを「憐み、めぐむ心のなきものは人倫にあらず」と批判するのである[19]。可正は村へ施しをする前に、節約して村民に割り合われる村入用を軽減することで負担を少なくする。それが仁道にかなう行為だという発想をもっていた。可正のこうした発想は、一七世紀末期の地域指導者層の新しいあり方であった。

寛永一一年（一六三四）、和泉国の熊取谷諸村は大庄屋の中左近の不正を訴えているが、そのなかに池普請のときに、飯・酒をおおばん振る舞いし、村民や藩の役人も大いに満足して、さすがは中左近よと評判となった[20]。ところが後になって、その費用を倍々として谷の諸村に割り掛けたという一項がある。訴状は、これについて卑怯だと非難している。この前条では、中左近家は、農事に年に二、三〇日も谷のものを使うが、一日にしてほしい。

それでももういっぽうの庄屋は、谷中に年に一度宛「御ふるまい」をしているが、左近は「かねヲ持事本ニ」して、冷や水一杯振る舞わないとしている。戦国期に土豪的存在だった中家は、大いに振る舞うことを期待される存在であった。この時代には、荘園領主も百姓が年貢を納めれば、椀飯振る舞いをおこないその労をねぎらったし、荘園の灌漑工事などでもやはり振る舞いがおこなわれた。領主と農民の間には、収奪・被収奪の一方的関係だけでなく、貢納にたいして下行という互酬関係があって相互が成り立っていた。年貢以下の徴収も、多くは領主の催す年中行事・儀礼のなかに織り込まれていた[21]。中家がおこなったおおばん振る舞いもその系譜を引くもので、地域も期待していたものである。しかし近世になって領主的立場でなくなった中家には、それを賄いきる力はもはやなかった。こうしたなかで無理して振る舞いをおこない、その費用を村から回収しようとすれば、当然村民の批判を浴びることになった。また百姓のあり方も変わってきていて、別の条文では、谷の池川普請では弁当を持参させてほしい。「在々ニふるまいいたし候」ては、その負担で在所が潰れると主張している。一七世紀中葉から、村むらでは小百姓が台頭し、庄屋・村役人の村運営にたいする監視を強めていた。年貢や村入用の公正・平等な割合、節約をもとめる動きが村方騒動となって村内の対立を生むことも広く見られた。

おおばん振る舞いで人びとの輿望をつなごうとした中左近にたいし、可正は入用を節約することで、村民の負担を減らすことが慈悲を施すことになると考えていた。古来、大きく集めた富を、気前よく散じることが、上下を問わず、指導層の輿望となった[22]。ところが可正の時代には、もはやこうした考えは通用しなくなっていたのであった。中左近から可正へ、この五、六〇年ほどの間に時代は大きく変化していたのであった。可正の頼みつ頼まれつする関係に表された共生意識もこうした緊張関係のなかにはぐくまれていたものであった。

四　農業と生類――人と自然

可正は、百姓としての生き方を説いたので、農業についても深い関心と知識を伝えている。可正は、自分は自ら耕作することはなく、人に作らせて損をしたことが度々であった。したがって農業の書を著して人に伝えるのは不相応だという人もあるだろう。もっともであるが、自分の経験ではなく名人の言葉を伝えているので大事に聞くようにという。(23)可正は直接耕作しなかったとしばしばいうが、家来のものが耕作をするときには可正も草を切り、田の畦に腰を掛けているなどと様子を見たものの言葉を記しているので、ある程度農耕の心得もあったようである。(24)こうした農耕経験をもたずに老農・名人の話だけで、旧記のような農業技術を記すことは不可能であろう。

ここでは作物の具体的な耕作法については省略するが、旧記ではかなり詳細な耕作方法についての説明がある。可正は、これらについて「農人帳」「日記」を付けて、後に耕作の反省とすれば、自ずから上手となると勧めており、きわめて合理的な態度をもっていた。可正の経験した飢饉の年でも、上手はこれを察知して、工夫して成果をあげたことを見聞きしているという。(25)畿内では、早くから農業日記が見られるので、可正の勧めも現実的なものであった。(26)自然相手なので、上手くゆかないことも承知しながら、工夫・努力を積み上げることで、上手となるとする。(27)近世になると農業は、自然に左右されるだけのものという理解はなくなり、上手に働きかけることで成果が得られるものであり、そのための勤勉な工夫・努力がもとめられるようになった。可正は、河内の特産品であった木綿の耕作法を詳細に説明した後で、おろかで「無情」（不精）なものはこの書を貶めて、先年自分もこのようにしてみたが、作柄は悪かった。耕作というものは「果報力」によるので、作り覚えたものは国中にいないというであろうとし、こうした態度を厳しく批判する。そこでは、こういった愚人は、農書を見聞きして、よくわきまえないで「一がいに作る」から失敗してしまう。土地には、肥料をやってよい土地と、悪い土地がある。時期を早くしてよいことも、悪いこともある。それを考えないで、肥料を施せばよいなどということだけまねても、上手くゆくはずはない。「果報力」というなら可正の方が「福力」があるのに、「福力」のない家来や出入りのものが年々利を得て、可正はしばしば損をしている。農耕は上手と下手による。芸事と同じで書を読むだけでなく、修練を積めばかならず上手になると述べている(28)。

可正は、諸芸のなかで農業ほどめでたいものはないという。商人は他人と利を争い、いっぽうが利を得れば、他方は損をする。争いに勝って国を得る人がいれば、敗れて家を失うものもいる。勝つものがいれば、負けるものがいるという競争的な関係がある。また商人の習いとして、木綿などを多く買えば、値が高くなるようにと天災・不作を思い逆さまな願いをする。これにたいして農業は、収穫があがれば家の宝となり、売れば天下のたすけとなる。天地から授けられたものなので、収穫があがったといっても、そのためにほかに失うものはなく、ただ米穀満作を願うだけであると述べている(29)。農業は天地の恵みを得るもので、人を養うことを楽しみにするので、天道にかなうというのである。農業は競争的関係がなく共生的であると指摘しているといえる。とはいっても、この記述につづいて、親清右衛門の言として、当地では商いだけでは家は久しくは整わない。耕作だけでも栄えることはそれほどできない。商売と耕作を車の両輪のようにして生活すべきだと教訓したことを記している。可正も、もし商売に失敗したら、農夫になって妻子をはぐくもうと思ったが、幸い無事に世渡りができ、農商の業を専らとして勤めることができたとしている(30)。したがって商売を否定したわけではない。商人は心を正直・正路にもって、偽りをいわず約束を違えないようにして、その上で、一割でも五分、三分でも相応に利益を取るようにせよ。一〇匁で買ったものを一〇匁で売っては商人は立たないのだから、相応の利益を取ることは悪く心得てはいけないという。[31]可正は農業でも商売でも修練・工夫もなく、利益だけを追求することには、厳しく批判している。

可正は人は欲界に生きる衆生なので、得ることを好まないものはいない。金銀は得るようにおこなって得、もつようにしてもつべきだとする。精を出して修行して上手になって得るべきで、修行もしないで上手になろうとするのは間違いだというのである。[32]可正にあっては、それぞれの仕事に練達をもとめる人のあり方が欲として積極的に意味をもつものとして肯定されているのである。

可正は、農業についてさまざまな工夫を凝らして、自然に向き合うことで、豊かな収穫が可能となるもので、そこで得られた富は共生的であり、仁道にかなうめでたいものだという認識をもっていた。そうした認識から、自然をどのように見ていたか、興味深い記述がある。

可正は生類との共生をめぐる不思議な夢を記述している。これによれば可正は大ケ塚の隣の一須賀村のうち、向ヒ山というところを買って田畑に開いていた。山中なので雉子や兎が出て折々作物を荒らした。そこで可正は立腹して、憎いものたちなので罠を懸けて殺すか、鳥もちでとってやろうかと度々ののしっていたという。そうしているうちに、ある夜可正の夢に、向ヒ山にいる雉子、兎のようなものが数々出てきて可正にたいして、あなたは書物を読み習い、世の中のこともわきまえ、仁道も心得た人かと思ったのに情けないことを言い出すものだと涙を流して恨む気色をした。可正は自分は若い頃より善悪を明らかにしようとしてきたのに、なぜそのようなことをいうのかと尋ねた。禽獣たちは、物陰からあなたの言葉を聞くと、罠で殺そうなどとののしる。恐ろしいことではないか。こちらはおろかなので、人間のかしこき知恵にはかならず殺されるだろう。我らに何の咎があるというのだといった。可正は、産業は国の本である。耕作をして五穀を作り出して、天下の人民を養うのである。しかるに禽獣の身で貴き人間の食物を奪う咎は、はなはだ重い。盗人なので殺すのだと答えた。これにたいし禽獣たちは、あなたの「僻事」とはそのことなのだ。この土地は鳥獣の住み慣れた山であった。それなのに、あなたの欲心から開発して田畑とした。昔からあった田畑でも、落ち穂を拾い、こぼれた畦のものを喰らうは鳥獣の身命を養う習いである。これを憎む人は情けがないというべきである。ましてここは鳥獣の往来する山中である。昔のように柴山にしておいてくれれば、立腹するようなこともないではないか。生きているものを殺そうという悪念も生じない。これはあなたの心より出た悪行だと口々にののしった。可正は居丈高になり、この山は先年数々の銭金を出して買い求め、公儀には山代銀を差し出した上に、田畑の年貢米を出している。柴木を植えようが、五穀の類を作ろうが我らの意のままである。我が物である。汝らは作り物を盗むだけでなく、理屈をいうのは言語道断だと怒って、杖を振り回した。鳥獣は一度は逃げ散ったが、また戻り、その方は朝夕寺参りをし、仏法も聴聞して、ものの道理をわきまえた人だと思っていたが、思いの外であった。この田畑を我が物と強いて言いつのるのは何事であろうか。諸法は空、無我である。この身も五運（蘊）のなすところ、四大和合（四蘊和合）の身である。いわんや金銀米銭田畑家財など、あなたこなたに渡り、千変万化すること眼前であるのに、なぜ我が物という。これはみなあなたが我執が深いからである。その様子では、定めて未来は悪果を得るだろうといって、山奥に去っていった。夢はここで覚めたのであるが、可正は「鳥けだもの、の云し所むべなり」として、禽獣が「夢中の告世」をすることは多いと感じている。

可正が開発を止めた様子は見られないが、禽獣の殺生を戒める姿勢は確認できる。これについて状況認識とともにつぎのように述べている。

一、治りたる御代には、国土に人民多くなる故、山野を開発して田畑となす事、往古より有来りたり。然れば、鳥類畜類の作り物をくらひあらすをにくむ事又理り也。にくしとてころさば、殺生の咎おもし。其通にしてゆるさば田畠あれはてん。唯昔より有来りたるかゞし僧都やうの物にてはからんにはしかじ。

可正は、太平の世なので人口が増加して、田畠が開発されることはよくあることである。そこで鳥獣が作物を荒らすのを憎むのは理があるが、殺せば殺生の咎がある。しかしそのままにすれば田畑は荒れるので、昔からおこなわれた案山子などで追い払うようにするのがよいとしている。案山子などで鳥獣を避けるのは限界があることは、可正も知っていたであろうが、夢で鳥獣がいうように落ち穂を拾うといった範囲で被害を止められればやむを得ないと考えたのであろう(33)。

また可正は山中におこなわれた「虫弔」という行事に感じて、大ケ塚村でもこれを執行した。この行事は、農業などの作業中に思わず殺生したり、害虫として駆除せざるを得なかったものなどを弔うものである。在家として生きる上で避けることのできない殺生の罪のために、一年に一度道場などに集まって弔った。このことを聞いた可正は「いきとしいけるもの丶おもんずる物ハ命にしくハなし、此命をとる事不便なる事に非や」として、虫弔いをおこなうことを思い立ったが、本願寺にはその行事がなかったので、他宗の道心者を頼んで、一年に一度虫弔いの法事として一夜念仏を興行した。可正はこのことが利益があるかないかは知らないが、殺した虫を不憫に思う志を表したかったとしている(34)。

可正の自然との共生意識は、とりたてて先鋭化したものではなく、仏教思想を基盤にしたごく穏健なものであった。鳥獣の夢を見て、開発を中止したわけでもなく、鳥獣の殺生は避けようというほどの認識でしかないと、とりあえずはいえそうである[35]。しかし夢に鳥獣が出て語り、それを可正がもっともであると感銘を受けるほどの、意識下の葛藤と理解があったことは事実であろう。それが何であったかは、知ることができない。ただ可正の記事が興味深く、紹介にあたいするのは、当時の社会状況のなかにおくことで見過ごせないものがあるからである。可正は、御上のことを批判的に書くことはないので当然ながらふれていないが、旧記が書かれた元禄・宝永期は、いわゆる将軍徳川綱吉の治世で、生類憐れみの令が発せられた時代であった。これについては、大きくは一七世紀後半に人と自然との関係が転換し始めた状況があったことがあげられる[36]。近世になると開発が急速に進み、手つかずの自然がほとんど失われていった。山林は城郭や御殿、都市の建設で大方は刈り尽くされたため、植林されていった。自然は人力のおよばない恐ろしい畏怖の対象というものではなく、統御・管理される対象となりつつあった[37]。畿内では、あまりに開発が進んだため、寛文六年（一六六六）に幕府から諸国山川掟が出され、新田開発が禁止された。新田開発のために山が荒らされ、洪水が頻発したという。当時の農業では、刈敷として山野の草を刈り取って、田畑の肥料とすることが広くおこなわれた。畿内では適当な場所が少ないため、わざわざ草を取るために木を生やさないようにした草山が村むらにより各地に設定されていた。それでも草が足りず、いきおい草の根まで掘り取りはげ山化するので、少しの雨に土砂が河川に流れ込み、洪水の原因になっていたのである。このため幕府は土砂留工事を畿内各藩に命じ、土留めのための植林が幕末までおこなわれた[38]。また植林がおこなわれると今度は開発の進展に行き場を失った動物が出現して農地を荒らした。宝永四年（一七〇七）、大ケ塚村から山に入った春日村では数百匹もの鹿が出現して田畑を荒らしたと年代記にある[39]。畿内農村では、開発の進展は自然とのバランスを危うくするほどに達しており、開発を年貢増徴の機会として歓迎するはずの幕府・領主が規制を掛けようとしていた。またこうしたなかで生類憐れみの令が発せられたが、その背後にある思想は、公儀・将軍が国土の領有者として、そこにいる生きとし生けるものすべてにたいして、憐れんで保護をあたえるという発想であった。主観的にはそれは治者の仁政としておこなわれ、戦国の遺風を払拭する意味をもった。いわば未開から文明への最後の転換が進んだ時代の産物であった。

可正の夢は、こうした自然と開発の矛盾の迫間にあらわれたものであった。山を買い取って所持地として開発する。年貢も納めているので、持ち主は勝手にその土地の利用権を行使できるはずだとする可正の主張はいわば文明の作法である。売買・土地所有・税・自由で排他的な利用権という観念を持ち込んでいるのである。これにたいして鳥獣は、田畑を我が物いうのは正当なことか、我執にすぎないではないかと反論する。仏教の教えでは、人も鳥獣も同じく諸要素の和合したもので、空なることは異ならないとする。可正は鳥獣の主張も理があるとしながらも、平和になり人口が増加すると田畑の開発は必要であるという立場を崩さず、殺生を避けることで共生を図ろうとする。可正は、他人の持ち物だった山野を公儀に願い出て開発するような行為については言語道断と厳しく批判するが、誰のものでもない山野・海辺の開発は、米穀を作り出し国の宝とすることであると肯定している[40]。人とひとの間では、欲深い行為として禁止される面をもつ開発も、人と自然の観点からは、あまり深刻には考えられていない。可正は、農業は人が自然に上手に働きかけることで豊かな収穫が約束されるものだと考えていた。またそのために常に修練すべきもので、これを怠ることを厳しく批判していた。自然は人の努力により、成果があがる対象であり、そうすべきものであった。我執について反省した可正も、鳥獣の非難をこうした農耕の労働と自然観と関連づけて考えた様子はない。この点では、生類憐れみの令と可正の発想は、基盤に同じ時代の意識を共有していた。自然は、働きかけて成果が得られる対象であり、その限りで統御できる、またすべきものであった。であればこそ保護の対象でもあったのである。

ところで可正と鳥獣と対抗的に論点を見たが、考えてみれば両者は可正の夢のできごとであり、可正の何かしらの葛藤と彼の構想としてあらわれたものであった。こうした問答は、仏教教説の問答としてパターン化していたものであったのかもしれないが、可正の心の葛藤として夢に見られたことには違いない。したがって可正は、夢で彼が断固人間の主張を押し通そうとしたほど、確固とした立場をもって開発を正当化できると思っていなかったのかもしれない。何があったのかわからないが、内心ある後ろめたさがついて廻っているのではないかと思われる。それは自然を分割して我が物とすること、その我執を正当化することの後ろめたさであるのかもしれない。可正が迷信を排除する風の強かった本願寺の教えにない虫弔いの行事を、効果があるかどうか知らないが、殺した虫の不憫を思う志を表したかったと、わざわざ他宗のものに頼んでまで興したというのも、やはり内心の不安が感じられるのである。

おわりに

以上、近世の共生思想について、『河内屋可正旧記』を中心に考えてみた。河内屋可正は、河内の寺内町大ケ塚村の富裕な酒屋・地主であったが、その家の永続のために子孫に大ケ塚村の由来と教訓を書き残した。これを通じて、一七世紀末、近世社会の完成した時期の農民の社会意識をうかがうことができるのである。ここから人とひととの関係意識としての「頼み」意識、人と農業、自然とのかかわりについての意識を紹介した。いずれの面でも近世の村人の共生意識が強くあらわれているといえる。

可正は在所から始まって、主従・親子・夫婦・男女・朋友の人倫的関係、見知らぬ国々までも社会全般について頼みつ頼まれつしているのだという相互依存的関係としてとらえ、これを四恩、多生の縁という仏教思想で理解していた。また頼みは「心の信」によって内実あるものになると説いていた。いっぽう可正にあっては、頼みつ頼まれつしてともに世を渡ることは、互いに堪忍しあって家の相続を図ることであり、人の頼みを丸ごと引き受けることではなかった。安易に頼まれ身を滅ぼすことの危険について可正は厳しく教訓しており、相互に緊張した関係をもっていた。可正は富裕な在所の指導層として、自らの家の存続を図りつつ、仁道を忘れずに慈悲をおこなうことを子孫に勧めた。このさいも、財貨を惜しみなく振る舞うという方向ではなく、村入用銀を節約して小百姓の負担を減じることが仁道にかなう慈悲であると説く発想をもっていた。それは一七世紀初頭から展開した小百姓を中心とした村・地域の要請に応える新しい発想であった。

　農業については、天の恵みを得て、家を富まし天下のたすけになるめでたいもので、商売と異なって利を争う競争的関係が働かない共生的生業だとする。しかし商売についても、心を正直にした上で、一定の利分を取ることは当然で、悪く心得てはいけないとする。農商いずれでも、正しく工夫したり修練することで、豊かな収穫や利益が得られるのであり、それなしに結果をもとめることには厳しい批判をおこなった。いっぽう農業と自然とのかかわりでは、工夫して上手に働きかけることで、天道の恵みが得られると説き、開発についても積極的な側面があった。夢における鳥獣の自然への侵犯への非難にも一定の理解を示したものの、その立場を維持しようとしている。それは可正の生きた時代が自然を統御したり、保護したりすべき対象と見るようになってきたことと軌を一にしている。可正は、そうした立場にも葛藤を感じていたように見えるが、当面は新田開発について、太平のなかで人口が増加しているので必要であるという立場をとった。殺生を避けるという範囲での、自然との共生であったといえる。可正が常に強調した工夫して上手となる人という主体がおかれることで、工夫や労働の対象である自然が統御され、分割、領有されることは避けられなかった[41]。そうした限界が、この時代の自然との共生の限界であった。

共生思想を歴史学が問題にする場合、現代に通じる普遍性だけが問題なのではなく、その時代の水準のなかで限定された性格をともに明らかにすることが必要である。共生思想もまた、歴史的産物であり相克のなかにあるものである。共生思想を考える上で、歴史学が寄与できる側面は、その時代の様相を明らかにすることを通じてである。

（1）野村豊他編『河内屋可正旧記』（清文堂出版、一九五五年）、以下、引用は旧記何頁とする。可正旧記については、解説に野村豊、由井喜太郎の詳細な紹介がある。貴重な史料なので、引用した文献は多いが、まとまった検討となると意外に少ない。比較的まとまった検討には高尾一彦『近世の庶民文化』（岩波書店、一九六八年）、若尾政希『「太平記読み」の時代』（平凡社、一九九九年）、深谷克己『近世人の研究』（名著刊行会、二〇〇三年）、佐々木潤之介『江戸時代論』（吉川弘文館、二〇〇五年）などがある。

（2）旧記、所収・解題、野村豊「河内屋可正旧記に就いて」参照。

（3）旧記、三〇一～三〇二頁。

（4）旧記、二九四頁。

（5）旧記、二八三頁。

（6）旧記、二〇九頁。

（7）旧記、二八四頁。

（8）旧記、九七頁。

（9）旧記、一七四～一七五頁。
（10）拙稿「民衆の社会的結合と規範意識」（岩田浩太郎編『新しい近世史』五巻、新人物往来社、一九九六年、後に同『日本近世の自立と連帯』東京大学出版会、二〇一〇年）。
（11）旧記、七四～七五頁。
（12）河音能平『中世封建社会の首都と農村』（東京大学出版会、一九八四年）第六章。ここでは一三世紀において、村落では根本住人・座衆などの百姓と縁を「結ぶ」ことで定着した小百姓層を含んで仏像が造立され、その棟札に「縁共」と一括されて著されたことが指摘されている。いわゆる結縁による造立であった。またそれが拡大されて、中世末には狂言で袖振りあうも多生の縁などと称すことが受容されるようになったとしている。
（13）旧記、七四頁。
（14）旧記、三四一頁。
（15）旧記、二四四頁。
（16）旧記、二四三～二四四頁。
（17）例えば、近松門左衛門『曾根崎心中』に「頼もしだてが身のひしでだまされさんしたものなれども」（重友毅校注『近松浄瑠璃集』上、日本古典文学大系四九、岩波書店、一九五八年、三〇頁）とある。
（18）旧記、二六六～二六七頁。
（19）旧記、八三～八四頁。
（20）熊取町史編さん委員会編『熊取町史』史料編二（熊取町、一九九五年）二一五～二〇頁。以下、中左近についての記述はこれによる。
（21）藤木久志『村と領主の戦国世界』（東京大学出版会、一九九七年）第三章。
（22）M・モース・有地亨他訳『社会学と人類学』一（弘文堂、一九七三年）。日本では、夢窓疎石が足利尊氏の三つの徳として、心が強く合戦で命を失うべき危機にも怖れの色がなかった。慈悲天性で人を憎まず敵を許し一子のように扱った。

「御心広大にして物惜の気なく」人びとに物をあたえたことをあげている（矢代和夫他校註『梅松論』、新撰日本古典文庫三、現代思潮社、一九七五年、一三七〜一三八頁）。
(23) 旧記、一九七頁。
(24) 旧記、三一八頁。
(25) 旧記、二〇二頁。
(26) 摂津国武庫郡上瓦林村岡本家では、享保三年（一七一八）からの「農事之実録」という施肥などの記録と享保一二年（一七二七）より「万覚帳」という経営記録が残っている。おそらくもっと以前から似たような帳簿があったと考えられるので、可正のいう「農人帳」「日記」とつながっているのであろう。
(27) 旧記、二〇一〜二〇二頁。
(28) 旧記、二〇一頁。拙稿「百姓的世界の地平」（同編『関東地域史研究』二輯、二〇〇〇年、後に同『近世質地請戻し慣行の研究』塙書房、二〇一二年所収）参照。
(29) 旧記、二〇七〜二〇八頁。
(30) 旧記、二〇八〜二〇九頁。
(31) 旧記、三六二頁。
(32) 旧記、三一七頁。
(33) 旧記、三〇七〜三〇八頁。五運（蘊）は色・受・想・行・識からなる仏教思想の個体の物質的構成要素、四蘊は感情・認知・意志・知性の心の構成要素。個体は、物質的・心理的要素の仮の和合の相続したものとする（竹村牧男「縁起の共生」同他編『共生のかたち』誠信書房、二〇〇六年）。ここでは動物も人も和合の結果であり、同じものであるという主張と理解できる。
(34) 旧記、三〇九頁。
(35) 可正の鳥獣の殺生を避けようという記述をそのまま「とりあえず」理解することにしたのは、当時、生類憐れみの令が出ているために、可正がこのように殺生をしないと記述したとも考えられるからである。ただ夢の記述全体の論理の流れ、可正が鳥獣の主張をもっともと感銘を受けていることなどを見ると、彼の本心からの述懐と素直に受け止めてよいのではないかと考える。

(36)　塚本学『生類をめぐる政治』（平凡社、一九八三年）。
(37)　黒田日出男『日本中世開発史の研究』（校倉書房、一九八四年）二部第一章。
(38)　水本邦彦『草山の語る近世』（山川出版社、二〇〇三年）。
(39)　旧記、一九頁。
(40)　旧記、三七一頁。
(41)　こうした主張は、小農社会であった日本の近世には一般的であったと考えられる。そうした思考を進めれば、労働が所有を正当化するいわば労働所有観念に行き着く。これはヨーロッパで確立した近代的所有の基礎にあたる観念であるが、その問題性については、杉島敬志「土地・身体・文化の所有」（同編『土地所有の政治史』風響社、一九九九年）が、ロックの所有論批判をおこなっている。ここではロックやヨーロッパの進歩思想が自明のものとした自己所有―労働―対象物の所有の関連について、ヨーロッパ文明の思考の産物にすぎないことが指摘される。杉島の言によれば「労働所有説は『無主地』の概念と結びつき、植民地における入植者たちの土地所有を正当化する論理としてはたらく。労働所有説にしたがうならば、労働が投下されたことのない土地は無主地であり、そこに入植し、開墾をおこなった者こそが、その所有者となる」と植民地開墾（先住民よりの土地収奪）の正当性を裏打ちした論理でもあったことを指摘する（同書一七～一八頁）。可正の労働・所有観と比較するには、先回りしすぎてはいるが、同一の射程のなかにある問題でもある。

付記　近年では、水本邦彦『徳川の国家デザイン』全集日本の歴史一〇（小学館、二〇〇八年）が終章で河内屋可正の自然観にふれている。また、平野哲也「江戸時代の下野における野生獣の防除と利用」（『栃木県立文書館研究紀要』一八号、二〇一四年）には関東で一八世紀中葉に、同様な鳥獣の擬訴文が書かれたことが報告されている。

Ⅲ　村と民衆世界の広がり

第五章　畿内先進地域の村と商品生産

はじめに

前近代の農村における商品生産の発展は農民層分解を発生させ、やがて村落共同体の解体に帰結する、というのは一般的には承認されることである。しかし歴史的には、商品生産の発展が農民層分解とかならずしも並行して進むわけではないし、村落共同体と決定的な対立を生み出すわけでもない。農民がその生産様式を変えずに商品生産に入り込んだ、いわゆる小商品生産段階では村落共同体が商品生産の発展に大きな役割を果たすことがあった(1)。

菜種・木綿の勝手売買と肥料価格の高騰を抑えることを訴えた畿内先進地域の国訴でも、村役人層を中心とした村の枠組みの上に、運動が組み立てられたことが強調されている。ここでは村むらの庄屋・村役人を中心に代表を頼み証文などにより選出し、国単位の規模で訴願運動を結集することで、地域の一般的な意志を表明する運動形態がとられ、近代代議制の代表委任につらなると指摘された(2)。こうした事実は、近世の村を中心とした伝統的地域社会が、その内部の社会的結合を発展させ、地域の「公共」的役割を担う力量を蓄積していたことをうかがわせるものである(3)。近代へ向けて地域社会の展開は、基底に農民層分解の止めがたい進行、それにともなう百姓身分の富民と窮民への分裂、市民社会への編成替えをともなって進んだことは否定できないが(4)、いっぽうで一九世紀前半では、国訴にあらわれたように、村の枠組みが商品生産の発展に積極的な役割を果たすことも見られたのである。

こうしたことは村の段階においてもあらわれることがあった。畿内先進地域では、惣村の発達もあり水平型の社会的結合が強かったので、かえって村の枠組みが小百姓の商品生産の維持・発展に積極的に利用される場合があったのである。ここでは西摂津菜種生産地帯の二つの事例について検討してみたい。

一　菜種流通と村共同体――摂津八部郡花熊村

一つは新保博が明らかにした摂津国八部郡花熊村の場合である。その細部は、新保の仕事に詳細なので、ここではこれを参考に概略を示すことにする。(5)

花熊村では、文政・天保期に村民の生産した菜種を村役人が一括して、油稼ぎ人に売り渡し、その代銀を配分していた。菜種は裏作物で、その代銀が表作の米・木綿の肥料代となったが、文政九年（一八二六）には油稼ぎ人の買い入れが遅れてしまった。この場合、村役人が菜種売上げ代銀に見合う肥料代を他から借用して村民に配分し、菜種が売れてから清算するという遣り繰りをおこなっていた。こうした村の共同体的枠組みを使用した菜種販売のため、村民の自由な販売を規制されることになったが、いっぽうで収穫の少ない農民の生産した菜種も村分としてまとめることができるので、買い手との交渉はより有利になったと考えられる。新保はこうしたあり方について「菜種の流通過程が村落共同体によって媒介され、村役人の手を通じておこなわれている姿」が示されているとしている。さらに寛政以降優位に立った油稼ぎ人が菜種買い入れ時期を遅らせ、仕入れ銀・前貸し銀による買い入れを止めたため、肥料代銀の調達に行き詰まった農民は有力農民や村役人、商人的性格の強い農民に菜種を預けて銀子を手に入れた。新保はこのため彼らに菜種が集中し、花熊村では庄屋役のものが「菜種の流通過程においてこのような仲介商人的機能をはたすことを通じて蓄積の機会をもち、持高を増大させることができたとみるべきである」と評価している。

花熊村の菜種販売については、現在残されている帳簿により、配分状況がわかるのは、文政九年（一八二六）から弘化元年（一八四四）までである。帳簿は文政一〇年（一八二七）の場合、つぎのような横帳である。[6]

「　文政十年　　住吉村油屋五兵衛殿え　取次升屋保三郎殿

菜種売捌代銀渡方帳

亥閏六月十八日　　花熊村　」

表紙にあるように、この年は取次升屋保三郎の世話で、住吉村の油屋五兵衛が菜種を一括して買い取った。販売した菜種は一一六石三斗二升四合で、一石銀八三匁の直段で総額銀九貫六五四匁八分九厘となった。冒頭の一人分をあげると

覚

八拾三匁也　金六拾四匁八分

一、弐石九斗五升弐合　仁左衛門

〆弐百四拾五文壱り

改(カ)三十　内弐百四十三匁　金三両三歩

弐匁壱分　せに二百九文

となっている。仁左衛門が出した菜種の石高が二石九斗五升二合で、その代銀が二四五匁一厘であった。冒頭にある八三匁は、この年の菜種一石の価格で、金六四匁八分とあるのは金銀の換算率で、一両に六四匁八分ということである。「内」以下はこれの支払い記録で、銀二四三匁は金三両三分で、残りは銭二〇九文にして支払ったということである。「改」は文字が判読しにくく意味が完全にはわからないが、「三十」という記載は、金三両三分を二朱金銀に換算すると三〇枚ということである。この年だけすべての口座にこの数値が記載されており、計算すると二朱金銀の枚数に一致する。また一カ所だけ金八両にたいして「南五両、二分金三両」とする記載があり、南鐐二朱銀で五両分、二分金で三両分を支払ったということがわかる。銀で支払ったのであれば、わざわざ両建ての記載をする必要がないので、全体には二分金で支払ったと考えられる。すべての帳簿が、両建ての計算がついているので、金貨での支払いであった。なぜ両建てで渡したかわからないが、文政金銀の改鋳以降、金銀相場が金高となっていた。こうしたなかで干鰯屋と仲買の決済は両建てであったので、干鰯屋が農民に金貨で支払いをもとめる動きがあったのかもしれない。

いずれにせよ村民の出した菜種をまとめて販売し、その石高に応じて代金を配分したことは間違いない。この年、菜種を村へ渡した農民は四二名であった。その菜種販売量は最低で九升一合、最大で八石二升八合であった。新花熊村の百姓数は文政九年（一八二六）で六八戸であったので、六二パーセントが菜種作をおこなっていた。保博の分析によると文政九年（一八二六）では、持高一石未満のものは二〇戸で、このうち三名が菜種一石未満を収穫した。(7)また持高一～三石層は一八戸中一三戸が菜種を栽培し、持高三～五石層は一一名全員、五～一〇石層は一六名中一五名、一〇～一五石層は三名全員が菜種作をおこなっていた。文政九年（一八二六）では耕作規模と菜種の収穫はほぼ対応していたが、弘化元年（一八四四）には、農民層分解が進みこの対応関係も崩れてきたと指摘している。文政九年（一八二六）と弘化元年（一八四四）を比べると、一～五石層が九名減少し、五～一〇石層が五名、一〇石以上が一名それぞれ増加しており、中農上層は増加していた。また村の戸数は六八戸から六二戸となり戸数が六戸減少した。その土地を吸収して、中農上層が増加したのである。また一五石以上が二名出現している。五～一〇石層では、菜種を六～八石収穫する積極的な農民が一名出る半面、一石未満しか収穫しないものも三名あらわれ、菜種の商品生産にたいする対応に格差ができている。

新保の指摘のようにこの時期農民層分解が進んだことは承認できるが、だからといって庄屋役のものが「菜種の流通過程においてこのような仲介商人的機能をはたすことを通じて蓄積の機会をもち、持高を増大させることができたとみるべきである」と評価するのはやや性急すぎる。村役人が村の商品生産維持の一環としておこなった菜種の販売、肥料代の調達まで富の蓄積の機会としたとする場合、村民の強い抵抗にであわなかったのであろうか。帳簿を見ている限りでは、菜種を供出した村民は、それに応じて代銀の配分を受けており、とくに庄屋が有利に扱われた証拠はない。文政一〇年（一八二七）でわかるように各農民は自分の出した菜種にたいして一石、八三匁で一律に代銀が支払われている。この場合、庄屋や有力農民だから有利だということにはなっていないのである。むしろ肥料を多く投入し、上質な菜種を生産することで高値の販売をめざすことのできた上層農民には、こうした扱いはかならずしも満足のゆくものでなかったのではなかろうか。菜種の流通過程が村落共同体によって媒介されている場合、村の共同性、平等性が強く働き、菜種の善し悪しは平均化されて、成員全体に利益が均等化される形式で還元された。このことを通じて、生産量の少ない小百姓も作付をつづけることが可能となったと見る方が妥当のように考えられる。上層農民にとっても、村の枠組みのなかで菜種が集荷されて、油稼ぎ人と有利な交渉が可能であれば、これに参加している意味があったのであろう。この点を考えるために、在方での菜種販売価格の動

表１　西摂津地域の菜種価格（１石当たり）

年代	武庫郡西昆陽村 氏田家	武庫郡大市村 中村家	川辺郡穴太村 篠部家	川辺郡野間村 古林家	八部郡花熊村
文政９年	107.8	80	78.5		81
同10年	88.8		82		83
同11年	80.3	80	68		72.5
同12年	81.8		70.1		
天保元年	70.2				60.3
同２年	80	71			72.5
同３年	81.8	82			
同４年		111	80.5		85.6
同５年		111			
同６年					
同７年			90.2		
同８年			117		
同９年		102		102.5	
同10年					
同11年					
同12年					
同13年		85.8		95	
同14年		83.3		85	
弘化元年		72		73	70

出典：山崎隆三「近世後期における農産物価格の動向」（『経済学年報』19号、1963年）、花熊村については、神戸大学図書館所管・花熊村村上家文書、各年度の菜種代銀差引渡帳より。

向について、山崎隆三の作成したデータと比較して表1を作成した[8]。これによってみると、文政・天保初年までは大市村の中村家や川辺郡穴太村の篠部家より概して高い価格で菜種を販売していることがわかる。また西昆陽村の氏田家は、この時期ほぼ一番高い販売価格を維持していた。天保初年までは、村内でまとめて販売することの有利性がある程度出ていたのである。しかし氏田家のように上質な菜種を生産したか、有利に売り抜けたかで、周辺よりかなり高値の販売をおこなうものもいた。おそらく花熊村内でも、農民の生産する菜種の品質は同じではなく、矛盾はあったのであろうが、当面は村の一体性のなかで平等に処理されていたのである。それは下層農民を含めて、村内で菜種の商品生産を維持させる条件となっていた。いっぽう弘化元年（一八四四）では、花熊村の販売代金は他と比べて低額となっている。天保四年（一八三三）を最後に、弘化元年（一八四四）まで帳簿が残っていないので、これが弘化元年単年度だったか、この間、つづいた傾向かはわからない。天保期には不安定になっていたので、この間の農民層分解と菜種作の変化もそのことが背景にあった可能性があるが、今は検討課題としておくほかない。

最後に、文政八年（一八二五）の上瓦林組の「菜種石数売捌村々書上帳」について一人の菜種買い取り人にだけ販売した村を見ると二四カ村中一一カ村と約半数におよぶことがわかる。(9) 村名と売上高については、小曽根村（一一一石）、又兵衛新田（二〇石）、道意新田（一一六石）、浜田村（七四石五斗）、東大塚村（三五石）、今北村（七八石二斗）、武庫村（三四石）、常吉村（四六石）、常松村（三五石三斗）、助兵衛新田（三一石二斗）、荒木新田（二一石）である。概して生産額の少ない村に多いが、なかには一〇〇石におよぶ村もあった。これらの村方が、どのような集荷・販売方式をとっていたかはわからないものの花熊村のような形態をとった村もあった可能性はある。

二　小便汲み取りと村――摂津武庫郡上瓦林村

1　安治川小便汲み取り一件

大坂周辺農村では商品生産が盛んになると肥料の需要が増大した。当初から干鰯など魚肥が用いられたが、これと並行して屎尿も利用されていた。大坂市中の衛生面からも屎尿の汲み取りは必要であったが、やがて農民が肥料として屎尿をもとめるようになると、その競争を見透かして町方が値上げを要求し、屎尿の値段が高まり、農民との間で紛糾が生じることが多くなった。こうした経過については、小林茂の先駆的な研究があり、その全体像が明らかになっている。また近年では、荒武賢一朗によりいっそう研究が深められている[10]。これらにより、簡単に事情を紹介すると、大坂では近世当初より便所は屎（大便）用と尿（小便）用が区別されており、その掃除も別々の組織でおこなうようになっていたという。両者は大坂町奉行の立場からは、衛生上汲み取る必要のあるものであり、同時に肥料として農民の生産を保障し年貢確保につながる資材で、通常の売買ものではないと認識されていた。当初は村方の需要も大きくなかったので、町方でも処理に困ることがあり、急掃除人などを設定して、急に村方が世話できない場合の備えとしていた。これらのものはやがて町方急掃除人仲間（下屎）、町方小便仲買と称する仲間を結成し、汲み取りした屎尿を村方へ売り捌いた。しかし次第に村方で屎尿の需要が高まると、村方は急掃除人仲間などを排除して屎尿処理を一手に握ろうと訴訟を繰り返し、在方仲間を結成して、主導権を握るようになった。天明八年（一七八八）には肥料高騰などから摂河八三六カ村の国訴がおき、これを受けて、寛政二年（一七九〇）に町方の急掃除人仲間は廃止され、村方が相対で汲み取り、急掃除が必要な場合にも村方が急掃除船を用意して対応することになった。大坂三郷の汲み取りを認められた村むらは在方下屎仲間を結成したが、その数は摂河三一四カ村におよんだ。いっぽう小便についても在方小便仲間が安永元年（一七七二）に表仲間となり、町方の小便仲間（作用買次仲間）と対抗し、天明三年（一七八三）には一手引き受けに成功したが、売買値段のせり上げが止まず、天明七年（一七八七）には仲間が停止されてしまった。その後、村むらと町方の相対、直請となったとされる。ただ表仲間としては小便仲間は停止されたが、その組織は町村とも存続しており仲間統制をおこなっていた。しかし下屎と違って小便は処理しやすい面もあり、統制は十分行き届かなかったといわれる。結局、天保三年（一八三二）の訴訟で近在一六三カ村が直請場取村として汲み取りにあたり、このあまりを町方の融通人四二名が汲み取り、遠在の一九〇カ村の買村へ売るという体制ができ幕末におよんだ。

小便は作物の発育状況にあわせて「かけ肥」として使用され、青物や菜種の肥料として重要であった。

ここで検討する上瓦林村の小便汲み取りは、文政三年（一八二〇）に始まる。化政期は、仲間が廃止された半面、町奉行の統制もおよびにくくなった時期であった。上瓦林村は、武庫川の西岸に位置しており、在方の下屎仲間・小便仲間の組織が武庫川下流の鳴尾村辺りを範囲としていたのにたいし、この周縁部にあった。同村の豪農で大庄屋の岡本家などは西宮・今津を中心に、町方の商人などと屎尿汲み取りの契約をしていたが、大坂との関係は大きくなかった。こうしたなかで文政三年になって、上瓦林村久左衛門・利兵衛が安治川町北二丁目、北三丁目、南一丁目、留島一丁目での小便の汲み取り契約を取りまとめることに成功した。安治川町北三丁目との契約を示すとつぎのようである[11]。

一札之事

一、銀壱貫弐百目

右、毎年七月十二日、十二月十五日両度ニ銀六百目ツヽ、元方より持参之上可請取候、

一、白麦

右ハ、毎年七月中旬家持十八人え四升ツヽ、借家衆へ壱軒ニ付弐升ツヽ、且又町役人三軒へ五升ツヽ、相渡し可被申候筈、

一、くき菜　　十一月冬至より三日目ニ可請取

右は、壱人壱軒ニ付五束、兼帯役有之方へハ弐束ツヽ、借家壱軒ニ付三束ツヽ、且又町役人三軒へ弐拾五束

但し、くき菜掛目三貫目ツヽ也、

一、糯米壱石弐斗　　　　町役人三軒え

一、実綿拾三斤　右同断
一、なすひ壱荷半　右同断
一、寒気見舞　右同断
一、豆木少々ツ、　町中家別ニ
〆

右之通、当辰年正月より来ル丑年十二月迄拾ケ年之間、小便請負毎日廻り家別ニ明ケ被取、前書極之通、相違無之候、然ル上ハ、万一其元入用無之共右年限中ハ応対之通ニ明ケ取、此方ニ手支無之様可被致、且又前書極之納物万事年々無相違請取可申応対ニ候、尤小便之儀、是迄取来り候者ハ勿論、脇より違乱妨如何様之故障申立候者有之候共、此方ニ少しも構無之、其元方何方迄も被罷出、急度訳立可被申応対ニ候事、右年限中は何方へ小便被遣候ても、此方より故障ケ間敷義ハ申間敷候応対ニ候事、為後日一札依て如件、

大坂安治川北三丁目
文政三辰年正月　淡路屋哥兵衛
（一二名省略）
丸屋庄兵衛

摂州武庫郡上瓦林村
久左衛門殿
同
利兵衛殿

北三丁目との一札では、小便汲み取り代は定額で、年間銀一貫二〇〇匁、ほかに白麦を家持一八名と借家、町役人三軒にそれぞれ提供すること、同様にくき菜の提供、糯米・実綿・なすびを町役人へ提供し、寒気見舞いをおこなうこと。町中に豆木を少々提供すること、契約期間は一〇年間で、農民が必要がなくても汲み取りはおこなうことなどが条件となっている。契約内容は町ごとに異なっている。留島町一丁目については、記事が残っていないのでわからないが、一札が残っている同年正月の北二丁目と、同年二月の南一丁目のものから内容を箇条書きにしておくこととする。なお北二丁目の一札は上瓦林村久左衛門らから町年寄へ出されたもので、南一丁目の一札は町から久左衛門らにあてたものである。

文政三年正月〈北二丁目〉

①人別一人前（一〇歳以上）、糯米三升九合宛、一一月晦日納
②くき菜一人前、二束、一一月冬至三日目納
③人別外、糯米二斗、町内年寄へ
④人別共五斗、町内会所へ
⑤人別外、糯米二斗、町内下役へ
⑥なすび、町内へ半荷宛、借屋者へハ見計らい
⑦白麦、家別ニ凡一合宛
⑧新わら豆木、家別ニ
⑨菜少々、正月四日朝、同七日朝、二月初午
⑩やき米少々宛、家別ニ、又出来初穂少々宛

⑪米貸蔵、壱門ニ糯米三升、外寺子屋・船宿など出入りが多くあるところは見計らい
　文政三年二月〈南一丁目〉
①小便切三斗入一荷ニ付、銀三分宛、七月一二日、一二月一五日持参
②くき菜、借家人別一人ニ二束宛、一束一貫目、一屋敷毎家主へ一〇束宛、十一月冬至より三日目
③茄子（大茄子）、家別三〇宛、一軒五人の割合、以上は増す、一屋敷家主へ三〇宛、七月一二日
④豆から、麦、若菜少々宛、年越し前家別、但し菜は締わかし・七草両度
⑤糯米一石、町役人へ、毎年一一月

以上、三町の契約はそれぞれ異なる。この契約では、北二、三丁目については総額払いと人別数に応じた払いとの違いはあるが、町全体が汲み取りの対象であった。南一丁目については、汲み取った荷数によるので、個別の契約も可能であるが、借家・家主・町役人に礼物を出しており、町全体を想定している契約といえる。代銀の定め方は三者三様であるが、町がそれまでおこなってきた汲み取りの契約を継承している面もあるのであろう。いずれにしても町はここではその共同体的結集をもとに、久左衛門らと契約したといえる。この点では、町が自治的に公共機能を果たしているということができる。いっぽう久左衛門・利兵衛も完全な個人請けではないことは、北二丁目の久左衛門らが出した一札に、上瓦林村庄屋市兵衛と菟原郡住吉村吉右衛門が納物を急度納めさせる旨保障した奥書を加えていること、またその運用で後述するように庄屋が関与していたことなどでわかる。

小林茂の紹介した幕末期の西成郡海老江村新家の場合、阿波座中場組合五軒、阿波座堀場二三軒、阿波座南側三軒、阿波町釜屋表一〇軒の計四一軒、人別一三一人を請け負っていた[12]。小林の分析では一般的には町の家々を個別に配分しており、小便汲み取り代銀も村方から町人各個人に渡された。代銀を農民から徴収する場合も個人

の汲み取り荷数で村方が徴収したとされる。下屎代銀は家主の収入となったが、小便代銀は借家人に渡された。村方では、農民に汲み取り場を配分したが、これが株となって売買されることもあったという。文化・文政期は、仲間組織も弱く統制も行き届かなかったため、上瓦林村の参入が可能であったという側面があった。その点で町方もこれまでの汲み取り人を排除してまとまって契約するということがあったのであろう。

こうして契約がなって汲み取りが始まったところ、西成郡野田・九条・市岡新田・春日出新田・恩貴島新田の五カ村から差し支えるので止めるように番所へ願いが出された。これまでの汲み取り村むらであろう。番所では久左衛門・利兵衛へ申し聞かせたところ、町内と相談して決めたことなので止められないと返事があった。しかし村むらは幕府代官所支配だったので、代官岸本武十郎に訴えて町奉行所に申し入れをさせて圧力をかけた。野田村など五カ村は、八分を取りやめ二分の汲み取りを許す案を出し、上瓦林村側は四分取りやめを主張して、相互に交渉がおこなわれた。その結果、文政三年（一八二〇）七月に内済がなり、町奉行所に済み口が提出された。

乍恐済口御断

岸本武十郎御代官所
摂州西成郡野田村
外四ケ村

一、松平遠江守様御領分摂州武庫郡上河原林村百姓久左衛門・利兵衛両人相手取、在来請来小便肥手妨出入奉願上候処、双方御糺之上、厚御理解奉請対談可仕旨被仰付、追々御日延則昨十八日御限日ニ御座候処、対談之趣左ニ奉申上候、

一、安治川南壱丁目、同北弐丁目、同北三丁目幷留島壱丁目右四丁之内、久左衛門・利兵衛、此度小便直請

いたし候内、安治川三町ニて七歩(分)三りん取止メ、残弐歩(分)七厘ハ久左衛門・利兵衛直請為致、向後小便羅取り不仕、尚又上河原林村肥手払底ニ付三郷直請仕候事ニ付、右小便同村田畑え差入、決て他村へハ差遣し申間敷、尤小便仲間之ものへ売渡不申、決て売買ものニハ仕間敷旨、相手両人申之候ニ付、双方無申分対談行届、全御威光故之御慈悲難有奉存候、依之双方連印ヲ以済口御断奉申上候、右御聞済被成下候ハヽ、難有奉存候、以上、

文政三辰年
七月廿四日

野田村庄屋
宗左衛門　印

（四カ村中略）

上瓦林村百姓
久左衛門　印

同
利兵衛　印

御奉行所様

内済では、上瓦林村久左衛門側が安治川町で七分三厘を止め、二分七厘を直請することになった。留島一丁目は記述がないので認められたのであろう。具体的にはこの比率で日割りにして、毎月一日から八日まで久左衛門と利兵衛が汲み取り、これ以外は五カ村が汲み取るということにしている。また久左衛門・利兵衛は、直請をしたのは上瓦林村が「肥手払底」であったためで、小便は上瓦林村だけで使用して、他村にはあたえないし、売買もしないので小便仲買に売り渡すこともしないと主張した。このため五カ村もある程度認めざるを得なかった

のであるが、いっぽうで、久左衛門・利兵衛は上瓦林村でしか小便を売ることができず、売買の余得のない枠組みに閉じこめられてしまった。これにより久左衛門・利兵衛と五カ村との調整は、一応できたのであるが、この調停に町方が納得しなかった。町方が新しい汲み取り人と契約を結んだのは、これまでの五カ村に満足していなかったからなので当然反発したのである。町方は今まで取ってきたものには取らせないと拒否し、困った五カ村は、久左衛門・利兵衛に内済結果を町内に挨拶してほしいと申し入れた。久左衛門らはこれに応じて事情を説明したが、町方は納得しなかった。そこで久左衛門らはこれ以上は、町方を説得はできないと五カ村に伝えた。残念ながら記録はここまでで、その後の経過がわからないのであるが、上瓦林村では数年間汲み取りをおこなっており、一札の契約規模を縮小して汲み取りが実現したといえる。

2 小便汲み取りと村・庄屋

安治川町などの小便汲み取りは、久左衛門・利兵衛が場所請負の契約主体となっていたが、背後には村の庄屋との密接な結びつきがあった。契約文書自体が庄屋の奥書があって信用を保証されていたし、庄屋は経過を久左衛門らから報告を受けて、この記録を作成していた。久左衛門は享和二年（一八〇二）に上瓦林村の年寄として名前が見える古くからの有力農民で[13]、持高一一・八石余、古銅・古道具株をもっていた。利兵衛は持高〇・九石で荒物類・炭・いかき・いおう・たばこなどを扱うもので、両者とも小商人的性格をもっていた[14]。五カ村の抗議を受けると、久左衛門らは上瓦林村は肥料が不足しているので、村内で使用するために契約したもので、小便を売るつもりはないと主張した。実際は余分を周辺に売ることも見込まれていたのであろうが、村の肥料として利用するという限りでは、旧来の五カ村は久左衛門らの参入を拒否することが難しかった。このため五カ村は、久左衛門らの参入を認めるいっぽうで、その主張を逆手にとって他村売りを禁止することで、枠組みをはめたのである。商品として十分な小便、広く自由な販売圏の確保ができれば久左衛門ら汲み取り人の活動は商業化する可能性をもつが、小便汲み取りの制限、販売地域が村に限定されたことで、そうした道は否定される結果となった。

そこで久左衛門らと村はどのようなかかわりをもっていたか、庄屋の記録から見てみることにしよう。まず上瓦林村の庄屋岡本家の経営記録である文政三年（一八二〇）の「万覚帳」の肥料の項目には、この年の大坂よりもたらされた小便の概数が記録されている。これによれば三、四月には九二荷、七～一〇月には二五七荷の小便が汲み取られて村へ運ばれたことがわかる[15]。

小林茂によると西成郡海老江村では幕末期には小便方へ配分を申し込んだ量が戌年で春四二〇〇荷、夏九〇〇荷で多量の需要があった。しかし元治元年（一八六四）に荷数によって負担した入用銀は一一二匁余で荷数八一荷分にすぎなかった。申し込み量を相当過大に出すのが例であったようであるが、村側の欲求の高さがうかがえる。安治川町汲み取り一件に関係した五カ村のうち、申し込みでは恩貴島新田では四二六二荷、春日出新田二七九四荷、市岡新田六五〇〇荷となっており、元治元年の入用銀負担から見る実際の入手量は野田村八八荷、九条村一二〇荷であった[16]。これから見ると文政三年（一八二〇）の上瓦林村が入手した小便は合計三四九荷となり、村高五二一石余の村としては、大きな成果であったことがわかる。ただ海老江・野田・九条各村の荷数は入用銀割の基準としての場所荷数なので、上瓦林村の実数とは違っている可能性もある。

いっぽう文政四年（一八二一）の「万覚帳」には、この運営にあたって岡本家が支出を立て替えた記事がある。岡本家は庄屋として、さまざまな立て替え機能を果たしており、その一環であった。その部分を示すとつぎのようである。

安治川小便掛り取かへ

写

一、金壱両　　　　　辰四月廿日　夫豊三郎へ渡ス
　　代六拾匁
　　　り拾弐匁　　廿ケ月分

一、同三歩　　　　　同五月廿九日渡ス
　　代四拾五匁
　　　り八匁五分五り　　十九ケ月分

一、麦安拾壱俵
　三十三匁かへ
　　代百四拾五匁弐分
　　　り廿壱匁七分八り　　十五ケ月分

一、銀百目　　　　　辰七月渡ス
　　　　　　　　　　町中渡し銀久左衛門へ渡ス
　　　り拾五匁　　十五ケ月分

　〆四百七匁五分三り

一、銀六百七拾匁八分　　　油助分返済元利

一、同五百目　　　　酉十二月　理兵衛渡ス

三口
〆壱貫五百七拾七匁六分一り
又六百四拾七匁四分　　午三月廿九日　理兵衛渡ス
外ニ
米七拾五俵　　　　拝借有之

これによれば辰（文政三年）四月二〇日に金一両、五月二九日に三分を立て替え、七月渡し分として麦安（裸麦）一一俵代銀一四五・二匁と銀一〇〇匁を立て替えている。その合計は三五〇・二匁で、利子月一分が付いて銀四〇七・八匁となっている。当初の計画に比べて調停案では汲み取り規模が二分七厘に縮小されたので、支払いがどう変更されたかわからないが、南一丁目の三斗入り一荷で銀三匁という価格だったとすると、文政三年（一八二〇）七月までで払いは銀と麦安で三五〇・二匁であるので一一六・七荷分となる。この年の小便の運送記録は七月まで九二荷となっているから、大体近い数値となっている。このほかに油助分の返済元利があり、また文政四年（一八二一）一二月に五〇〇匁を利兵衛に渡している。銀五〇〇匁が文政四年後半の代銀とすると小便一六六荷分となる。これらの合計が一貫五七七匁六分一厘で、また文政五年（一八二二）三月に六四七匁四分を立て替えて利兵衛に渡している。支払いは七月、一二月の定めであるが、荒武賢一朗によれば実際には遅れ気味であった。一二月に一部を渡し、残りを三月で清算したとすれば、文政四年後半はこの合計一貫一四七匁四分で、小便三八二荷となる。どこまで小便代として支出されたかわからないので、推測はこれくらいにしておきたいが、これにたいして拝借代米七五俵があたえられている。村の肥料代確保のために庄屋が尼崎藩へ申請して許されたものであろう。岡本家は同時に大庄屋もかねていたので、取り次ぎには有利であった。こうして庄屋の立て替え機能に依存して小便汲み取りを始めたものの、差引が整うほどは機能しなかったようである。翌文政五年（一八二二）では庄屋はさらに三貫三二三匁五分を立て替え、立て替え銀は五貫八一二匁二分となった。文政六年（一八二三）には立て替えはそのまま引き継がれ、文政七年（一八二四）に頼母子銀五貫目が返済にあてられ、残り二貫三五五匁九分八厘が未済となった。この頃には清算されたのではなかろうか。文政八年（一八二五）にも同様な記事があるが、文政九年（一八二六）には記事もなくなる。現在の調査段階では獲得された小便が村内でどのように配分・販売されたかわからないのは残念であるが、とりあえずわかっているのは以上のことである。

おわりに

以上、畿内先進地域でおこなわれた商品生産にたいする村の積極的対応を示す事例を紹介してみた。菜種の流通は幕府の強い統制もあり、もともと自由な流通市場の形成が阻止されている面があった。こうしたなかで八部郡花熊村では菜種を村で集荷して油稼ぎ人に売ることがおこなわれた。菜種の流通過程を村共同体が媒介したといえる。村が集荷をおこない、まとまった量を油稼ぎ人に売るため価格はある程度有利になった。また代銀は集荷量に応じて平等に計算された。生産した菜種の品質について格差があったはずであるが、この点は考慮されず一律に計算されている。種物で品質にあまり差が出なかった面もあるが、村の共同体的平等原理が機能した面も無視できない。こうした村の機能を媒介にすることで生産量が少ない農民でも菜種の商品生産を維持することができた。村も共同体成員の生活を維持・向上させる役割を果たしていた。しかし天保期には、こうした村の機能を媒介にしても、農民層分解を止められない局面があらわれている。中農上層がなお維持されていたが、中農上層でも菜種作の格差は広がっていた。

いっぽう武庫郡上瓦林村も小便の汲み取り権を村で確保することで商品生産の条件を拡充しようとしていた。ここでは事態はより複雑で、小便の所有者である町が共同体として一体となって有利な条件を出した上瓦林村の汲み取り人に販売しようと契約し、これまでの汲み取り村の抗議を受けている。新規参入者である上瓦林村と従来の汲み取り村とは同じ農村でありながら競合と調停の関係にあった。ここでは町と村、村と村という社会集団が複雑に競合・調停を繰り広げた。いっぽう上瓦林村については、汲み取り人として町と交渉したのは二名の村民であったが、その背後には村があり、庄屋がその資金について立て替え機能を果たすことで汲み取り人をささえていた。汲み取り人は商人的性格をもっており、これを庄屋の立て替え機能で抱え込むことで、村は小便を入手することができ、菜種などの商品作物栽培を拡充できるという関係にあった。しかしこれは実は危ういバランスの上にあった。汲み取り人の経営、庄屋の立て替え、村民の支払いのそれぞれの能力が十分発揮できなければ、システムは上手く回転しないのである。またそれぞれの負担が緩和されて上手く機能するためには、ある程度他村売りも必要だったのではないかと考えられるが、屎尿は商売ものではないという論理が新規参入を可能にした反面、それ以上の商品化の広がりを阻止する役割を果たす結果となった。結局、事態は上手く回転せず、庄屋の立て替えが増大して終わった。

花熊村にせよ上瓦林村にせよ、こうした村の共同体機能を働かせて商品生産を拡充させる企画は無数におこなわれ、成果があったものもあれば、破綻してしまうものもあった。小商品生産段階では、こうした企画は村に商業的要素を抱え込まなければ成り立たず、また村の外側には広い市場を必要とした。その市場は直売買市場として歴史的に展開されていたが、菜種・肥料（屎尿）の場合はこれが閉じられており、国訴が要請されるところであった。いっぽうで直売買市場の展開は村の共同性を解体する性質をもたざるを得ないから、このなかで村の枠組みを維持して商品生産を拡充しようとする場合、一定のイデオロギー的枠組みの強化をともなう仕法が必要となる。この時代は領主的であれ、民衆的であれ国産仕法などが出現する仕法の時代でもあった。直接商品生産とのかかわりの強くない尊徳仕法なども周囲の市場環境は変わらないのでこれに含まれよう。村の共同体機能もそのままではなく意識された共同性が要請され、このヘゲモニーをめぐる争奪も強まる。それは藩政改革や豪農の地域統合、国訴、世直しなどあらゆる対立の基礎にある状況である。[17] こうした経験をもとに地域社会の力量も蓄積され、近代に向けての公共性も成長したと考えて見る必要もあろう。

（1）　近世史では渡辺尚志が同『近世の豪農と村落共同体』（東京大学出版会、一九九四年）、同『近世村落の特質と展開』（校倉書房、一九九八年）など以来このテーマを追究している。筆者は『江戸地廻り経済と地域市場』（吉川弘文館、二〇〇一年）で、賛意を表しつつ、共同体解体の経済的基盤の追究も必要とした。これについては渡辺尚志『近世の村落と地域社会』（塙書房、二〇〇七年）の序章で懇切な批判を加えている。筆者は渡辺の主張に反対しているわけでなく、『村落共同体』の役割の強調に終わって」いるのでは十分ではないという趣旨で、両者の絡み合いを検討する必要と一九世紀前半の地域市場の展開の意味を考えているので、実際にはそれほど立場が変わっているのではない。ただ一九世紀前半からの市場展開を佐々木潤之介のいうような幕藩制市場構造の限界で行き詰まり、豪農・半プロ分解となったというようには理解していない（佐々木潤之介『幕末社会論』塙書房、一九六九年）。筆者はこの過程をもう少し発展的に理解しているので、共同体の役割も渡辺ほどは評価していない面があるといえる（渡辺が佐々木潤之介の分解論を支持しているという意味ではない）。筆者が世直し要求の基盤として質地請戻し慣行を明らかにしながら、幕末維新期の世直し段階では、慣行の解体が進行したことが世直しの矛盾を激化したとして、この慣行を基礎に世直しを強調する論者と一線を画しているのはそのためである。ここでは渡辺の指摘を受け止めつつ筆者なりの検討を試みた。なお谷本雅之「産業の伝統と革新」（『日本史講座』七、東京大学出版会、二〇〇五年）は、この時期の経済を小農経済の成熟と市場経済化─小農の市場対応の深化と在地主導型の商品流通の展開─を基盤とする在来的産業発展ととらえる提起をおこなっている。共有できる部分があると考えている。

（2）藪田貫『国訴と百姓一揆の研究』（校倉書房、一九九二年）。
（3）平川新『紛争と世論』（東京大学出版会、一九九六年）。
（4）拙稿「世直しの社会意識」（岩田浩太郎編『民衆運動史』二、青木書店、一九九九年）。
（5）新保博『封建的小農民の分解過程』（新生社、一九六七年）二八七〜二九七頁。以下とくに注をしない場合はこの部分による。
（6）神戸大学所管・花熊村村上家文書。一一七─一四、一六。なお一六は天保一四年と推定されているが、干支がなく、後に辰年・弘化元年の記事がある。本論表1の菜種価格を比較して弘化元年と考えるのが妥当と判断した。もし天保一四年だと価格差が大きすぎる。
（7）新保博『封建的小農民の分解過程』（前掲）二六一頁。七三表。
（8）山崎隆三「近世後期における農産物価格の動向」（大阪市立大学経済学会『経済学年報』一九号、一九六三年、第一二表、後に同『近世物価史研究』塙書房、一九八三年所収）第六六表。
（9）西宮郷土資料館所管・岡本家文書、「菜種石数売捌村々書上帳」（j一─一五─一七）。
（10）小林茂『近世農村経済史の研究』（未来社、一九六三年）。一般的には一三〇〜一四三頁参照。荒武賢一朗「近世後期大坂と周辺農村──摂河小便仲間の分析から」（『ヒストリア』一七三号、二〇〇一年、後に同『屎尿をめぐる近世社会』清文堂出版、二〇一五年所収）、同「近世後期における下屎の流通と価格形成」（『論集きんせい』二四号、二〇〇二年、後に同『屎尿をめぐる近世社会』前掲、所収）。
（11）西宮郷土資料館所管・岡本家文書、文政三年二月「大坂安治川町小便一件為取替写」（四一─一九）。以下、この一件

については、とくに記さない限り同文書による。関連文書として上瓦林村久左衛門らが北三丁目に出した同文の取り替え一札写（四一―一八）、済口写（四一―二〇）がある。

(12) 小林茂『近世農村経済史の研究』（前掲）一四〇～一四二頁。

(13) 西宮郷土資料館所管・岡本家文書、享和二年四月「商内御指留再応御触書承知印形帳」（j四―四）。

(14) 今井林太郎・八木哲浩『封建社会の農村構造』（有斐閣、一九五五年）九八～一〇〇頁。二一表。

(15) 西宮郷土資料館所管・岡本家文書、文政三年「万覚帳」。以下、「万覚帳」についてはとくに記さないこととする。

(16) 小林茂『近世農村経済史の研究』（前掲）一三九～一四二頁。三九～四〇表。荒武賢一朗「近世後期大坂と周辺農村――摂河小便仲間の分析から」（前掲）表六でも安政四年の海老江組の荷数は三九二箇とされていて、あまり多くはならなかったらしい。希望数のわかる稗島組八カ村は安政四年に二八五荷を希望して、二四〇荷半を配分されている。

(17) この段階の歴史的状況としては、井上勝生『幕末維新政治史の研究』（塙書房、一九九四年）第一部第二章「幕藩制解体過程と全国市場」が示唆的である。

追記　本章の作成にあたり史料の閲覧・利用を許された岡本俊二氏および、調査にご協力いただいた西宮市立郷土資料館、尼崎地域研究史料館、神戸大学図書館の方々に記して深謝の意を表したい。本章は、東洋大学人間科学研究所内プロジェクト「日本における地域と社会集団」の研究成果の一部である。

付記　最近の研究として渡辺尚志編『生産・流通・消費の近世史』（勉誠出版、二〇一六年）がある。

第六章　江戸地廻りの賑わい

一　江戸の発展

天正一八年（一五九〇）、徳川家康は江戸城に入城し、ここを本拠として、関東経営に乗り出すことになった。江戸は、当時、わずかな集落があっただけで、城の玄関は船板を再利用したものだったという。城下町も整備されていないことから、最初は小身の家臣には、近郊の村むらに知行をあたえ、家族を住まわせて城に通わせたといわれる。豊臣秀吉の命令で、やむなく三河・遠江・駿河・甲斐・信濃の五カ国から関東へ移封せざるを得なかった徳川家臣団の苦労が偲ばれるような説話である。それだけに、その後の江戸の発展と対照して、いっそう徳川家康の偉業が引き立つことになる。

しかしこれはやや一方的な見方で、中世から江戸は当時、江戸湾に注いでいた利根川を通じて、関東内陸から東北へつながる交通の要衝であった。江戸湾へは、上方・伊勢、知多・渥美半島経由の海路も開けていた。東海地方を支配し、海賊衆を支配下においていた徳川家康は、このことをよく承知した上で、江戸を居城に定めたと考えられる。

ともあれ徳川氏の関東経営とこれにつづく、江戸幕府の創設によって、江戸は急速に発展をとげていった。この結果、一八世紀初めには一〇〇万人を超す、世界的な大都市となった。江戸がこうした急速な発展をとげたのは、何といっても、全国の大名が参勤交代をおこなって、将軍に仕えたからであった。大名は江戸に屋敷をあたえられ、ここに家臣を常駐させていた。江戸にいた武士の実数は、軍事機密ということもあって、はっきりしないが、寛永飢饉にあたって、幕府が試算したところによると、およそ五〇万人ほどだったとされる。算定基準が、大名の知行高一〇〇石あたり三人、二人となっているので、軍役基準を念頭に概数を計算したもので、実際に数えた数字を基礎とはしていないが、実態と大きくかけ離れたものではなかったろう。こうした武士の消費生活をささえるために、町方もまた大きく発展していったのである。

二　番付に見る上方と江戸地廻り

ところで江戸の急速な発展にたいして、当時の関東農村にはこの需要を賄うだけの十分な産業がなかった。もちろん米穀や蔬菜などは、幕府や大名の年貢米が早くから持ち込まれて販売されたり、江戸周辺の農村が供給したが、加工品になると上方や東海地方からの移入に頼らねばならなかった。武家の消費生活が、次第に贅沢なものになると、上方の高級な製品の需要が高まったので、上方下りのものが上等とされて喜ばれた。いっぽうで江戸周辺の産物は、地廻りものとされて、評価が一段と低かった。「下らないやつ」というのは、下りものでないもの＝つまらない下級品ということから出た言葉で、地廻り製品などは、その最たるものだったのである。

それでも江戸の発展が進んでゆくと、江戸やその周辺の産物で全国で脚光を浴びるものも出た。近世の全国市場の中心だった大坂で出されたと見られる天保一一年（一八四〇）一二月改正の「諸国産物大数望」（図1）では、行司に江戸現銀店、合羽たばこ入（武蔵）、頭取に日光折敷（下野）が、関取には結城紬（上総、下総の誤り）青梅

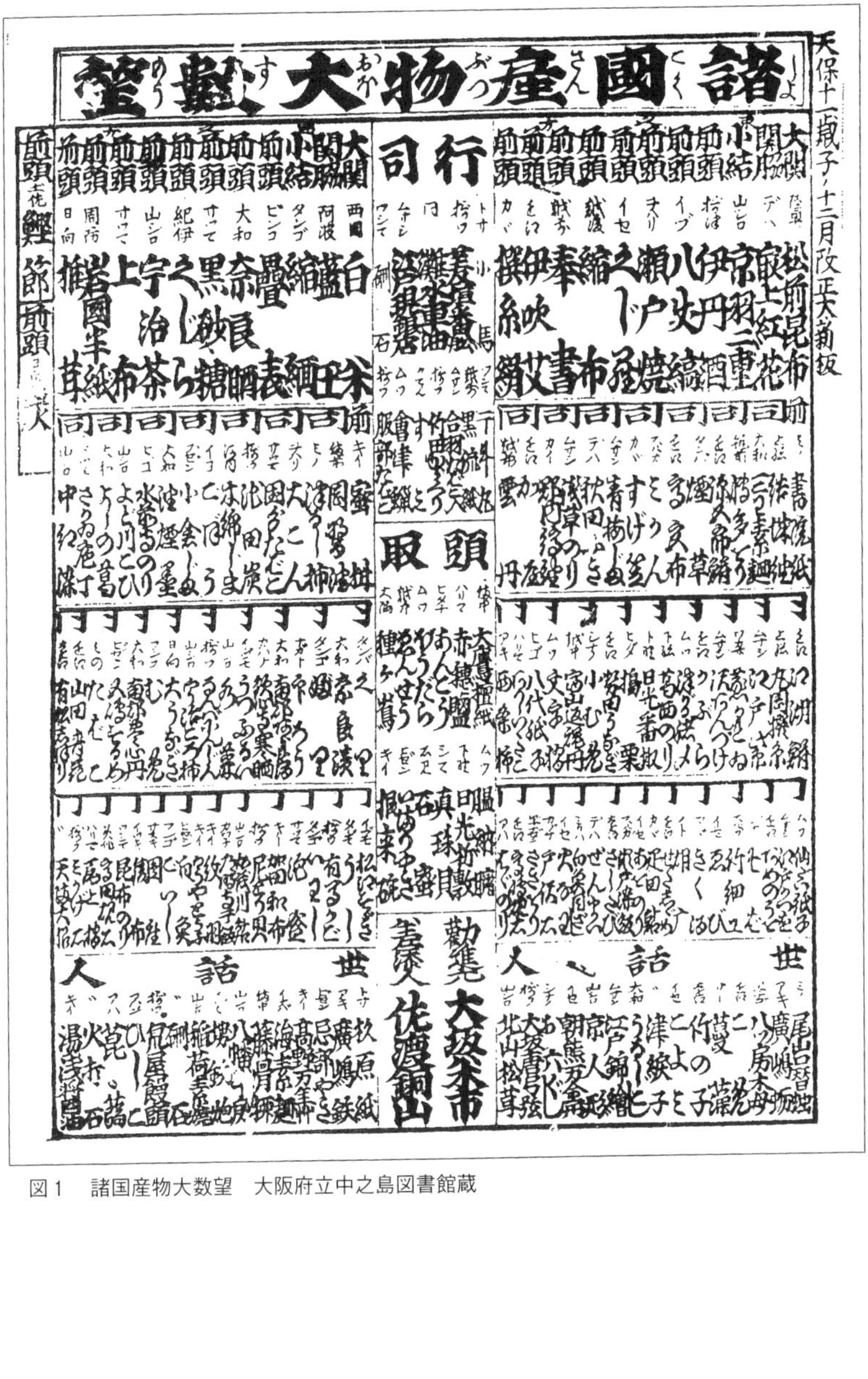

図１　諸国産物大数望　大阪府立中之島図書館蔵

縞（武蔵）、浅草のり（武蔵）、丸岡撰糸（上総）、江戸紫（武蔵）、沢庵漬け（武蔵）、葛西のり（下総）、日光番取（下野）、江戸かつお（武蔵）、戸沢石（上総）、はばのり（安房）、江戸錦絵（武蔵）の一五種があげられている。この番付では、大坂に入荷の多い地域のものは、生活必需品があげられており、当時の主要工業品と見られるものが多い。これにたいして関東・東北となると土産品をあげたという趣がする。とはいっても青梅縞などは近世後期に全国市場で高く評価されたことがわかる。また浅草のり、江戸紫、江戸錦絵、江戸かつおなどは江戸文化の高まりとともに、全国で注目されるようになったものであろう。江戸へ人びとが旅行して、その文化にふれて、土産話とともにもち帰った知識がもとで、これらの名産化が広まったのである。

「諸国産物大数望」は、大坂町人が見た全国市場のイメージで、そのなかで関東は、江戸文化を中心とした名産品という形で位置づけられていたといえる。では江戸から見た地廻り経済はどのように写っていたのであろうか。江戸八丁堀地蔵橋三河屋忠平版の「くに〳〵名物つくし」を見よう。この番付は、一九世紀前後に江戸で名物として喧伝された深大寺蕎麦が記載されていることから、一九世紀に入って出版されたと思われるものである。ここでは、行司に江戸紫、鎌倉鰹をおき、関取に上州織物（上野）、前頭に干鰯（上総）、小山田煙草（常陸）、結城紬（下総）、佐野麻（下野）、浅草のり（江戸）、七浦魚祭（安房）、行徳塩（下総）、玉川鮎（武蔵）、練馬大根（武蔵）、青梅縞（武蔵）、沢庵漬け（江戸）、川越ひら（武蔵）、錦絵（江戸）、秩父絹（武蔵）、深大寺蕎麦（武蔵）、佃煮白魚（江戸）、たて煙草（上野）、利根川鯉（武蔵）、小松川菜（武蔵）、鰹たたき（相模）、山椒魚（相模）、金柑（上総）、中山コンニャク（下総）、日光唐辛子（下野）、西の内紙（常陸）、八日市木綿（下総）、蒲焼き（江戸）、戸沢石（上総）、芝エビ（江戸）、佐倉炭（下総）、銚子ヒラメ（下総）の三四種の産物をあげている。江戸の蔬菜需要に応えて商品作物として発展したことから著名となった練馬大根、小松川菜などのほかに、この頃になると上州織物、小山田煙草、結城紬、佐野麻、行徳塩、青梅縞、秩父絹、たて（館林か）煙草、西の内紙、八日市木綿といった農産加工品が書き上げられていることがわかる。大坂から見たイメージとは、異なって、地廻り地域の商品生産の活発な様相がうかがえるであろう。これらは「下らないやつ」といわれながらも、江戸の庶民にとって、日常接することの多い、親しみのある産物となっていた。江戸の庶民の購買力が上昇して、江戸っ子文化が花開くにともなって、地廻り商品も江戸っ子の好みにあって、名声を高めるチャンスが広がった。そうした高まりをこの番付はとらえているといえる。

三　地廻り在方市の展開

こうして江戸地廻りへの関心が高まると、これを対象としたさまざまな番付が作られた。吉田屋小吉板の「関東市町定日案内」（図2）もその一つである。ここでは江戸を含む関東全域の市の開催日を市方と町方とに分けて編集している。市方と町方の区別の基準は明示されてはいないが、市方に大関上州桐生市、関脇武州八王子市、小結野州宇都宮、町方に大関下総香取宮、関脇同成田不動、小結武州芝明神などを配している。ここから見ると町方は、著名な寺社の祭日にともなう市で、門前町が主体になったものである。市方は、在方市に類するものであった。市日は、町方が四月二〇日などと年市であるのにたいして、市方は毎月三、七などと記載されていて、三日、七日、一三日、一七日、二三日、二七日に開かれる六斎市である。六斎市は、中世後期に広まり始めたもので、農民の日常生活用品の確保や年貢米販売などの便宜のために各地で開設が進められた。周囲の農民がその産物をもち出して販売し、生活用品を購入したので、さまざまな商品が扱われる雑市が基本であった。しかしな

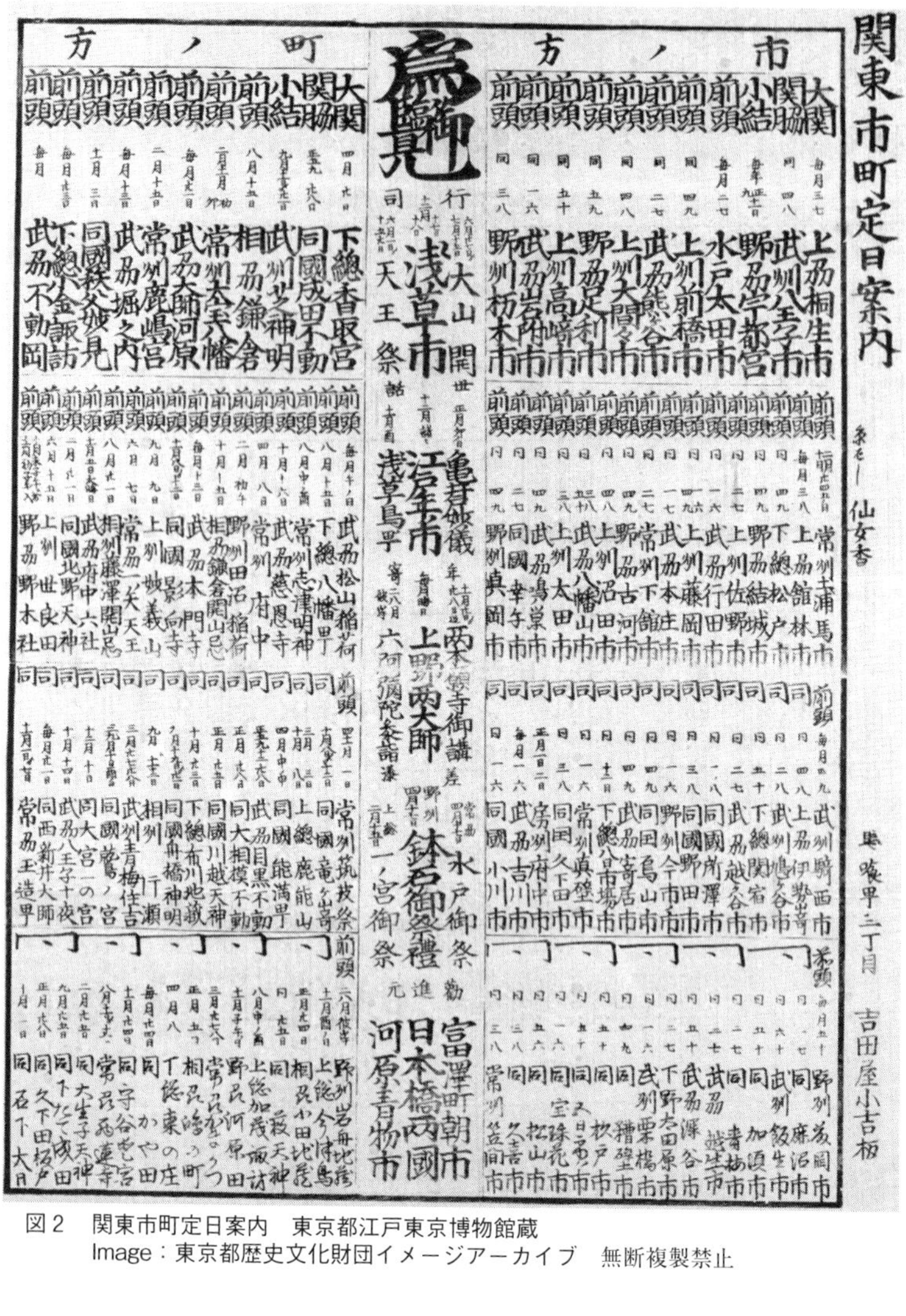

図２　関東市町定日案内　東京都江戸東京博物館蔵
Image：東京都歴史文化財団イメージアーカイブ　無断複製禁止

かには周辺農民の生産する特産物が盛んに出荷されるようになったため、一八世紀頃から江戸を中心とする都市商人が買い付けにあらわれ、その集荷市となるものもあらわれた。江戸に店を開いた三井越後屋などは、江戸地廻りの産地への買い付けに熱心に取り組んだといわれる。こうして商人たちは地廻りの特産地を江戸と結びつけ、市場を編成していったのである。一般には、一七世紀末頃より常設店舗での営業が主流となってゆき、特定の市日に街路に商品を並べて売買する市での営業は次第に衰えていった。こうしたなかで幕末期にいたっても機能を発揮したのは、特産品の集荷機能をもつ市であった。とくに絹織物や生糸のような、高価で、製造者の技量が評価される商品では、この傾向が強かった。市場では、買い手の商人が店を出し、そこに売り手の農民が製品をもっていって値段の交渉をした。農民は値が合わないと感じれば、他の商人の店を廻り、価格が折り合ったところで売買した。交渉の過程で、自ずと自分の製品の価格は製造者にも見えてくるので、それなりに納得のゆく価格が形成される。高価な商品だけに、手間が掛かっても市に出すだけの動機が強いのである。この番付でも市方の第一段目は、ほとんど絹織物や生糸の集荷地が占めることになった。以下、番付によりながら、各地の特産物と市について簡単に見ることにしよう。

桐生・八王子は絹紬縞の市として著名なものである。桐生は、元文年間に京都西陣から高機による絹紗綾の技法が導入され、高級絹織物産地として急速に発展した。享保七年（一七二二）に江戸の三井越後屋が買入店を設置すると、桐生は大間々の市日四、八に先行して市を開いて集荷を有利に運ぼうとし、市日を三、七に変更した。こうした努力と地の利もあって、桐生の絹市は繁栄し、買次商人が代金として出す絹札（支払い手形）が流通するほど活発な取引がおこなわれた。八王子は、当初穀物・太物・肴・塩などが中心の雑市であったが、享保期頃より絹市となり、やがて関東有数の絹縞市が開かれ「桑都」と称されるほどとなった。一八世紀末で、市で年間絹縞一万八〇〇〇疋、紬縞三〇〇〇疋、紬一〇〇〇疋が取引された。また上州高崎も高崎絹と称され、裏絹として知られていた。絹市・太物市は、寛永一〇年（一六三三）から田町で開かれ五、一〇が市日であった。野州足利は桐生より高機技術を導入して発展した絹織物産地で、一八世紀末には綿織物や絹綿交織物の技法を生み出して大衆市場に進出し、桐生を凌ぐ繁栄を示した。

上州前橋、上州大間々は糸市であった。前橋は、市開催の特権をもった本町を中心に、元禄頃から生糸・繭市が繁栄したが、やがて明和期には城下の北側の幕領に新しい市が開かれて中心が移動したので、幕末には低調となっていた。いっぽう大間々は、最初は絹市として繁栄したが、桐生が市を開くようになり、江戸の商人がやってこなくなると、糸市に転換していった。桐生の織物生産が発展すると大間々周辺の農村では、織物から生糸生産へ変化したため、大間々では市の性格が糸市に変わっていったのである。

絹・生糸関係以外で、一段目にあるものでは、野州宇都宮が注目されている。他の市が月二日の市で六斎市であったのにたいして、宇都宮は年市で、正月一一日と九月一一日が市日となっている。宇都宮城下の市は、上河原町が早くから開いていたが、同町は諸大名が通行する奥州街道沿いにあるため、寛永一一年（一六三四）に新宿町で三、八の市を立てるように藩から命令が出た。このさい木綿商売のもの二四〇名を中心に反対運動がおきたというから、当時は木綿売買が大きな比重を占めたらしい。この地域は、畿内―江戸―奥州の木綿流通ルートになっており、三段目にある常州真壁市などにも一八世紀まで、奥州商人が盛んに木綿の買い付けにやってきたことが知られている。新宿町で、市が開かれるようになると、上河原町の市は年初の市だけになったが、現在でも、正月一一日に開催されている。ここで宇都宮の市といっているのは、上河原町の市であった。

いっぽう武州岩槻は、中世から城下町として繁栄し、市が開かれたが、一八世紀中葉には真岡に次ぐ白木綿の集散地として知られていた。この頃岩槻には綿売宿・白木綿留買商人が一五軒あり、市の売買とともに店を開いて集荷にあたった。木綿は絹に比べて廉価で、織るのも早かった。五日で一反を織ることができたといわれる。そこで市のないときは、これら買い継ぎ宿へ持ち込んで販売することもあり、次第にこうした買い継ぎ問屋の力が強くなり、市の売買は衰えていった。また白木綿は、技術のいる晒し行程が必要で、この技術が問屋の手に握られていたので、この点でも、問屋やその組織下の仲買との売買が浸透しやすかった。ただ完成品である縞木綿生産が広がると、問屋の独占も揺らいで幕末にいたっている。武州熊谷は、絹市が立ち一七世紀末では、絹一万五〇〇〇疋が集荷された。また幕末には周辺は木綿織物の産地としても発展するようになり、その集荷もおこなわれた。人家がにぎわい江戸に似ているといわれ、中仙道では繁盛した宿駅だった。江戸問屋の組合白子組が買い付けた木綿は、一八世紀末で下野真岡から常陸にかけての真岡木綿が一一万反余であったのにたいして、岩槻木綿は二万反ほどであった。しかし一九世紀中葉の江戸木綿問屋仲間の仕入れは武蔵で一七万反におよび、上野・下野・常陸合計一二万反を超えるようになっている。その中心が岩槻・行田・熊谷にいたる武蔵の綿業地域であった。

常陸太田は、北側に東北につながる深い山系をひかえていたため、この地域で生産された炭や紙の集散地として繁栄したが、やがて煙草生産が盛んになると、煙草市として知られるようになった。また野州栃木は、利根川―巴波川水系の河岸として内陸への重要な物資の集散地で、塩あい物の市があったが、馬市としても知られていた。東北の馬産地から出荷するのと、馬喰が買い付けにくるのに丁度、都合のよい場所にあったことから繁栄した。しかし近世後期には、各地の農村で新田開発が進んで、馬を飼うための飼料の草をとる場所が少なくなったことなどから、農馬の需要が減退してわずかにつづくという状態であった。ここにあげられているのは、馬市の名残を示す名所的な興味からであろう。

四　江戸地廻りの繁盛地

定期市による商業は、江戸中期より常設店舗による営業が展開したため、次第に衰退に向かったが、江戸の需要に応え、特産品の集荷のための市がなお繁栄を維持していた。こうしたなかで特産品の集荷の中心となる在郷町が展開するようになり、人びとの注目をひくようになった。安政三年（一八五六）の番付「関東自慢繁昌競」（図3）は、こうした関東の在郷町の展開を映し出しているものといえる。この番付は、行司に日光宿坊町、榛名御師町、妙義町、鹿島町、箱根町、碓氷町、草津町、那須町、沢渡町の門前町、関所、湯治場などを配置して、甲乙に関東の繁盛したとされる町を記載している。この番付では、大関などの位のほかに、その町の主要産物、城下、屋敷陣屋、飯売女の有無などが記載されている。飯売女は、遊女である。この有無が記載されているのは、番付作成者が読者の興味をひくために加えたという点もあるが、繁盛の地でなければ成り立たない商売でもあったから、一つの目安になるという意味もあったであろう。

甲乙の大関は高崎と小田原で、いずれも交通の要衝で城下町である。小田原は高崎に比べて、海産物以外特別な産物はないが、東海道随一の宿場町として繁盛の地とされたのであろう。関脇は川越と浦賀である。川越は城下町であるが、周辺の農村では絹織物が盛んに織られ川越絹平などと称して名産となった。一八世紀末には、市で絹縞一万五〇〇〇疋、絹平一万五〇〇〇疋が集荷された。それだけでなく穀物・芋やさまざまな蔬菜・食料品目が川船で江戸へ送られた。穀物集荷でも、江戸に並ぶ繁盛だったとされている。浦賀は、江戸湾の入り口にあり、大坂から江戸への廻船の寄港地として繁栄した。小結は八王子と本庄で、周辺に機業地をひかえている。た

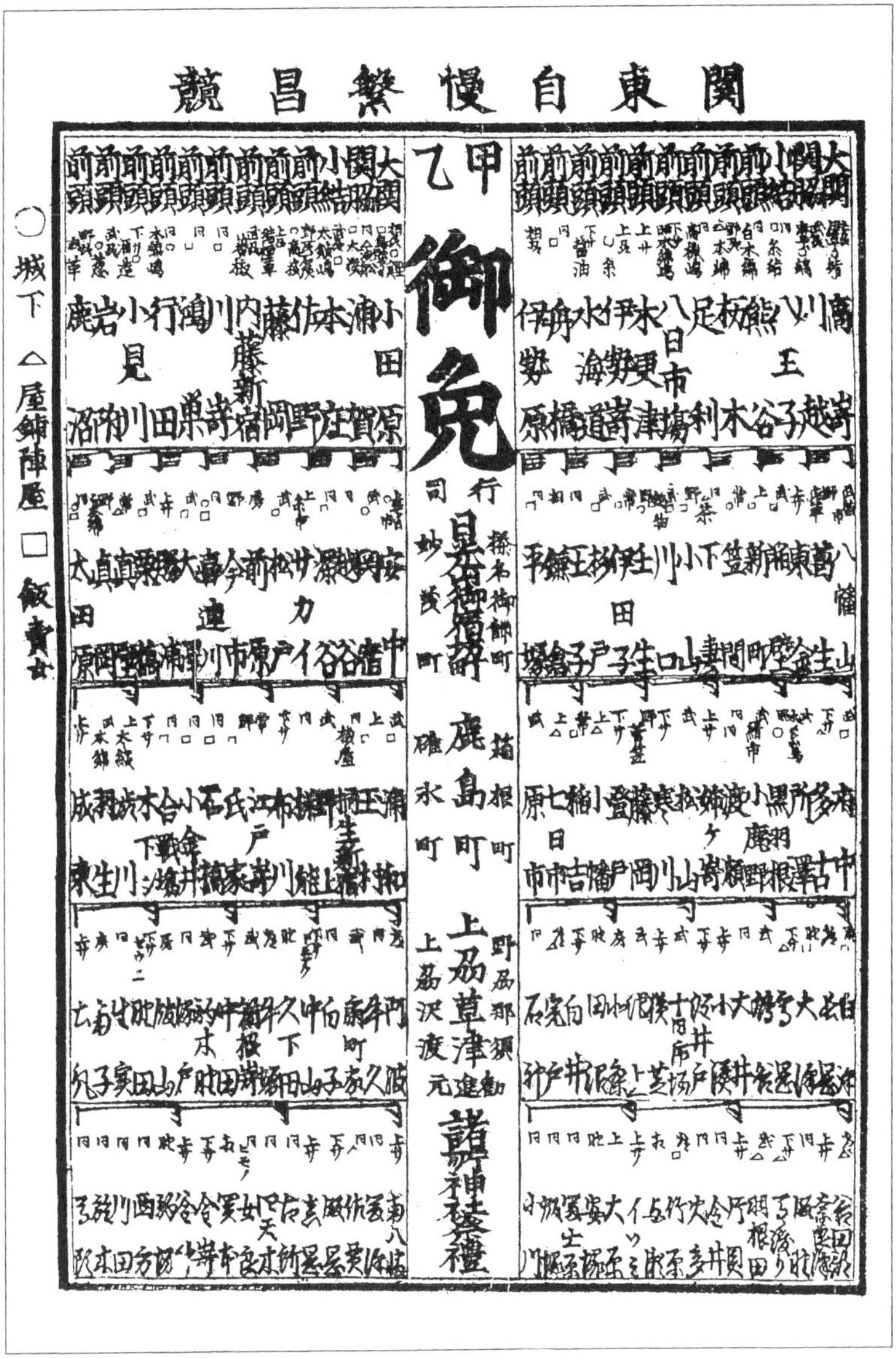

図3　関東自慢繁昌競　資料提供：国立国会図書館

だ八王子が完成品である絹縞生産であったのにたいして、武蔵北部と上野は仕上げ行程を必要とする生絹と生糸が中心で、本庄も同様であった。本庄は、中仙道の宿駅として著名であったが、幕末期にはやや停滞気味であった。ここであげられているのは、西の八王子と対比させて、東に古くから著名な地をあげるという必要からであろう。

前頭では、熊谷・栃木・足利・八日市場・伊勢崎・佐野・藤岡・行田など絹・木綿の機業地が高い比重を占めている。なかでも足利が一段目なのにたいして桐生新宿は三段目乙にあり、桐生に比べて高い評価を得ていることが注目される。幕末には、足利の繁栄は桐生を凌駕したといわれる事態を反映しているといえる。熊谷は、幕末には、周囲の木綿織が展開したこともあって、本庄に並ぶほどになっていたが、番付ではまだこれにおよんでいない。八日市場は、関東では真岡木綿、岩槻木綿に並ぶ八日市場木綿の集荷地として著名であった。佐野・行田も木綿産地として知られている。佐野は「高機」とあるように、足利につづいて、高機を導入した木綿織で一九世紀になって生産をのばした。佐野の周辺農村では、幕末には高機四、五機を備える機屋が出現している。専属の機織奉公人が一カ月何反を織るという契約で雇われている。行田は、忍城の行田口に発達した町で、一九世紀には白木綿・縞木綿の市が盛んに開かれるようになった。さらに足袋生産が発展して、全国に知られるようになった。藤岡は、絹の集散地として発展した町で、一八世紀末には絹五万疋の集荷が記録されている。近くの吉井宿の市の方が最初は大きかったが、吉井宿が主として近江商人を相手にしたため、江戸の商人が藤岡に買宿を設定して買い付けを進める過程で、これに圧迫されて衰退した。また富岡の絹市も藤岡の仲買の買い付けが進んで衰退した。藤岡の発展は、江戸商人の地廻り経済の編成と結ぶことでおこなわれた。それは同時に周囲の市を衰退に追い込む結果となったのである。

機業地以外では、木更津・船橋は房総と江戸とをつなぐ交通の要衝であった。木更津は、大坂の陣に水主役を負担したことから、幕府の年貢の運送と上総・安房への旅客の独占権などをあたえられて繁栄した。木更津船の運行により、物資の運送だけでなく、小林一茶・葛飾北斎・安藤広重など江戸から文化人が多数訪れた。嘉永六年（一八五三）初演の歌舞伎「切られ与三」は木更津を発端にしたもので、江戸の人びとに親しまれた。船橋は、陸路房総半島へいたる要地であった。船橋からは、陸路で将軍の狩猟地東金へいたる御成道が開かれ、御殿がおかれた。また佐倉へいたる佐倉街道は、江戸の信仰を集めた成田不動への道でもあり、近世中期以降は参詣者でにぎわった。さらに千葉・木更津方面への上総街道も開かれていた。船橋は、魚介の豊かな海にも面していたので、将軍家の御菜肴を負担する浦として繁栄した。水海道・小見川は内陸河川で江戸につながる場所で酒・醤油など醸造地となっていた。ただ醤油醸造地として著名な銚子は番付になく、野田は四段目とされている。伊勢原は大山阿夫利（あふり）神社をひかえた宿場町であった。大山は、近世では雨乞いの神として、江戸や関東一円に信仰された神社で、御師たちが大山講を各地に組織して、大山詣を勧めた。一七世紀中葉の最盛期には、年間二〇万人もの人びとが参詣に訪れたが、その宿場町として伊勢原は江戸でもよく知られていたのである。また川崎は東海道の江戸の入り口にあたる宿駅で、川崎大師があり、江戸の人びとには親しみやすい町であった。岩槻の産物を木綿としないでネギとしているのも、この周辺で江戸で賞味された産物と結びつけているためであろう。

これらを見て注目できる点は、交通の要衝や特産物の集荷地が繁盛の地としてあげられていること。特産地としての集荷は、市に限らず、江戸と結んだ買い継ぎ問屋の活動に負う傾向が強くなっていること。そして何といっても、城下町がもはや繁盛の地としてあげられていないことである。例えば、水戸、宇都宮、前橋、佐倉、古河、土浦といった有力藩の城下町は番付にはない。城下町は幕末期でも依然として、人口の多い重要都市ではあったが、その商業は大藩の城下町ほど、保護されていた特権が崩れて不振を極めていた。城下町に替わって、在郷町がネットワークの中心に進出して、新たな商品流通が展開していたのである。

五　地廻りの諸産業と分限者

こうして関東各地に江戸に売り出される物産の生産地や集荷地が発展すると、その生産にかかわる有力な豪農商が成長することになり、これがまた人びとの興味を引きつけ、分限者の番付が作られることになった。「関八州田舎分限角力番附」（図4）や「関八州持丸長者富貴鑑」などはその例である。「関八州持丸長者富貴鑑」は藤岡堂板で、江戸御府内をのぞく、関東各地の持丸（分限者）として知られる人物の居所と氏名を三段に記載している。その総数は一三九名におよぶ。いっぽう「関八州田舎分限角力番附」は横山町和泉屋永吉板で、全部で五段になっており、二〇〇名の分限者が書き上げられている。若干虫喰いがあったり、板が潰れて読めなかったりする部分があるが、家業が記載されており、産業とのかかわりがわかるので、ここでは「関八州田舎分限角力番附」によって、その状況を見ることにしよう。

番付では、行司に九十九里・銚子・水戸浜の猟師（漁師）、年寄に川口・天明（下野佐野）・八王子の鋳物師、世話人に野州・八王子の石灰師、銚子の蛎灰師、勧進方に浦賀・銚子・利根川の船持中が配置され、東西に分限者が列記されている。大関・小結・関脇・前頭といった記載はないが、分限者の中心的家業、居所、氏名の記事がある。

分限者の家業を各段ごとに、整理したものが表2である。これにより近世後期の関東において、分限者を生み

関八州田舎分限角力番附

東の方

穀物	武州川越	横田治郎吉
干鰯	常州水戸湊	大黒屋兵七
醤油	常州水海道	慶長半兵衛
醤油	同	釜屋嘉兵衛
醤油	常州江戸崎	鍋屋忠兵衛
小間物	相州一ノ宮	日野屋新太郎
田畑	武州騎西	西ケ谷伊兵衛
材木	常州小中	佐野屋幸内
醤油	常州土浦	大国屋勘兵衛
荒物	野州宇都宮	荒物屋新右エ門

水油	常州竜ケ崎	油屋市平
干鰯	下総関宿	北村藤兵衛
質店	野州佐野天明	堀越庄蔵
小間物	常州水海道	慶長太兵衛
地面	下総佐原	伊能三郎右エ門
醤油	下総銚子	柳屋仁平治
醤油	同所	鶴屋弥三郎
絹質	武州八王子	中島仙助
醤油	下総銚子	広屋庄右エ門
田畑	下総佐原	永沢治郎右エ門
質店	下野栃木	医師円悦
質店	同所	医師三悦
山持	野州和泉	水沼八兵衛
田畑	上州館林	酒屋弥五左エ門
太物	水戸下町	井筒屋伝兵衛

造酒	水海道	慶長半右衛門
船持	水戸湊	近藤長四郎
干鰯	関宿	小島勘左衛門
干鰯	浦賀	宮原屋治兵衛
質店	古河	西村仁兵衛
醤油	武州戸田	金子善四郎
糸店	上州大原	鍋屋庄治郎
田畑	常州	柳橋長左衛門
小間物	上総長南	今関勘四郎
船持	伊豆下田	白田権兵衛
醤油	土浦	大黒屋勘兵衛
田畑	武州騎西	大賀清六
小間物	下総佐原	天満屋仁兵衛
質糸	八王子	三田八兵衛
山持	下野赤羽	赤羽藤之丞
造酒	上州桐生	石原民部
田畑	常州木更	木更丈助
造酒	武州田谷	高橋甚左衛門
小間物	水戸太田	奥州屋治兵衛
造酒	鴻巣宿	横田三九郎
造酒	武州入間川	綿貫半平
醤油	古河	日野屋重左衛門
蝋店	房州名殿	島野仁右衛門
田畑	武州	玉井勘左衛門
山守	秩父大滝	大村久兵衛

干鰯	関宿	木村清兵衛
質店	栃木	釜屋佐治右衛門
小間物	土浦	横田権右衛門
質店	館林	臼井市郎右エ門
舟持	上総五井	村田長右エ門
小間物	水戸下町	伊勢屋太兵衛
紙店	水戸野口	関沢源治右エ門
田畑	高根沢	向戸半之助
造酒	同	黒沢治郎右エ門
山持	同西根	宇津梅右衛門
呉服	川越	近江屋半右エ門
小間物	房州名古	釜屋太左エ門
田畑	水戸	醤油屋仙右エ門
醤油	下総野田	高梨兵左エ門
造酒	松井田宿	射和四郎右エ門
絹紬	上州小倉	二渡り岐右エ門
金貸	上州山中	新羽甚兵衛
糸店	上州大原	鍋屋安左エ門
金貸	秩父	熱川新平
小間物	秩父吉田	日野屋五郎右エ門
荒物	本庄宿	中屋武左エ門
舟持	武州藤本	小暮久右エ門
呉服	熊ケ谷宿	坂倉万之助
田畑	武州甲山	根岸伴七
糸店	上州日川	小川七郎右エ門

呉服	熊谷	原口金右エ門
小間物	土浦	塚本清右エ門
紙店	武州小川	川窪九兵衛
田畑	武州半沢	武政安右エ門
山持	上総立野	切替長右エ門
猟師	九十九り	真□八郎左エ門
質屋	武州坂戸	木藤金右エ門
醤油	原金町	釜屋勘右エ門
薬種	水戸下町	駿河屋治郎右エ門
紙店	黒羽	紙屋惣兵衛
小間物	常州石岡	扇屋久兵衛
小間物	同久野	美濃屋治郎右エ門
薬種	原金町	大野伝兵衛
穀物	川越	安斎長八
小間物	足利	須永治郎右エ門
造酒	藤越	日野屋吉太郎
山持	五日市	内山安兵衛
質屋	木更津	藍屋作右エ門
田畑	房州一分	竹内治郎右エ門
造酒	浦賀	紀国屋六八兵衛
田畑	武州新貝	中安兵衛
造酒	常州玉造	富士屋茂右エ門
田畑	武州王子	作勘左エ門
醤油	相州山田	曽根惣右エ門
醤油	上総久留里	藤崎安右エ門

為御覧

行司
上総 九十九里猟師中
下総 銚子猟師中
常州 水戸浜猟師中

年寄
武州 川口鋳物師
野州佐野 天明鋳物師
武州 八王子鋳物師

世話人
野州石灰師
八王子石灰師
銚子蛎灰師

勧進元
浦賀船持中
銚子船持中
利根川船持中

西の方

小間物	中仙道本庄	中屋半兵衛
船持	相州浦賀	鳳凰丸喜六
呉服	上州桐生	佐羽吉右エ門
呉服	野州戸奈良	石井五右エ門
穀麻	上州大戸	加部安兵衛
造酒	上州鬼石	土屋惣兵衛
造酒	中仙道本庄	森田助左エ門
醤油	下総野田	茂木七郎右エ門
造酒	上野小高	須田又八
塩	上野倉賀野	須加庄兵衛

造酒	上州藤岡町	十一屋作右エ門
質店	野州宇都宮	佐野屋惣右エ門
質店	常州江戸崎	大久保勘四郎
醤油	下総銚子	松下五郎兵衛
小間物	野州野田	万屋吉右衛門
造酒	常州水戸湊	浜屋五右衛門
造酒	上州国分	住屋武右衛門
船持	常州水戸湊	近藤治郎右衛門
質屋	上州厩橋	太田屋幾八
田畑	中仙道本庄宿	森田市郎左エ門
田畑	上州佐野並本	茂木長兵衛
呉服	上州高崎	布袋屋久右エ門
造酒	常州水戸上町	上林弥市右エ門
造酒	野州下奈良	吉田市右衛門
干鰯	相州浦賀	宮原利兵衛

造酒	上州箕輪	下田利左衛門
呉服	下総佐原	奈良屋新左衛門
材木	下野寺ノ子	木屋友右衛門
造酒	下野烏頭	近江屋重治郎
醤油	下総野田	鍋屋佐平治
質店	下野雀宮	小倉清治右エ門
島問屋	下野結城	近江屋太郎右エ門
小間物	下野真岡	小宅平六
小間物	同	塚田弥右衛門
造酒	上三川	日野屋太兵衛
呉服	水海道	鍵屋利兵衛
煙草	秩父	田島四郎右衛門
造酒	武州行田	日野屋太右衛門
田畑	下総鳥手	寺田五郎兵衛
造酒	武州所沢	三上平治郎
醤油	下総野田	大塚弥五右衛門
猟師	九十九り	飯高惣兵衛
造酒	同所	古川権三郎
金貸	上州高崎	高橋市郎右衛門
小間物	宇都宮	紙屋喜三治
小間物	川越町	間坂吉兵衛
造酒	九十九り	小川新兵衛
造酒	土浦	小津茂左衛門
造酒	武州清せ	戸ケ崎喜右衛門
小間物	下総■掛	掛倉持久右衛門

造酒	舟橋	大和屋佐五右エ門
造酒	上総市宿	酒屋孫四郎
造酒	同杓子辻	沢屋惣吉
山持	武州井上	井上茂八
小間物	飯能	金子忠五郎
山持	上総養老	松崎喜惣治
舟持	同府津	酒屋嘉右エ門
穀物	同八幡	伊勢屋清兵衛
小間物	同姉ケ崎	永野勘右衛門
田畑	下総笹川	羽キ勘左エ門
造酒	上州青柳	田口七左エ門
醤油	神奈川	海保長兵衛
塩	大師河原	上太郎左衛門
舟持	大磯	川崎孫右衛門
絹店	下野戸奈良	石井吉兵衛
絹店	同石塚	野代文蔵
質店	上州尾島	富宇田惣助
質店	同堺	佐野屋七兵衛
山持	足利小又	山間六右衛門
絹店	桐生	長沢治郎左衛門
山持	大間々	水酒七郎左衛門
絹店	山神	小川七郎左衛門
木綿	常州真壁	中村作兵衛
木綿	下館	中村兵左エ門
木綿	下館	板屋勘兵衛

呉服	常州笠間	松屋平治郎
木綿	同	石井藤治右エ門
太物	下野茂木	栄屋仙司
紙店	同烏山	布袋屋武右エ門
造酒	秩父大宮	亀屋太右エ門
造酒	同	升屋利兵衛
造酒	流山	鴻池由太郎
造酒	松戸	竹沢四郎右エ門
造酒	同	津国屋九兵衛
酢	二合半領	相模屋浅右エ門
田畑	武州広瀬	萩野七郎右エ門
質店	高崎	高橋市郎左エ門
造酒	上州高浜	小暮林右エ門
山持	土浦高久	吉田久右エ門
醤油	銚子	田中玄蕃
田畑	下総多古	五十嵐治兵衛
田畑	相州厚木	栗原弥市
造酒	同尾尻	梅原太郎兵衛
醤油	常州北浦	細倉新□エ門
酒酢	上州力丸	羽鳥亦左衛門
田畑	常州五代	五代清吉
質店	上州藤岡	吉田半兵衛
造酒	同富岡	十一屋佐兵衛
醤油	武州正直	鈴木山治郎
田畑	下館飯沼	咲房三太郎

横山町　和泉屋永吉板

図4　関八州田舎分限角力番附（翻刻）

表2　「関八州田舎分限角力番附」に見る物産と分限者

物産名	1段目	2段目	3段目	4段目	5段目	小計
穀物	1			1	1	3
干鰯	1	2	2	1		6
醤油	5	4	5	2	6	22
小間物	2	2	8	6	4	22
田畑	1	4	5	4	9	23
材木	1		1			2
荒物	1			1		2
船持	1	1	2	4		8
呉服	2	1	2	2	2	9
穀麻	1					1
造酒	3	5	14	6	11	39
塩	1			1		2
水油		1				1
質店		6	2	4	4	16
地向		1				1
絹質		1				1
山持		1	1	5	3	10
太物		1			1	2
糸店			1	2		3
質糸			1			1
蝋店			1			1
山守			1			1
猟師			1		1	2
島(縞)問屋			1			1
煙草			1			1
金貸			1	2		3
紙店				1	3	4
絹紬				1		1
絹店				4		4
木綿				3	1	4
薬種					2	2
酢					1	1
酒酢					1	1
小計	20	30	50	50	50	200

出すような産業がどのようなものだったか、ある程度見通しを得ることができる。

ここで分限者が営んでいるとして、あげられた業種は三三種である。このうち、田畑・山もちなどのように地主として、一括りにできそうなものがあったり、酢や造酒と酒酢といったどちらかに属させればよいようなものもあるが、ここではとりあえず、番付の家業記載を尊重しておくことにしよう。

総数で分限者が一番出ている産業は造酒＝酒造業で三九名である。つぎに、田畑・小間物・醤油が二〇名以上で一つのグループをなしている。これにつづくのは、質店・山持で一六名と一〇名である。一〇名以下では、呉服・船持・干鰯が五名以上で、これに五名以下のものがつづく。絹織物業関連は、絹織物を扱った呉服以外は、個別には多くはないが絹店（四）、糸店（三）、絹紬（一）、島（縞）問屋（一）と、これにともなう金融として絹質（一）・質糸（一）が入っており、産業として分業の進んだ様子がうかがえる構成となっている。これに木綿（四）を加えると、織物業の展開が注目されていることがわかる。このほか複数のものに、穀物（三）、材木（二）、荒物（二）、塩（二）、太物（二）、猟師（二）、金貸（三）、薬種（二）があった。

分限者の家業とランク（段目）について見ると、一段目で目立つのは、醤油醸造家の存在である。一段目の二〇名中五名が醤油屋が占めた。総数では最高だった造酒業者は三名にとどまっていることと対照的であるといえよう。いっぽう織物業関連には、それほど大きな分限者はなく、三段目以下のものが中心を占めた。醤油や酒の醸造業は倉などの工場をもち、多額の資金を投入して経営されることから、資本集積度が高く、大きな分限者を出しやすい産業であった。これにたいして、織物業は通常は農民が農間に織った織物を買い集めて、出荷されるもので、生産者である農民の生産規模はあまり大きくならなかった。やや専門的に機屋を営んだ場合も見られるが、その抱える織子の数は数名が普通であった。分限者に名をつらねているのは、集荷にあたったもので、生産が分散的であったため、呉服以外は富の集中も醸造業に比べるとさほどではなかったといえる。

一段目の分限者それぞれの状況について、現在判明している限りで見ると、東の筆頭で川越の横田治郎吉は、川越の十組問屋仲間の大行事の一人で、一八世紀中葉には酒・醤油の醸造販売や穀物商として手広く商売を営み、天保一五年（一八四四）にはそれまでの川越藩への出金が六万四〇〇〇両余に達したという豪商であった。いっぽう、西の筆頭中山道本庄宿の中屋半兵衛は、太物・小間物・荒物を販売した商人で一八世紀中葉に傾きかけた家運を立て直し豪商に成長した。橋の架け替えや窮民救済にも熱心で、幕府の寛政改革にあたっては、小児養育手当金の差し出しに応じて、年寄役に任命され、江戸でも知られる存在となった。しかし幕府以下の御用金や貸し付けにも応じたため幕末には家勢も衰えて、安政五年（一八五八）、御用金滞納のために、田畑屋敷の闕所処分を受けている。東の二枚目常陸水戸湊（那珂湊）の大黒屋兵七は、水戸藩第一の富豪といわれ、医業から大名貸しなどをおこなった。また江戸に住んで、幕府の材木を請け負ったりしたという。那珂湊は、天保期頃は鰯の漁場としても豊富な水揚げがあったため、干鰯商売にも手を広げていたようである。

一段目でもっとも多かったのは、醤油醸造業者であった。大国屋勘兵衛は伊勢に本店をおく江戸店持ちの商人で、呉服商から土浦で醤油醸造を始めて成長した。常陸は、醤油の原料である良質の大豆と小麦の生産地であったので、その入手に便利で江戸に水運が通じている土浦が工場として選ばれたようである。最盛期の一八世紀中葉では、一万六〇〇〇樽を江戸に販売している。大国屋は江戸の醤油荷受問屋もかねていたので、幕末期には醤油を詰める明樽の販売が大きくなって、醤油明樽問屋へと変わっていった。これにたいして野田は後発だったが、江戸に近い地の利を活かして、幕末には関東を代表する醤油醸造地に発展した。なかでも茂木・高梨一族が著名であるが、番付では茂木七郎右衛門があがっている。文久三年（一八六三）の醸造高九〇〇〇石余であった。家業永続のための貯蓄金を天保九年（一八三八）で七〇〇〇両余貯蓄し、さらに倹約に努めたといわれる堅実経営であった。醤油醸造は、一八世紀中葉に江戸の需要に応えて、関東各地で急速に発展したが、一九世紀になると江戸の需要が飽和状態となるいっぽう、競争が激化した。そうでなくとも設備投資に資金を要して、仕込み期間が一～二年と資本回転の長い醤油産業で成功するためには、分限者といわれても、相当の倹約や合理化の努力が必要であったのである。ちなみに野田の醤油業者は、合同していわゆるキッコーマン醤油となって、現在にいたっている。
つぎに酒造業は、一段目は上州・武州の酒造家が中心となっている。上州は、信濃や越後の藩米が販売されたので、これにともなって酒造業が繁栄し、江戸売りなどもおこなわれたため、分限者が出た。西方の一段目、上州鬼石の土屋惣兵衛は十一屋(藤崎)惣兵衛の誤りと考えられる。十一屋は日野に本拠をもつ近江店で、鬼石を本店として、高崎・大間々・倉賀野・下仁田および武蔵寄居・熊谷松山、下野佐野に出店をもつ酒造業者として成長した。嘉永元年(一八四八)の本店総資産額は二万八〇〇〇両におよび、江戸にも出荷していた。

織物業関連では、上州・野州が中心となっている。穀麻の加部安兵衛は、酒造業から麻・繭・煙草など作付農民に前貸しをして生産物の集荷をおこなう商人となった。天保期には幕府の江戸城改築にともなう材木御用を勤めるなどした。上州では、分限者のランクを一に加部安、二に佐羽、三に鈴木(酒造家)といったという。幕末期には家産は傾いたが、開港にあたっては、幕府の勧誘で横浜に出店を出すなど営業活動をおこなっている。加部家に次いだといわれたのが、桐生の絹・木綿買次商の佐羽吉右衛門である。桐生では、最大の書上家に次ぐ経営規模をもっていた。野州の石井五右衛門は、佐野の在村の豪農で絹織物や生糸買次商人として成長したもので、幕末期には横浜貿易に進出していった。

小間物商の相模一之宮の日野屋新太郎は、屋号通り近江商人の出身ではないかとされるが、十一屋のように近江に本店をおかず、一之宮村に土着したものであった。近江によるべき本家や資産がなかったのかもしれない。天保期の記録では、農業の間に薬種・茶・荒物・太物・水油・穀物などを扱ったという。番付で小間物商といっているのは、一八世紀中葉に設けた江戸店が小間物に類するような商品も扱ったからであろう。江戸では屋敷を三〇カ所ももっていたが、幕末期には営業不振で撤退している。しかし安政二年(一八五五)でも村方での所持高は一五〇石余で豪農であった。明治初年には、土蔵の床下から、慶長小判四九八枚等が掘り出された記録があり、その富豪ぶりがうかがえる。宇都宮の荒物屋新右衛門は、荒物屋とともに金融業も営み、同藩の古組御用達商人であった。嘉永元年（一八四八）の宇都宮の「商家番付」でも、東の大関とされる宇都宮を代表する商人だった。倉賀野の須加庄兵衛は、同河岸の河岸問屋で天保一三年（一八四二）には、持高五〇石で一時高崎藩の掛屋などを勤めたこともあった。塩の問屋でもあり、享和元年（一八〇一）には一軒の行徳塩問屋からだけで、六三〇〇俵余の塩が送られている。倉賀野は、利根川上流の河岸で、ここから信州へ向けて塩や肥料などの物資が積み出され、信州佐久郡などからは米が送られる重要河岸であった。

以上、一段目の分限者について簡潔に述べたが、さすがに著名な分限者となると、城下町・宿駅を居所とするものが一つの中心としてあがっている。しかしいっぽうで在郷町や、さらには在村のものもかなりおり、江戸地廻りの農村部まで分限者があらわれるような経済発展が見られたことがわかる。また一段目クラスでは、一八世紀中葉に成長したものが多く、領主への貸し付けを命じられて、一九世紀には経営不振に悩まされるものが少なくなかった。番付に載せられるような名声が江戸に伝わる頃には、家業が最盛期をすぎてしまうというのは、一つの宿命であるのかもしれない。しかしなかには茂木七郎右衛門のように倹約や合理化で、幕末の不況期を乗り切って、近代に家業を発展させたものもおり、こうした点に地廻り経済の確かな動きがうかがえるわけである。

主要参考文献

北島正元『江戸幕府の権力構造』（岩波書店、一九六四年）。
見瀬和雄「寛永一九年の江戸人口史料」（『史翰』二〇号、一九八八年）。

伊藤好一『近世在方市の構造』（隣人社、一九六七年）。

地方史研究協議会編『日本産業史大系』関東地方篇（東京大学出版会、一九五九年）。

群馬県史編さん委員会編『群馬県史』通史編五・近世二（群馬県、一九九一年）。

埼玉県編『新編埼玉県史』通史編四・近世二（埼玉県、一九八九年）。

栃木県史編さん委員会編『栃木県史』通史編五・近世一（栃木県、一九八四年）。

茨城県史編さん総合部会編『茨城県史』近世編、同市町村編一〜三（茨城県、一九七二〜一九八一年）。

以下関係自治体史、および『日本歴史地理大系』（平凡社）の各巻。

付記　番付のうち、一部は諸般の事情で掲載を省略したものがある。

第七章　幕末維新期の村と旅人改め
——村をめぐる交流・流通・地域

はじめに

近世の村が閉鎖的な生活圏をもっていたことは事実であるが、それは他との交流を排除したものではない。それどころか、村の外の世界と恒常的な交流なしには存在できないものであった。そこに村への関心の深まりが、同時にこれを含み込んだ地域への視野の広がりを必然化している事情があるといえるだろう。ところで村とこれをめぐる交流を見る場合、一つには物資の動きに注目することができる。またもう一つは、人の交流に着目する場合がある。前者は商品流通史的接近であり、後者は広義の交通史的接近が代表的なものといえる。もちろんこのほかに、地域の枠組みを問題にすることもある。地域の秩序形成を通じて問題を追究する方向である。これらは、それぞれに補いあって、村と地域の全体像を豊かに描き出す手掛かりとなっているのである。

ここでは、元治元年（一八六四）の天狗党蜂起にあたって常陸南部の一村落でおこなわれた旅人改めの分析を通じて、幕末維新期の村とこれをめぐる人びとの交流のなかに、地域像を探る試みをおこなった(1)。対象は、常陸国河内郡塗戸村で、村内には通称江戸崎・安波道と称される江戸崎・安波方面から龍ヶ崎を通って水戸街道へとつなぐ道が通過しているが、継場などがあった形跡はなく、ごくローカルな道であった。目立った交通量があるわけではないので、近世交通史の観点からみれば、ほとんど注目されることもなかったといってよい。しかし村と地域の交流という視点からは、むしろこうした場所での交通、流通といった問題が欠かせないものとなる。さまざまな目的で、村を通過してゆく旅人のもつ重層的な性格のなかに、幕末維新期の地域社会の様相をどのように読み取ることができるのか、考えてみたいというのが、本章の何よりの狙いである。

一　元治騒動と村

元治元年（一八六四）三月、常陸の筑波山では天狗党が挙兵して、元治騒動が始まった。天狗党はその後、日光に向かい、六月には再び筑波山に帰った。これにたいし幕府では周辺諸藩に警備を命じていたが、六月一四日に、直接討伐軍を派遣することが決まり、七月には日光街道の小山宿より結城に出て、下妻に結集して筑波山をめざした。天狗党は下妻の戦いで幕府軍を撃ち破るが、それ以上戦局を転換することはできなかった。水戸城が諸生派に占拠されると、七月末には筑波山を去って、那珂湊によってこれと闘うこととなった。しかしやがて幕府軍が態勢を立て直し、諸生派とともに九月一日から那珂湊を包囲攻撃した。一〇月二三日、那珂湊は陥落し、脱出した天狗党は、久慈郡大子村で陣容を整え、一一月一六日、京都の一橋慶喜に尊王攘夷の真情を訴えるため西上の途についた(2)。

こうした情勢のなかで、常陸の南部でも緊張が高まっていた。河内郡福田村には、天狗党の総裁の一人だった岩谷敬一郎が滞在し、周辺から軍用金を徴収したため、元治元年（一八六四）七月には柴崎・太田村の百姓が福田村の宿所を襲う事件がおきた。岩谷らはすでに、退去した後であったが、百姓は宿所の豪農の屋敷を焼討ちしたという。また同じ、七月、河内郡根本村に天狗党三名があらわれ、同村の百姓により討ち取られた。天狗党は、小川・玉造・潮来などの郷校を重要な拠点としており、岩谷は潮来館の幹事で、常陸の南部にはその影響を受けたものも少なくなかったと思われる。河内郡大徳村佐沼の名主武田治左衛門などもその呼び掛けに応じて、六月に筑波山に入り、行動をともにしている。大徳村では治左衛門の要請に応えて、組頭らが筑波山や土浦に出向いて、献金をおこなった(3)。

塗戸村周辺で、天狗党への取締りが強化されたのは、五月末頃からであった。関東取締出役の指示で、組合村では浮浪のものが押借りにきた場合、太鼓半鐘などを合図に駆けつけるようにふれている(4)。七月には、相馬郡川原代村など二七カ村組合では、龍ヶ崎町の仙台藩陣屋に諸浪人が金策などに横行し、放火などの危険もあるということから、非常のさいの藩士の出馬を要請した(5)。また同組合村では、議定を作成し、非常のさい一五〜六〇歳の男子全員が竹鑓・鳶口以下の得物や鳴物をもって出合い浮浪を召し捕らえ、手にあまれば打殺すこと、村むらは目印に白たすきと村名を記した提灯などを用意して合図次第に出張すること、高名のものには金五両、打殺しのものには金一〇両を出すことなどを決めている(6)。

九月になると、幕府軍は那珂湊攻撃と並行して、小川・玉造などの郷校を攻撃し、六日には潮来館を焼き払った。これにともない関東取締出役は、そのさい散乱した残党の取締りを村むらに命じた(7)。また九月二一日には那珂湊の攻防戦を踏まえて、山野の見廻り強化や夜の勤番を命じている(8)。これにたいし同日二七カ村組合では、七月の議定とともに一三カ条におよぶ議定を作成して、取締りにあたることとした(9)。このうちとくに新しい点は、村内の中心に火の見梯子を建て、半鐘を設置し、各家にも板木をつるして、非常のさいの合図の体制を整えたこと、村の出入口に木戸を設け、昼夜番人をおいて見張りをおこなうことにしたことなどであった。塗戸村の見張り役所と往来旅人改めの実施も、こうした動向のなかでおこなわれたのである。

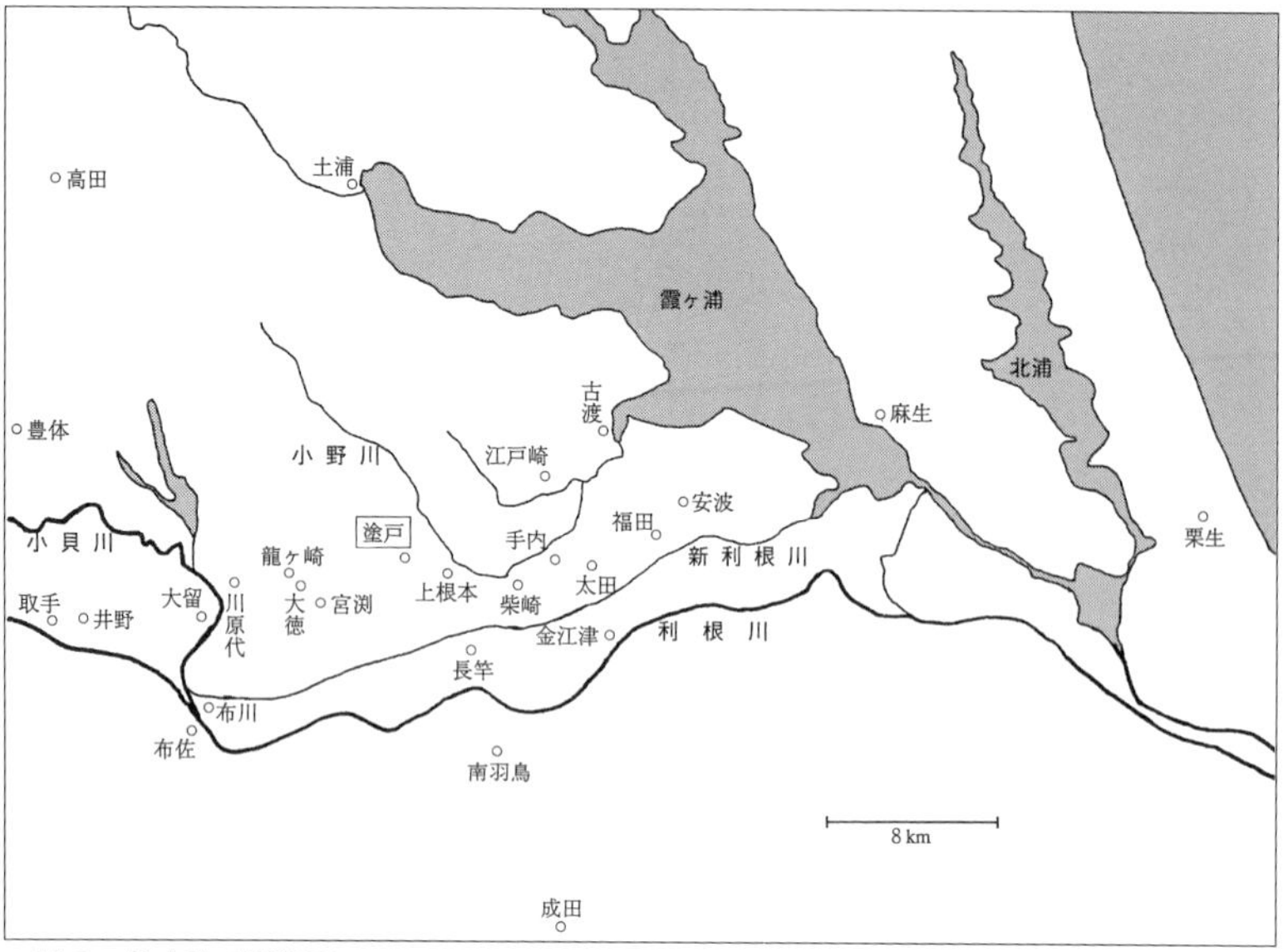

図５　旅人改め関係図

二　道と見張り役所

塗戸村は、利根川からつづく平野が台地に接するところに位置している。村は一部は台地にかかり、一部は平場におりている。村には、通称、江戸崎・安波道と称し、江戸崎・安波にいたる道が通っている。この道は西にゆくと、隣の半田村からいったん南におれて龍ヶ崎に入り、再び台地の縁へ戻って若柴宿で水戸街道に接続していた。また塗戸村周辺より、南に下り、利根川を渡って成田に向かう道もあった。いずれの道も、村の道にとどまるものではなく、地域をつなぐ道であった。とくに江戸崎・安波街道は、単に村と村をつなぐ往来という以上の意味をもっていた。その点では、公儀の道の性格もあり、公儀や領主が維持管理にかかわっていた部分もあったと見られる[10]。しかし宿駅や継立村が設定された事実は現在確認しがたく、また幕末期にかけて、何らかの商品流通の増大や政治的理由などで交通量が急増したということを示す兆候もない。この地域では、利根川などの河川交通が商品流通の中心で、いきおい旅人の通行も河川やその周辺を利用することになった。したがって、塗戸村をめぐる道と交通も、いたってローカルなものであったと見てよい。

塗戸村の見張り役所が設置された場所は、台地上の村はずれの場所で、江戸崎・安波道が村から出たところであったという[11]。見張り役所は元治元年（一八六四）の一〇月二日から設けられ、同月二六日まで活動していた。「見張人足控帳」によれば、毎日三名が、交代で番人として詰めており、延べ七八名が出役した[12]。また二四日中一九日は組頭が、三日は百姓代が三名のうちに含まれており、その指揮のもとに、見張りがおこなわれたことを示している。

見張り役所の経費は、金一朱と銭四貫三一五文掛かっている[13]。その最初の一〇月二日の項には、普請祝いとして御神酒が購入されており、木戸や番小屋など何らかの施設が普請されたことがわかる。また水油・ろうそく・とうしんなどが常時購入されており、夜番がおこなわれたことが明らかである。食品が購入されたのは、最初の二日だけであり、豆腐と醤油であった。普請祝いにかかわるものであろう。番人にたいする食事の支給などはなかったようである。万延二年（一八六二）関東取締出役は、関東一円に浪人取締りを実施したが、このさい塗戸村では、寺内村詰所より古渡村へ出ることを命じられ、くじ取りで七番に分けて出役することを定めている。また出役の小遣いとして金一分ずつが村から貸し渡された[14]。公儀出役としての保障がなされたのであるが、今回は負担にたいする反対給付は確認できない。村の防衛のための役儀としての性格が強く、交代で出役する反面、反対給付は予定されていないのであろう[15]。

旅人改めはほぼ一〇月いっぱい実施された。この結果、二六名が旅人として、改めの対象となった。塗戸村の隣村では、上根本村のもの一名が書き上げられているのみで、他はある程度、距離のある村のものが書き上げられている。したがって旅人改めは通行人のすべてを対象としたものではなく、近隣の顔見知りのものは、記録されなかったと見てよい。村にとって、見知らぬ人びとが通行した場合、これが旅人として把握されたのである（表3）。

三　改め旅人の性格

旅人と把握された人びとは、当然ながらさまざまな性格をもっており、一様ではない。しかしその重層した様相のなかに、当時の村とこれをとりまいている世界の交流を読み取ることができる。そうした観点をもちつつ、旅人について検討してみることにしよう。

まず一〇月七日の冒頭では、下総国相馬郡取手村と常陸国筑波郡ぶたい（豊鉢）村の名主とが、成田・安波参詣の旅に出て、塗戸村を通ったことが記されている。それぞれ独立した記載であるが、豊鉢村は取手の北のほど近い村なので、二名は連れだっての旅なのであろう。往路か帰路かは記載の上でははっきりしないが、取手から利根川を下り、適当な河岸からあがって、成田に参詣し、さらに安波村に向かった方が、利根川を下りで利用できるので、塗戸村にいたったのは帰路であったのではなかろうか[16]。安波村は常陸国河内郡の安波村で安場村とも書いた。同村には、アバ様として知られた大杉明神があった。大杉明神はもとは漁労・航海の神として周辺漁民の崇敬を集めていたが、やがて疱瘡など疫病除けの神として関東各地に信仰が広まった[17]。享保一二年（一七二七）江戸に大杉明神が飛来し狂乱状態になったといわれ、この頃には、流行神となるほどの信仰が江戸にも広まって

表３　元治元年（1864）10月の旅人

月日	住所	身分・職業	名前	行先他
10. 7	下総国相馬郡取手宿	名主	藤太郎	成田・安波参詣
同	常陸国筑波郡ぶたい村	名主	半平	同
同	江戸馬喰町３丁目	小間物渡世	久助	
同	下総国伊野村		喜兵衛	
10. 9	下総国相馬郡川原村	馬喰	平蔵	
10.13	江戸崎		平兵衛	
同	江戸浅草	飛脚	平蔵	
10.14	江戸横山町３丁目	小間物渡世	辻屋甚蔵	
10.15	下総国野田村番所新田	桐苗商人	２人	下通り
10.17	下総国千葉郡さぎ沼村		弥平治	
同		浪人	荒巻半兵衛	
			（妻子）	長竿泊より
		浪人	弥菅徳之進	同
10.18	常陸国筑波郡高田村		孫左衛門	
			利兵衛	
同	下総国相馬郡房村		作太郎	
同	上根本村		久左衛門	
10.19	相馬郡大留村		吉郎兵衛	上根本帰り
10.21	江戸崎根宿		徳兵衛倅	龍ヶ崎田町新兵衛へ通り
同	鹿島郡粟生村	百姓	表次郎	商ニ通り
同	伊勢白子	方屋	清兵衛	商ニ通り
同	朝惣行方郡	永栄兼羅蔵内	門井松五郎	江戸へ通り
同	下総国釜井津村	百姓	清兵衛	商ニ通り
同	下総国布川村		助三郎	
同	下総国埴生郡南羽鳥村	熊野権現神主	鈴木常陸介	同村宝蔵寺より帰り
10.26	下総国久保村	大六天別当	使僧	当村西光寺へ用向ニて通ル

〈出典〉元治元年10月１日「見張往来旅人改帳」（『龍ヶ崎市史』348号文書）

いたことが知られる(18)。神社記録によれば、享和三年（一八〇三）江戸の深川八幡から始まって関東一円におこなわれた巡行開帳にあたって、お供のものが大杉囃子と鹿島みろくを謡ったところ、これが江戸の評判となった(19)。これを契機に大杉囃子は近世後期に、熱狂的に広まり、若者組などがしばしば疫病除けを口実に囃子を興行したので、幕府の風俗統制の一環として禁止を受けたこともある。取手周辺でも、大杉講が代参講として広く組織されていたが、疫病除け・船神のほかに作神として信仰するものもあったという(20)。

また成田山新勝寺は不動明王

をまつり、近世後期に江戸や関東農村で信仰を集めたことでよく知られているが、安政六年（一八五九）には、多額の借財をしてまで、旧に倍する新本堂を造営したばかりであった[21]。

元治元年（一八六四）九月二一日、取手に近い相馬郡中島村以下二七カ村組合は、浪人取締りを議定しているが、このなかに、村人および村役人の他出を禁止し、所用で他出するさいは、村役人に届けることが定められている[22]。こうした緊張をよそに、名主たちの参詣の旅がおこなわれたのである。この参詣の旅の目的が、村の厄除けなどとかかわっていたか、判断できないが、名主たちにとって、世情の緊張のなかでも参詣の必要性と魅力が捨てがたいものであったことは明らかである。

同じ一〇月七日、江戸馬喰町三丁目の小間物渡世人久助が通行した。家主・名主の名前が記録されているところを見ると、店借人である。江戸の小間物渡世人は一四日にも塗戸村を通っている。江戸横山町三丁目の辻屋甚蔵とあり、家主・名主などは記載されていない。彼らは江戸を起点として、地域の小商人に小間物を卸したり、村むらに売り歩く、行商の旅をしていたのであろう[23]。江戸へ結ぶ旅という点では、一三日の浅草の飛脚平蔵の通行も、これに含めることができる。幕末期の旗本の賄い名主の勘定帳などには、江戸との連絡に飛脚が使われることが、ごく普通に見られた[24]。また二一日の門井松五郎も江戸へ向けての旅であった。「朝惣」は行方郡麻生村で、麻生藩新庄氏一万石の陣屋があった。「永栄兼羅蔵」なるものについては、はっきりしないが、嘉永期の同藩には森重流砲術指南として、永井謙蔵なるものがいることがわかっている[25]。この場合、「朝麻」など番人の書取能力に問題があるので、あるいはこのものの家来ということであろうか。いずれにせよ陣屋と江戸屋敷とをつなぐ旅と見られ、公儀へ収斂する旅であった。

いっぽう行商の旅という点では、一五日の下総国野田村番所新田の桐苗商人の通過がある。番所新田は、現在、番昌と書いている野田近郊の村落であった。野馬除けの番所があったためとも、草木の繁る辺土（番所）だったためこう称したともいわれる[26]。台地上の畑と山林の多い村落で、桐苗などを栽培して農間に行商に出たものであろう。二名とあるだけで名前も記されないところを見ると、よく廻ってくる商人で、あまり警戒されなかったのかもしれない。また「下通り」とあり、潮来か成田方面へ向けての旅の途中であった。

桐は宮崎安貞の『農業全書』でも、「器材の上品にして其成長早きゆへ、是を多くうゆれば其利益甚だ多し」と栽培を奨めているもので、屋敷廻りなどに植えよとされている[27]。また農家で女子が誕生すると、屋敷に苗を植えておき、その子の結婚のさい、これで箪笥を造るという伝承がよくいわれる。苗については、幕末の下総国香取郡の豪農宮負定雄の著わした『農業要集』では、「始めて植るにハ、苗木を植木屋に買て仕立べし」とあり、苗を植木屋から購入することが、すでに普通となっていたことがうかがわれる[28]。宮負の居村は、純農村地帯であるので、やはり植木屋が行商にきたのであろうか。

さらに遠隔地からの行商の旅として、二一日、伊勢白子の方屋清兵衛なるものが通過している。伊勢商人は、近世初期から江戸に進出して、江戸商人の原型となった。その多くは木綿問屋・呉服商から始まっているが、伊勢木綿の有力な産地の一つとして著名なのが白子であった。方屋は正しくは型屋である。染物のさい、模様を彫り抜いた型紙を布にあてて捺染する。この型紙を扱うものが型屋である。白子はこの型紙の代表的産地としても知られ、伊勢型紙または白子型紙と称している。型紙業者は紀州藩の保護のもとに型屋株仲間を結成し、販売地域を定めて、行商で型紙を売り歩いた[29]。龍ヶ崎周辺は、龍ヶ崎木綿の産地として木綿生産が盛んであったから、その需要をめざしての行商の旅であったのであろう[30]。

以上は、どちらかといえば地域の外の世界からあらわれた行商の旅といえる。いわば地域と外の世界をつなぐことが役割であった。これにたいし地域内的な行商の旅も当然想定できる。九日の相馬郡川原村の馬喰平蔵の通過などはその一例である。相馬郡には同名の村はなく、川原代村かとも考えられるが、確認できない。馬喰商売は、通常広い商圏をもっているが、馬の仕入れ以外は居村を中心に一定の範囲をめぐるもので、地域内的な営業であった。文久三年（一八六三）、常陸国河内郡下根村では、馬喰の寄合にあたって博奕がおこなわれたのではないかという嫌疑をかけた村役人と、その事実はないとする寄合の宿を勤めたものとが対立し、出入となった。この内済状では、この地域の農間馬喰渡世のものは、観音講を結んで、年一回、年番のもとに集まり、渡世向きのことを取り決めるのが例であったという(31)。相馬郡川原村は場所がはっきりしないが、馬喰渡世のものはこうした講などを組織して、商圏などを協定して、商売をしたものであろう。

地域内的な行商は、居村からあまり離れない範囲でおこなわれるから、多くは顔見知りで、旅人には数えられなかったと考えられる。このため例は多くないがこのほかに、二一日、常陸国鹿島郡粟生村の表次郎、下総国香取郡釜井津村の清兵衛について「商ニ通り」とある。釜井津村は金江津村のことと見られるから、塗戸村に比較的近い村で、行商とも考えられるが、商用で通過したという意味にもとることができる。金江津にしても、粟生にしても、利根川を利用せず陸路江戸へ向かうとすれば、この道を通るのが効率的であった。ただ金江津村は、常陸方面から成田へ向かう利根川の主要な渡場として知られており、はたして、陸路をとって江戸方面にゆくことがあったかどうか、検討の余地はあろう。

いっぽう一七日には、浪人が一家族と一名で通行している。前日は長竿村に泊まって、塗戸村にあらわれているので、成田方面から塗戸村をへて、水戸街道に出ようとしたものだろう。見張役所の設置の狙いからいって、もっとも警戒すべきものたちであったが、難なく通過している。浪人たちのなかには、村むらを廻って、合力を得、旅をして歩くものが多かった。これが関東の治安問題の一つになっているのであるが、浪人側ではそれが生活形態となっている面もあった。近世後期には、城下町や在町のなかには、遍歴職人を受け入れるのと同様な、浪人同士の扶助慣行が生じていたと見られる場合もある。下総古河では、文政期に城下の浪人たちが、遍歴してくる浪人を世話をするとして、下野や常陸の広範な農村から、世話料を徴収している例がある。(32) こうした例はめずらしいとしても、浪人がその身分的紐帯をもとに扶助しあう慣行を形成し、これを目当てに彼らの遍歴の旅があったことは容易に想像できる。

また二一日には下総国埴生郡南羽鳥村の熊野権現神主、二六日には同国久保村の大六天別当使僧が通過した。宝蔵寺は、塗戸村の寺院で、天台宗で熊野山至誠院と号したというから、熊野権現神主とは近い関係にあったのであろう。(33)『利根川図志』には、南羽鳥村に三熊野権現があることが記されているので、比較的知られたものであったようである。(34) 帰りとあるからには、二一日以前に宝蔵寺に入ったはずだが、このさいは改めにかかっていない。南羽鳥村は、塗戸村から半日ほどの距離なので長逗留することもないと思われるから、来村のときは、見張り役所にかからない道を通ったのであろうか。いっぽう久保村大六天については、下総国に久保村が見あたらず、所在が確認できない。

最後に、とくに用件を記していない、旅人が一〇名あげられる。このうち遠隔地なのは、常陸国筑波郡高田村の二名と下総国千葉郡鷺沼村の一名で、他は塗戸村に比較的近い村むらに住むものであった。近い村むらに住むものでは、一九日、下総国相馬郡大留村吉郎兵衛が上根本村よりの帰りに、二一日には江戸崎根宿の徳兵衛倅が龍ヶ崎田町の新兵衛方へ向かう途中に、それぞれ塗戸村を通過している。江戸崎根宿の徳兵衛倅の場合、在郷町と在郷町をつなぐ旅ということができるであろう。大留村吉郎兵衛の場合は、在郷町ではないが、地域内を結ぶ旅という点では、両者は共通している。下総国相馬郡の布川村や布佐（房）村のものの通行も、潮来方面との往来なら、利根川の船便が便利がよいのだから、おそらく塗戸村の先に所用があったものと思われ、地域内を結ぶ旅である可能性は高い。

改めにあらわれた、旅人と旅の性格に着目して、村とこれをとりまいている世界の交流を見た場合、大きく三層の世界と交流があったことが明らかとなろう。その一つは、村とその周辺で、日常的な生活圏と把握できるものである。改めにあたった村人にとっては、たとえその通行人が面識がなくとも、通行人が居村・家名などを名乗れば、おおよその了解ができる範囲で、彼らは旅人とは把握されなかったといえる。いっぽうこれをとりまいて、村人が日常の交流だけでは把握できない世界が広まっている。そこからあらわれた見知らぬ人びとが旅人として、とらえられるのであるが、それには二つの層がある。一つは村につづく周辺でローカルな地域を構成する部分であり、もう一つは、さらにその外側に広がる江戸などに代表される遠隔地である。

ローカルな地域がどの範囲であるかは、簡単には決めがたいが、江戸崎から龍ヶ崎、相馬郡大留村から上根本村への旅は、ローカルな地域内での旅ということができる。それは旅というには、ためらわれるほど近い距離で、日帰りは可能であるが、複雑な所用ならば、先方に泊まることも、めずらしくないという範囲のものであった。またもう少し範囲を広げると、取手宿と豊鉢村の名主たちがおこなった成田・安波参詣なども、地域的な信仰圏をめぐる旅であったといえるであろう。こうしたローカルな地域との交流が成長し、次第に緊密なものになってゆくことが、近世後期の地域社会の展開を示すのであるが、その交流の基礎にあるのは、当然ながら地域的な市場形成であった。

例えば相馬郡宮淵村の有力百姓は安政期より、京都の青蓮院の名目金貸付をおこなった(35)。その範囲は、新利根川を中心に、北は水戸街道、南は成田周辺におよぶ広範なものであった。この貸金の返済は、実態がはっきりしない面もあるが、月々の分割払いが多く、村むらを泊まり回って借用人から回収している記録がある。掛取りの旅がおこなわれたのである。また旅をともなわないであろう地域的市場として、干鰯の販売圏がある。[36] 龍ヶ崎町の干鰯商人は、ほぼ新利根川・小貝川・水戸街道・小野川の範囲で干鰯を販売している。購入にあたった百姓は、数俵を馬の背に付けるなどして、居村に運んだ。その直径ほどの距離が、大留村―上根本村、江戸崎―龍ヶ崎の距離となっている。

またその外側に、遠隔地の旅が広がっている。江戸の領主と村を結ぶ公儀へと収斂する旅、遠隔地からの行商の旅などがこれにあたる。遠隔地からの旅は、江戸の小間物商の行商などもあるが、伊勢の型紙商人など全国市場と結びつく旅もあった。また野田の桐苗商人のように江戸・全国市場という方向をたどるのではなく、関東地廻りをめぐる地域市場をめざしているものも見られた。幕末期にいたって江戸地廻り経済が、江戸と直結するだけでなく地方に広がってゆく動きが見られたが、これもその一つのあらわれかもしれない。とすればローカルな地域もその外側に、もう一つ大きな地域に囲まれていたのであり、ことがらは、もっと重層的であったことになる。こうした大きな地域世界はおそらく、『新編常陸国誌』や『利根川図志』のとらえた世界につらなるのであろう。

おわりに

色川三中は常陸土浦の人で、文政八年（一八二五）に家を継いでから傾いた家業を再興し、江戸でも知られた造醤油屋を営むかたわら国学を学んだ。その中心は田制・税制研究にあり、このため古文書を広く収集し、『香取文書纂』『続常陸遺文』『常総遺文』などを編集したが、中山信名の死後、その編著『新編常陸国誌』が未定稿となったのを惜しんで、修訂して完成させたことは、その大きな業績となった。色川三中は商人・学者として広い交流をもつ地域の結節者であるとともに、その関心は地域に根ざしたものであった。その地域への深い思いが『新編常陸国誌』の修訂という労多くして、名実ともなわない作業を完成させる力となったといえるであろう。(37)

その色川三中が死んだ安政二年（一八五五）、下総布川の人赤松宗旦が『利根川図志』の自序を書いている。実際に出版されたのは、同四年（一八五七）のことだったといわれる。赤松宗旦は、布川に住んだ医師で、布川を中心に中利根川から銚子にいたる利根川両岸の地誌を『利根川図志』として著した。赤松は中山や色川のような、正統的教養を積む機会には恵まれなかったようであるが、それがかえって生活者の目から見た生彩ある叙述を可能とした条件であった。(38)

常総を代表する二つの地誌は、こうしてそれぞれ生活環境も、知識のありようも異なった人びとにより完成された。そのことも興味深い問題ではあるが、いまは両者が在村型の地域の結節者として共通する位置にあったことをおさえておきたい。そして色川と赤松が地誌に立ち向かった根底には、幕末期の地域社会の胎動があったのである。

文久二年（一八六二）に赤松宗旦も世を去り、それから二年後、元治騒動が始まった。ささやかなものではあるが、塗戸村の旅人改めも、確かにこうした地域の胎動の一端を映し出しているといってよいのではなかろうか。

（1）　社会史の観点から、道と交通についてふれたものに、山口啓二「近世における公私の交通」（『日本の社会史』二、岩波書店、一九八七年）があり、近世の村人から見た交通のありようを広い視野から問題にして新しい視点を拓いている。また福田アジオ「道と境」（『日本村落史講座』三、景観二、雄山閣、一九九一年）は民俗学の立場から村の道を問題にし、村の道には村内を走るムラミチ（村道）、ノラに向かうサクバミチ（作場道）・ノラミチ（野良道）、ヤマへ向かうヤマミチ（山道）、村と村をつなぐオウカン（往還）などがあったと整理している。また交通史の観点から、山本光正は中小脇往還と継立場の研究の重要性を指摘し、関東各地のなかの小脇往還の実態を検討している（本章の対象地域に比較的近い地域のものでは、同「近世における房総の交通について」上、千葉県史編さん室編『千葉県の歴史』一一号、一九七六年がある）。また同「近世及び近現代における道標の成立と展開」（『国立歴史民俗博物館研究報告』三二集、一九九一年）は、近世後期より増加する道標の展開を歴史学から問題にしている。道標にあらわれる交流圏を探ることから、地域に迫る可能性も拓かれつつあるといえるだろう。道と地域については、本章では、十分検討することができなかったが、多くの示唆を得たことを述べておきたい。いっぽう幕末維新期の関東の見張番所と民衆の交流については、渡辺和敏「幕末における江戸周辺の関門」（法政大学大学院日本史学『法政史論』三号、一九七六年、後に同『東海道交通施設と幕藩制社会』岩田書院、二〇〇五年所収）が代表的な仕事となっている。ここでは江戸周辺の関門と見張り番所について実態を明らかにし、関門や番所設置による民衆生活とのかかわりにまで踏み込んだ検討がおこなわれている。本章とのかかわる範囲でのみ、その要点にふれておくと、江戸周辺の関門・見張り番所は、まず開港とのかかわりで安政六年（一八五九）横浜とその周辺に設けられ、つづいて文久三年（一八六三）江戸周辺に設置された。いずれも幕末の政情不安にともなう治安維持対策であった。また横浜周辺の関門では、小普請の旗本や同心が警備にあたり、見張り番所は組合村の経営にまかされたが、専門の番人をおくことを命じており、公儀の関門の性格が強かった。このため出入りの管理は厳しく、江戸の関門では周辺の村方と江戸との生活交流が絶たれることになった。魚類青物売りなどで江戸へ出向くものに備えて村役人に手形を発行したが、最初は世田谷の幕領一五カ村で八五枚にすぎず、村役人から借りて使用するというありさまで、手形枚数の増量をもとめる訴願運動がおこされ次第に手形発行が増加した。この結果、世田谷の太子堂村では、家数六二軒に村役人・江戸との商取引をしている農間渡世のものを中心に七九枚が交付されたという。またこの体制は、豪農の協力のもと世直し状況にたいする治安維持機能も果たしたとされる。
(2) 茨城県史編集委員会編『茨城県史』近世（茨城県、一九八五年）一一章二節「天狗・諸生の争乱」参照。
(3) 宮本亀次郎編『武田治左衛門伝』（私家版、一九三四年）。武田治右衛門は天狗党の呼び掛けに応じて、筑波山にのぼり、敦賀まで行動をともにして同地で斬首された。同伝の伝記部分は天狗党の動向を追うだけにすぎないが、伝記の後に騒動を体験した古老やその子へ伝えられた回顧談を集めている部分が、いまでは得がたい情報を伝えており貴重である。福田村一件は内田三吉翁談、根本村一件は浅野四郎君書簡、武田治左衛門の活動については石川仙太郎翁談による。なお天狗党の軍用金調達については、高木俊輔「水戸藩尊攘運動の資金問題」（茨城県史編集委員会編『茨城県史研究』四五号、一九八〇年）が全体的な展望をあたえているが、龍ヶ崎周辺についてはふれられていない。
(4) 龍ヶ崎市史編さん委員会編『龍ヶ崎市史』近世史料編二（龍ヶ崎市教育委員会、一九九四年）五一〇～五一一頁。以下、史料編と略称することとする。
(5) 史料編、五一二頁。
(6) 史料編、五一二～五一三頁。
(7) 史料編、五一一頁。
(8) 史料編、五一一頁。
(9) 史料編、五一三～五一五頁。
(10) 福田アジオ「道と境」（前掲）の道の規定。また山口啓二「近世における公私の交通」（前掲）は、公儀が軍事・行政上の目的で整備した道を公儀の道と位置づけている。
(11) 龍ヶ崎市史編纂室、渡辺公雄氏の御教授による。
(12) 上塗戸東坪文書。
(13) 上塗戸東坪文書。
(14) 史料編、五〇八～五一〇頁。

(15)　見張り番所の性格について注(1)の渡辺和敏の明らかにした江戸周辺の番所との相違を見ると、塗戸村の見張り番所は江戸周辺の見張り番所が公儀の番所としての性格が強かったのにたいし、村民が交代で村役として無報酬で勤めたこと、また対象は旅人であり周辺の村むらの日常的生活上の通行が含まれなかったらしいことなど、村の番所としての性格があらわれている。また世直し状況にたいする防衛体制という性格も希薄で、村の防衛という点に終始したようである。幕末維新期の見張り番所には、公儀が組織する階級的性格の強い強圧的な生活切断型のものと、その指示によりながらも、村の防衛に終始する旅人改め型のものとの二層があり、両者が組み合わされて全体を構成していると見るべきではなかろうか。

(16)　河野通博「利根川の水運」(『現代地理講座』五、河出書房、一九五六年)。一般に川の遡航は困難で、また水量の減少する冬期の運賃が高かった。利根川では、遡航にあたって鬼怒川の流入点が通称ガマンといわれる難所であった。取手はこの地点より下流にあるが、小貝川の流入点より上流で、状況は同様なものがあったであろう。また利根川では四〜九月が夏川で一〇〜三月が渇水期の冬川となっていた。

(17)　野口武徳「あんば様」(『日本大百科全書』一、小学館、一九八四年)九三三頁。

(18)　宮田登「流行神」(『平凡社大百科事典』一二、平凡社、一九八五年)三五頁。

(19)　桜川村史編さん委員会編『桜川村史考』六号(桜川村教育委員会、一九八六年)二〇三〜二〇五頁。

(20)　取手の大杉講については、取手市史編さん委員会編『取手市史』民俗編Ⅱ(取手市役所庶務課、一九八五年)一三一〜一三二頁。

(21)　川戸彰「新勝寺」(『国史大辞典』七、吉川弘文館、一九八六年)八五一〜八五二頁。

(22)　史料編、五一三〜五一五頁。

(23)　塚本学『小さな歴史と大きな歴史』(吉川弘文館、一九九三年)二―一「小間物屋の文化」参照。

(24)　例えば川原代村の旗本土屋氏についてみると、勘定帳にしばしば江戸よりの飛脚への支払いの記事がある(文部省史料館所管、木村家文書)。また史料編、三四〇号文書(五〇五頁)は、嘉永六年(一八五三)に旗本江原氏が非常人足の動員体制を定めたものであるが、なかに緊急のさいは江原氏よりの「飛脚ヲ不待」に人足を出すように定めており、通常は江戸の旗本から領地に飛脚で指示が送られた様子がうかがえる。

(25) 植田敏雄「麻生藩」（藤野保他編『藩史大辞典』二、関東編、雄山閣、二〇〇二年）一一四頁。
(26) 『日本地名大辞典』一二（角川書店、一九八四年）七〇二頁。
(27) 宮崎安貞『農業全書』（岩波書店、一九三六年）二九四～二九六頁。
(28) 宮負定雄『農業要集』（『日本農書全集』三、農山漁村文化協会、一九七九年）四九頁。
(29) 児玉幸多編『産業史』二（体系日本史叢書一一、山川出版社、一九六五年）二八五頁。
(30) 茨城県史編さん市町村史部会編『茨城県史』市町村編三（茨城県、一九八一年）一〇三～一〇四頁。
(31) 拙稿「幕末期関東における農馬販売についての覚書」（龍ヶ崎市史編さん委員会編『龍ヶ崎市史研究』七号、龍ヶ崎市、一九九三年、後に同『江戸地廻り経済と地域市場』吉川弘文館、二〇〇一年所収）。
(32) 小山市史編さん委員会編『小山市史』通史編二、近世（小山市、一九八六年）五五三～五五四頁。
(33) 『新編常陸国誌』（宮崎報恩会版、崙書房、一九七六年）一九九頁。
(34) 赤松宗旦『利根川図志』（岩波書店、一九三八年）二八九頁。
(35) 拙稿「幕末期関東における農村金融の展開」（龍ヶ崎市史編さん委員会編『龍ヶ崎市史研究』六号、龍ヶ崎市、一九九二年、後に同『江戸地廻り経済と地域市場』前掲、所収）。掛取りについては龍ヶ崎市宮淵、塚本太一郎家文書。
(36) 近藤正人他「幕末期の干鰯販売について」（金沢経済大学・白川部ゼミナール・研究室編『社会・経済史論集』二号、一九九四年）。
(37) 中井信彦『色川三中の研究』伝記篇（塙書房、一九八八年）。
(38) 川名登「『利根川図志』の販売と購読者層」（『商経論集』一八号、千葉経済短期大学、一九八五年）。

第八章　幕末維新期の村方騒動と「小賢しき」者

はじめに

幕末維新期の民衆運動が「小ざかしく口きく」者・「世間師」・「公事師」などと呼ばれるすぐれて個性的な代弁者をもったことは周知のことである。なかでも、三浦命助や菅野八郎などはその独自な思想を展開したものとして知られている[1]。

本章では常陸西部や下野南部の幕末維新期の村方騒動にあらわれる「事好之者」・「小賢しき者」・「有志」などといわれるものの活動を紹介したい。

常陸西部は小藩や旗本領の入り組んだ地域で、このためかあまり大きな農民闘争は認められない。しかし天保期以降、村方騒動は急速に増加し、なかには連年といってよいほど騒動の頻発する村があらわれるようになる。その内容も世直し騒動的性格を示すものが多いが、全体としては広範な打ちこわしへの展望をもち得ないまま激しい村内政争に終始した[2]。それだけに「小賢しき」者たちの活動や村でのあり方がより鮮明にあらわれているともいえる。

いっぽう下野南部も領主関係はほぼ同様であるが、日光街道が通過しており、この点で宿駅やその周辺には、小作・日雇いなどで生計を維持するものが滞留することもあった。常陸西部の農村部よりは、社会変動の激しい地域であり、慶応四年（一八六八）には世直し騒動もおきていた。[3] 二つの地域の違いも考えながら、検討をおこないたい。

一　常陸西部の「小賢しき」者の展開

まず、「小賢しき」者の展開について概観したい。

①行方郡島崎村　まず常陸南部の水戸藩領の例をあげておこう。[4] 行方郡島崎村では天保八年（一八三七）、前年の飢饉にさいして、村役人の夫食米割り当てが過少であったことから村方騒動をおこしたものがいた。村役人側はこれにたいし「島崎村百姓孫兵衛・赤須村百姓源之丞直訴いたし候一件、最初は孫兵衛と申者、小賢き者ニて公事出入通ニて、凶荒ニて人気引立候を幸ひニ同志之者をかたらへ」て騒動におよんだと「小賢き者」の策動を認めている。

②筑波郡上大島村　上大島村では嘉永五年（一八五二）、名主の用水運用の不正より村方騒動がおこり、名主が罷免された。[5] その後、罷免された名主や残った組頭などにたいし、高持百姓より村入用割合などの不正について訴訟があり、嘉永七年（一八五四）までつづいた。[6] この訴訟は、同年四月に元名主側が割合過分を返済することで内済し、小前惣代となった六名のうち三名が組頭・組頭手伝・山守などに就任することとなった。こうして村内は再び安定するかに見えたが、今度は「事好之者」が混乱に乗じて活動したため、名主役選出が行き詰まってしまっている。

元名主の村入用割合不正などを出訴したさいの小前惣代によれば、事態は「事好之者共者組頭計之取計ニては、心々之了（銘々之了）箇ニて、往々混雑出来可申儀ヲ見計ひ、当時之処品能申成［　］無心小前ヲ盲（謀）言ヲ以、名主役無之方村為ニ相成候等、申紛候者共有之候故、評義区々（にて）一決不仕」（括弧内は抹消部分以下同）というものであった(7)。組頭・高持百姓の名主役選出・事態収拾への動きにたいし、「名主役無之方村為ニ相成候」などと小前を扇動するものがあり、しかも小前が同調するようになったことは注目される。もちろん「事好之者」たちは村役人制一般を否定する意図があって、このような主張をしたのではないであろう。それは名主役選出をめぐる特定の状況のなかで、ごく漠然として発言されたにすぎない。しかしともかく、こうした主張がなされ、それに小前農民の一部が同調したこと自体、従来の村方騒動には決して見られなかったことであった。

ここで「事好之者」とされたのは庄助・又右衛門・清兵衛の三名である。

庄助は嘉永七年（一八五四）四月までは組頭役を勤めており、先述した元名主の村入用割など不正一件では元名主とともに訴えられている。組頭・高持百姓側の主張では、このさいの「宿意（私遺）」のため村内小前を煽動しているのだとされている。文久二年（一八六二）には組頭に復帰した。いっぽう又右衛門は、「百姓とは乍申（平生瀬戸物焼継渡世幷赤漬売之小商人）ニて百姓出情之人体ニは無之」ものであった。同一史料の最後に書き込まれた「平生瀬戸物焼継幷赤漬売辻［　］町［　］香具［　］之者ニて」も同人の説明だとすると、百姓というより香具師に近いものだったらしい。彼が騒動に加担したのは、庄助・清兵衛が「馴合」って「出情（人）等与申立御褒美頂戴」（括弧内は書込み部分）してやったため、その恩義からだとされている。また、清兵衛についてみると「至て事好之者故」に今回の越訴になったのだと指摘した。組頭・高持百姓によれば、庄助・又右衛門は「宿意」や「馴合」から、清兵衛はその「事好」の性格から、さして理由もないのに騒動におよんでいるのだというのであろう。それでは清兵衛の「事好」の性格とは具体的にどのようなものであったのだろうか。彼の動向について見てみよう。

清兵衛の最初の活動は、嘉永四年（一八五一）正月の陣屋役再勤運動に認められる。[8] この運動は同じ旗本井上氏領の新治郡片野村の有力地主が陣屋役を罷免されたのにたいして、その再任を願ったもので、領内の地主・村役人層相互の主導権争いが表面化したものらしい。訴願運動は片野村の小前農民を中心としたが、これに同領の国松村や上大島村の小前の一部が参加した。清兵衛らは、村役人に無断で百姓惣代としてこれに参加し咎められている。化政・天保期に井上領では、家政改革をめぐって村役人の越訴が頻発し、その相互に主導権争いもおきた。村役人層は自己の主張を貫徹するため、小前の連印を取り付け訴訟に動員していった。[9] ところが、嘉永期になると、今度は小前農民が村役人層の意図を越えて越訴をおこなうようになった。清兵衛らの行動もこうした一環と理解できる。つづいて嘉永五年（一八五二）になると、清兵衛は上大島村名主平右衛門の用水運用などの不法を訴えた訴訟の百姓惣代となった。この一件で平右衛門は名主役を罷免され、翌六年（一八五三）、高持百姓の一部がさらに平右衛門の不正追及をおこなった。これにたいし、清兵衛はこの訴訟に加わらず、嘉永七年（一八五四）七月、組頭を相手取り「勘定合之儀」について出訴し、聞き届けられないと見ると、小前六〇名惣代として江戸の地頭役所へ出訴し、名主役選出について入札を要求するなどの行動をとった。これについての返答書の案文が先述した「事好之者」の記載のある史料である。だが、結局この嘉永七年（一八五四）の名主役選出などをめぐる対立は、いったん罷免された平右衛門が名主役へ復活することで決着がつけられた。清兵衛ら「事好之者」の台頭に騒動収拾の道を失った組頭・高持百姓が平右衛門との妥協を計ったためであろう。安政六年（一八五九）清兵衛は、百姓代の一人として再び村役人の村入用や年貢引分の不正を訴えた。[10] これは両者の間に取り扱いがあり一応の成果があったが、これらの活動のため清兵衛と村役人は次第に鋭く対立するようになっていった。

文久元年（一八六一）、清兵衛は自己の質地請戻し出入で、名主平右衛門と争った。ところが、折からおこなわれた斉藤伊豆守屋敷への名主罷免を要求した張訴の主謀者と疑われて、逮捕され手強い拷問を受け、このことを翌年正月、本家井上河内守へ越訴している。張訴の嫌疑によって彼が逮捕されたとき、押収された書類は「佐倉記一冊、普請材木積り帳一冊、并ニ去ル寅年異国船人足出府之砌り御行烈帳一冊、其外反古五枚」であった。[11]

以上が現在知り得る清兵衛の活動である。確かに史料で見るごとく清兵衛は村役人の権威を恐れず、ことあるごとに彼らと激しく渡り合うような「事好之」人物だったといえよう。ここで彼をささえているのは「佐倉記」などを読み、自己を小前惣代として村役人と対決させ得る、その自覚にあったと思われる。それが「名主役無之方村為ニ相成」などという主張となり、陣屋役再勤運動などの政争的要素の強い運動への参加ともなってあらわれたと見られる。

③筑波郡国松村　上大島村の隣村で同領の国松村では、文久三年（一八六三）、勧農役と対立するものがあらわれた。[12]彼は元治元年（一八六四）一二月には「綿打渡世為差留差支、諸突合被相除」たことを遺恨として、勧農役を打擲して出奔するという事件を引き起こした。この百姓栄助は安政三年（一八五六）七月に、上大島村地内で博奕をして関東取締出役に逮捕されるようなものであった。「当人義ハ常々農業相励農間伐木渡世罷在至て出精仕候、乍去骨折候節は少々酒給候儀御座候故、酒狂之上ニて博奕之場所え携り候」といわれるごとく、綿打のほかに農間伐木渡世など小営業にたずさわり、多少無軌道なところがあった。ただ農間伐木渡世といっても、嘉永五年（一八五二）三月に領主井上氏の地頭林を払い下げられ、代金の一部四〇両の借用を認められるほどのものので、貧窮農民が木挽を兼業するといったていのものではなかったといえる。[13]嘉永三年（一八五〇）、井上領では特別の由緒もなく新規の親分・子分契約を結ぶことを禁じる触を出しているが、[14]栄助らはこうした小親方の一人

であったかもしれない。先述した上大島村清兵衛も「普請材木積り帳」を所持していたというから、栄助と同様な小営業者的性格がうかがえる。また、清兵衛が上大島村名主の不正を訴えた訴状のなかには、栄助が大島地内で払い下げられた材木を名主が押領したという一項があり、二人の間に何らかの関係があったようにも見られる。

いっぽう、栄助に打擲された勧農役についてみると、文久元年（一八六一）に陣屋足軽とともに、清兵衛を逮捕した当人であることがわかる。彼は近世中期より台頭した地主＝高利貸しであった。井上氏は天保期以後、旧来の名主に替ってこのような農民を勧農役として登用して治安維持・商品流通への統制を図ったのである。

④新治郡佐村　佐村では安政二年頃から村方騒動がおき、不安定な状況がつづいていたが、慶応元年（一八六五）二月、村役人の取り扱いに不安をもった百姓周吉が自己の所持地の小拾帳作成をもとめて越訴したことから騒動は本格化した[15]。これを契機に佐村全村の田畑取調が実施され、明治元年（一八六八）まで田畑入狂をめぐる騒動がつづくこととなったのである。佐村では寛文三年（一六六三）より二〇〇年来、小拾帳改めがなく各百姓は自己の所持地を明確に把握することができなくなっており、所持高と実際の耕地が対照できなくなっていた。しかも農村荒廃期に「頼納」「半頼納」形態の質地移動もあり、所持高と実地の乖離は下層農民にそのしわよせが多く押しつけられる傾向が強かった。このため土地はないのに高だけもって、その分の年貢・夫役を負担していたものと、村役人など村落上層の土地をもって高をもたないため年貢・夫役の負担がなかったものに分かれた。また村落上層は、潰百姓の土地を預けられており、この夫役負担が免除されたので、有利に経営することができた。このため高と実地の照合と是正が問題となり、小前層は田畑取調と無年貢地の返還をもとめることになった。このため村方騒動がつづき、慶応三年（一八六七）一二月には小前農民の強借事件、関東取締出役の手入となり、翌四年（一八六八）四月には名主宅の打ちこわしにまで発展したのである。水戸藩が天保検地で領主的に上から

の解決をあたえた課題が、ここでは小旗本領であったため幕末までもちこされ、農民側から要求されたといってよい。

騒動の経過は省略するが、この騒動のなかでは、百姓仲間として行動するもののほかに、周吉・仙右衛門という二人の「我意申募」ものが、局面を切り開いていることが注目される。仙右衛門は持高八石余で「私丹誠ヲ以追々田畑等取添村方応意之者へ時貸等口入迄ニて少々用達遣し候」という利貸的側面をもった農民であったが、質地集積は四反五畝にすぎず地主的利害は薄かった。安政二年（一八五五）には名主へたいするわずか八両の貸金が回収できず「外貸方も相響丹誠身上向取立、金主貸渡候も空敷損失及難渋仕候」と越訴した。また地頭林を名主の制止も聞かず自己の所持地として仲間を集めて強引に伐木するようなものでもあった。

いっぽう周吉は、持高一〇石余で天保一四年（一八四三）に潰式再興の形式で組頭清右衛門家より分家した農民であった。幕末期には養子縁組の仲人なども務めており、分家後の経営努力によって村内でもそれなりの地位を認められるようになっていたらしい。彼は潰式再興に成功しただけに、自己の所持地の確定に強い関心をもたざるを得なかった。このため慶応元年（一八六五）に越訴をおこない田畑取調一件の発端となっている。また越訴後、取調終了までその費用の支払いを拒んで一〇〇日間も土牢に入れられ、出牢後、慶応二年（一八六六）には老中駕籠訴をおこなうような強情な、そして前述の「小賢しき」者であったといえる。

彼らは常に騒動の発端をなす行動をとった。例えば仙右衛門の安政二年（一八五五）の越訴は「村内取縺」の最初の事件であったし、翌年の名主不帰依事件につながっている。また周吉の慶応元年（一八六五）の越訴についてはすでに述べた通りである。だが彼らの行動は騒動を引き起こすものではあったが、それ自体騒動を指導したわけではなかった。

まず安政三年（一八五六）名主不帰依事件についてみると、安政三年（一八五六）に名主不帰依を申し立てたのは一五名であった。このうち、取調にあたって同領上田中村の名主に厳しく叱責され治右衛門ら一三名が調定を受けたが、周吉・仙右衛門は「潰候ても無拠趣」とこれを最後まで拒否した。ところがこの直後、治右衛門らを中心としたグループが江戸の旗本堀氏屋敷に門訴を敢行している。その後、周吉・仙右衛門の動きと関係なく騒動の主導権は治右衛門らのグループに引き継がれていったのである。こうした周吉・仙右衛門と治右衛門らの断絶をもっとも明確に示すのは慶応二年（一八六六）二月末より三月初旬の江戸での越訴運動についてであろう。慶応二年（一八六六）二月末に、治右衛門・平右衛門が小前惣代として田畑取調を要求して領主堀氏への越訴のため江戸へ出府するが、この間、まったく同時に周吉の単独越訴がおこなわれている。周吉の行動は初め村役人側が治右衛門らの越訴に注意を向けていたため察知されなかった。村役人側で気づいたときはすでに領主堀氏の縁類三カ所へ越訴し、村役人の説得をふり切って三月三日には、ついに老中駕籠訴におよんだ。ところが、こうして同じ問題で同時期に両者が江戸で越訴運動を展開したのにもかかわらず、その間にまったく連絡のあった形跡は認められないのである。そのことは周吉の老中駕籠訴状が、村内の田畑取調の現状にほとんど言及することなしに、自己の経営の存続という観点からのみ取調の推進を主張している事実からも推察できる。老中駕籠訴状で周吉は村役人が「逸々取調候ては自然自分押領筋露顕いたし候」ため取調をサボタージュしていると激しい憤懣を述べてはいるが、それは結局、「私義迄及老衰倅え身上譲りニも往々無心許」という個人的事情に解消されており、したがって「私所持地字反畝歩等村役人方々おへて取調相渡」されれば、村内全体の取調が進行中でも解消してしまう性質のものだったといえる。

村方騒動の方は、治右衛門という新興の質地地主が中心となり、田畑取調の結果、無年貢地は返還せずに、地代金とそれまでの年貢未進の趣意金を村方へ出させて、配分することで決着した。旧来の名主は退役させられたが、土地の取り戻しはならなかった。

⑤筑波郡上作谷村　上作谷村では慶応三年（一八六七）一〇月、手踊り興行がおこなわれ、関東取締出役の手入を受けた[16]。この手踊り興行を計画したのは、洞下村借屋平十郎で作谷村の隣村寺具村琴平神社の再建助成を名目としていた。逮捕された平十郎は、上作谷村百姓半五を仲介として、村役人より許可をとって興行したと主張したが、村役人側では「半五ハ無宿ニて何方よりも興行之始末承り候義曽て無御座候」と答えている。村役人側はこの一件へのかかわりを避けたのであろうが、この興行が借屋―無宿人の手で計画されたことは注目できよう。この興行は、取調が終了したものの手入より一四日しかたっていない一〇月二六日には、再び村役人側が興行用地を内聞で一日限り貸与することで実行されたらしい。周辺農村の興行への期待もあったであろうが、取締役の手入にも屈せず、上作谷村役人を押し切って興行再開に踏み切らせる、平十郎の強引な手腕には何か小親分的性格を想像させる。

⑥筑波郡上菅間村　明治二年（一八六九）、村方の入札で組頭彦兵衛が選出された。これをめぐって本家で名主だったものがその不当を訴えて村方騒動になった[17]。上菅間村は三つの坪に分かれており、その間の争いが背景にあったようである。訴えたものは、名主の住んでいた洞下上組二八名の小前で、これに本村惣代二名と願人惣代として二名が加わっていた。これにたいして組頭彦兵衛側が反論している。彦兵衛は、自分は組頭になるために、小前を扇動して入札をさせた事実はない。また無禄同前というが、持高一〇石余の百姓である。名主に白紙同然の引き継ぎ帳面しか渡さなかったというが、前名主立会いで、きちんと渡している。訴えた名主は本家で、自分より入札が少なかったので、嫉妬している。自分はそれでも名主になれるように斡旋したが、役人になって権威

を振るいたがって、難題を申し掛けている。本郷の惣代二名が加わったが、ほかの百姓に聞いたところ本郷では彼らを惣代に頼んだことはないといっているので確かめてほしい、などと答えた。

さらに全体の小前惣代となった善左衛門については、本人は盲人で惣代に出るような人物ではない。実際は、弟の三平という人物がこれになりかわっていると主張した。この三平は身持ちがよくなく、長々と「東京表ニ出居屋敷奉公致し罷在候」もので、七、八年前に親から勘当されたものであった。昨年の夏に村に帰って兄の厄介人になっており、五月から若森県へ出て郷宿に詰めていたが、九月に惣代となったという。また小前惣代となった五兵衛は、高五斗壱升の小作人で年貢上納にも差し支えるものであった。さらに五兵衛と本村惣代の庄吉・嘉兵衛の三人は、維新になって組頭役を退役させられたもので、それを心外に思って、村方を騒がせている。「兎角惣代等を相好、農業不情ニて以之外之」もので、小前の身分で羽織を着用して役所を憚らず出るような人物だと非難している。

また連名の署名についても、一人は今年九月に死亡したもので、庄作の偽印である。五左衛門は正月に家内残らず出奔した人物で長作の偽印、惣次は難病を患って諸国遍路に出ていて不在、式部は神職であり、小前には入らない。このほかに小前の名前が変わっているものも多数いると主張した。訴えた側にかなりの作為的な一統の構成があったことがわかる。

⑦結城郡水口新田　明治三年（一八七〇）、同村では開発地主にたいし、直百姓化を要求する新田小作人へ「何れ之ものニ有之哉、私新田地え罷越、彼是品能義ヲ申惑し入百姓共志望相遂候上は、格別之謝金差出候筈約束取極メ」るものがいるという風聞がたった[18]。開発地主側ではこれを新田小作人が「何れも本村安住も不相成、兎角出稼同様之もの」のため「欲心ニのみ迷」うのだとしている。ここでは明治二年（一八六九）にも本村水口村の

住僧が「行状不宜」、新田小作人へ種々「申惑」そうとして追放されているので、新田小作人が何ものかに謝金の約束をして訴訟依頼をしたという風聞はある程度事実を含んでいたのかもしれない。また、「行状不宜」僧が訴訟を代行したりすることはよく見られたらしい。[19] こうしたものは、もはや公事師に近いと見るべきだろうが、それが明治初年には平凡な農村部にも広範に輩出していることには注目してもよい。

⑧筑波郡百家村　いったん、村落を出奔したものが帰村して村方騒動を指導した例に明治二〜六年（一八六七〜一八七三）の筑波郡百家村の場合がある。[20] この頭取七郎は示談に長じ、よく「口きき」をおこなった。しかし、文字は書けず問屋四郎右衛門というものが代筆をして二人で活躍したといわれている。こうしたものを同村では「有志」と称していたらしい。また七郎は、村内観音寺例祭の花火竜星の名人で部落の顔役だったとも回想されている。

⑨新治郡上田中村　明治五年（一八七二）に上田中村は、下田中村と合併し、大・小区制のもとで戸長・副戸長制を実施することになった。このさい両村は大村であったため、副戸長二名の増員が認められたが、これに選出されなかった元名主らが二名の農民を惣代とし再人選要求と戸長などの年貢割不正を出訴させ村方騒動となった。[21] 二名のうち、いっぽうは「去ル子年より家出致明治元辰年腹籍、旧若森県ニて徒罪裁判役被仰付、勤役中去ル午年之義不正之義有之免職」されたものであった。このものは上田中村組頭仙右衛門の伜久五郎で、元治元年（一八六四）の天狗党の筑波山挙兵に参加しようとして、両親に呼び戻され出奔したもので、若森県政に関係し行政・裁判に詳しかったことが惣代として推された理由であろう。この頃から裁判手続の整備が進んだらしく、惣代にたいする依頼状なども土浦町の代書屋に作成させている。こうしたことが彼のような、訴訟手続に詳しいものを惣代とする必要となったと思われる。さて惣代のもういっぽうは米蔵という農民で「無高同様の隠

居」であった。元名主武左衛門の借屋で同人が戸長・副戸長の選にもれたことから依頼されて惣代となった。村内小前には信望のある存在であったらしい。安政二年（一八五五）に三反三畝六歩の耕地をもち、同五年（一八五八）の五人組帳にも記載があるから、幕末期には一応一軒前の百姓であった。米蔵はこの頃から武左衛門家に奉公人として出入りしていたが、なお主家とは独自な行動をとっている。弘化二年（一八四五）には小作人一三名惣代として土浦領泉村の地主の横暴な小作料取り立てを訴え[22]、嘉永六年（一八五三）には小前の村役人に無断の集会へ参加し咎められた。安政二年（一八五五）におきた村方騒動では主家武左衛門の反対派の名主側に調印し、また同五年には若者組不心得一件の取り扱いなどをおこなったりしている。しかし慶応三年（一八六七）には、ついに借財返済に行き詰り、彼の越訴等による抵抗にかかわらず家財処分を受け、武左衛門の地主経営のなかに借屋・作奉公として直接に隷属させられた。米蔵が戸長・副戸長増員問題で惣代となるまでの経過は、以上のようであったが、武左衛門にとっては、過去の彼の村内での信望は自己の代弁者として得がたいものであったろう。ここには地主経営のもとに屈服させられた「小賢しき」者の姿が認められる。

二　下野南部の「小賢しき」者の展開

下野南部でも幕末維新期になると、村方騒動が増加し、なかには収拾がつかず長期にわたって継続する場合が多くなる。このなかで小賢しき者が活躍することも見られた[23]。その事例を検討しよう。

⑩都賀郡雨ケ谷村　弘化三年（一八四六）同村旗本本多氏領の小前百姓が、ある兄弟の百姓の処分を願い出た。この百姓は、「少事ヲ郷情ニ申募、組内百姓押かすめ難渋申懸」と少しのことを強情に言い張って村を混乱させ

たというのである。小前側は、その紛争を一いちあげている。なかにはその兄のものもあるが、それを箇条書き風に示すとつぎのようであった。


天保一二年（一八四一）（弟）寺の什物を勝手に質入れした。

天保一三年（一八四二）（兄）神鳥谷村百姓と借金で紛糾。

弘化元年（一八四四）（弟）風祭のとき、百姓の倅の失敗を問題とし、若者を扇動して騒がせ、入用金三両一分を出させる。

弘化二年（一八四五）（弟）雨乞いのとき、麦打ちをしていた百姓に若者を扇動し難題をいい、酒樽一つを受け取った。

（弟）百姓が質入地の立木四、五本を切り取ったことをむずかしく言い立てたので、百姓が村を出た。

弘化三年（一八四六）（弟）百姓の密通を発見し、内済金三両を受け取った。また密通した百姓をかくまって紛糾した。

（兄）新田開発を願い出るいっぽう、相給の組頭をそそのかして反対させ村を混乱させ、礼金をとった。


これは小前側の指摘なので、そのままではなかったにせよ、兄弟は何かと問題があれば、これを大げさに言い立てて、礼金・礼物をとるような人物として描かれている。彼らの父親は、名主を勤めていたが、不正を訴えられ村を追われた。この報復のためか村の役宅に乱入して、文政八年（一八二五）関東取締出役に逮捕されて牢死したという。また兄は組頭で、弟と結んで名主とも対立していた。組頭を勤めていたというから、これを支持するものたちもある程度いたのではないかと考えられる。雨乞いのとき、休まないで仕事をしていたものに難題をいい礼物を出させたなどのことは、若者組の非行としてよくあったことで、こうしたものたちの支持をあてにしていたのであろう。

雨ケ谷村の場合、ことにこういう出入が多く、嘉永七年（一八五四）には二人の百姓が「不法強勢」な行動があったとして、小前百姓から訴えられ、追放された。ところがこのうちの一人の百姓は、翌年領主の旗本武島氏の家臣の対立を利用して村役人を逮捕させる事件をおこしている。また慶応三年（一八六七）には、新百姓のものが「悪謀」ばかり計画しているとして訴えられた。同村は、日光街道に近接しており、入百姓などがいたので、村が安定しない面があった。維新期のものと思われる「窮民取調書上帳」では三五軒中一〇件が窮民として書き上げられている。なかの五人は五石以上とされるものであった。持高は名目で土地は質入れしていたのであろう。小前の没落が進んでいたといえる。

⑪都賀郡神鳥谷村　神鳥谷村では、嘉永三年（一八五〇）に名主が街道掃除の手当金や積み金の利子として領主結城藩から村へ下げられた金子、年貢米、村の惣作地の伐木代金などを横領したと訴えられ退役した。その後、分家の組頭も不正が追及され退役に追い込まれた。しかし元名主一統は、新田組を中心に相名主制を要求して、紛争がつづいた。さらに一統は、翌年、武井村の山林に籠もり、江戸の結城藩上屋敷に門訴した。また反対派の中心の組頭を襲い打擲した。元名主の一統について、反対派は「巨細申上書」を出して、一人ひとりその行状を批判している。その数は三一名にのぼるが、このうち一二名が他村出身で神鳥谷村に流れ込んできたものであった。彼らは元名主とその一族と親分・子分の関係を結んで村に住んだものたちであった。その職業としてあげられているのは、百姓のほかに、博奕渡世同様とされた四名、香具師・祭文読み二名、悪事の参会宿一名、公事渡

世一名、紺屋一名、書役一名と一〇名が雑業で渡世しているものであったという。これは反対派の非難なので、そのまま鵜呑みにはできないが、少なくとも反対派は、彼らの非百姓的要素を際立たせて、一統の非行を訴えようとしていることは明らかである。

⑫**芳賀郡市塙村**　慶応二年（一八六六）、市塙村の名主村役人たちが、上組組頭を訴えている。ここでは組頭は年来悪計ばかり企み、小前を引き込んで村方が「不仁気」になっているという。[24] 彼は領主である旗本の役人中へ心やすく出入りし、懇意の関係を結んで、自分の願筋がかなわないことはないといい、大勢の「子分」をしたがえた。これにしたがわないものも「取締小惣代」の権威で引き入れて村方を乱れさせていると批判された。その内容としては、自分の属する旗本大久保氏領の組百姓で子分のものが娘の一件で水戸へ駆け込んだ（駆込訴）ときに腰押しをして村方を混雑させた。元治元年（一八六四）にはやはり大久保組の小前一同を腰押しして騒動をおこさせた。寄場組合の小惣代、関東取締出役の道案内も勤めながら、博奕の場へ出入りして礼銭をとり、村内若者などに博奕を勧めているなどと訴えられた。またこの年大田原宿の増助郷役が掛けられた。例年は、遠いので代金納で済ますことになっているので、一〇〇石に金四二両の割合で負担することになった。これについて同人は子分を集め、今年は正人馬で勤めようと主張し、不承知の組は「家作打破焼払」などと脅して議定書を書かせて、村方を騒がせたというのである。関東取締出役の手下の道案内役などには、博徒が多かったといわれているが、この人物もそういうものであったようである。

⑬**都賀郡富吉村**　明治五年（一八七二）富吉村では、二人の百姓が小前より、村のためと称していわれのないことで、村役人を相手取って公事をすることを企んでいると訴えられた。この人物は「平常混雑を渡世同様」にしていると訴えられた。

下野南部では、慶応四年（一八六八）に各地で大規模な世直し騒動がおきているが、小山宿周辺でも同年四月、小山宿と雨ケ谷村で蜂起がおき、近在の神鳥谷村の名主で質屋を営んでいたものの家に押し掛け、質入れしていた蚊帳と夏物類を貸し出すことを要求している。

三　「小賢しき」者の位置

以上、簡単に見た限りでも幕末期の二つの地域に「事好之者」・「有志」・「小賢き者」などと称されたものが多数輩出したことが知られる。以下、彼らの特徴をまとめておこう。

まず、何よりも彼らは小賢しくて村役人の権威を恐れず「我意申募」・「公事出入通」するような強い自己主張をもったものであった。彼らはともすれば私的な「宿意」で「馴合」て村役人を攻撃したり、地主の代弁者として騒動をおこしたり、また、博徒的行動をとる存在であった。

彼らは自己の個人的利害から訴訟行動をとる場合と、代弁者として訴訟する場合とがあった。彼らはかならずしも、小前百姓の願望を代表するだけでなく、相当に幅のある行動をとったことは注意しておこう。もっとも、当事者はその客観的役割とは異なった意識で行動していたかもしれない。これも重要で考えてみなければならない問題である。

小前の代弁者的性格と博徒的な性格は別のことではない。いずれも百姓世界の解体のなかで彼らが受け取る規定的条件と考えるべきであろう。このことを前提に、未成熟であっても「佐倉記」を読み、あるいは天狗党挙兵に参加しようとすることにあらわれる彼らなりの政治意識の高揚という点に注意したい。この理解なしに「名主役無之方村為ニ相成候」という主張は単なる「謀言」にすぎなくなってしまうであろう。

「小賢しき」者の自己形成の契機は出奔や江戸での奉公の経験や小営業にたずさわる経験などがあった。彼らの自己主張の強さはその小経営者的側面にかかわっていると思われる。もちろん生産過程から遊離しつつあるものも見られるが、この場合でも彼らの「強情さ」はそれから排除されることにたいする抵抗から生じていることは見逃せないであろう。

「小賢しき」者が、その活動を現実のものとするためには、小前との結びつきだけでなく、地主層と結んだりすることがあった。また親分・子分的関係が社会的結合の背後にあることも見られた。村の有力者層の対立のなかで「小賢しき」者が活躍する余地が生まれた。また親分・子分関係も村に従来あった伝統的なものではなく、新たな関係であった。それは同士的で私党的な関係といってもよいであろう。こうした関係は、幕末から明治期には村に限ったことではなく、同士的な結社として展開したものであった。

（1）　安丸良夫「民衆運動の思想」（庄司吉之助他編『民衆運動の思想』日本思想大系五八、岩波書店、一九七〇年）は農民戦争の社会基盤の形成がきわめて困難で、「強烈な個性をもった指導者やイデオローグを欠如していた」とされるなかで限定つきながら彼らの役割を高く評価している。これにたいし、青木美智男「慶応二年、羽州村山地方の世直し一揆」（佐々木潤之介編『村方騒動と世直し』上巻、青木書店、一九七二年）は安丸氏の高く評価した村山地方の打ちこわしの指導層について、彼らがどこまで民衆の願望をくみとり、組織化できたかという観点から「あらゆる意味ですでに生産過程から排除されつつあった『博徒』指導にこの一揆の限界があった」と疑問を呈している。この問題は「小賢しき者」や「口きき」がもっているアウトロー的側面と「ばあいによっては民衆に代わって命を賭け」る民衆運動の指導者的側面をどのように統一的にとらえるかという問題にかかわっている。本章もこの点に留意しつつ分析をおこなった。なお、個別には森嘉兵衛『南部藩百姓一揆の指導者　三浦命助伝』（平凡社、一九六二年）、平沢清人『百姓一揆の展開』（校倉書房、一九七二年）における南山一揆の伴助、布川清司『農民騒擾の思想史的研究』（未来社、一九七〇年）の加茂一揆の辰蔵の研究などがある。また、民俗学では宮本常一著作集一〇『忘れられた日本人』（未来社、一九七一年）所収、「世間師」（一）（二）がある。

（2）拙稿「茨城県西部百姓一揆村方騒動年表」（『地方史研究』一三一号、一九七四年）。同「常陸西部における分郷支配の解体と村方騒動」（立正大学『文学部論叢』五二号、一九七五年、後に同『近世質地請戻し慣行の研究』塙書房、二〇一二年所収）、同「常陸西部における世直し期の土地問題」（法政大学大学院『法政史論』三号、一九七六年、後に同『近世質地請戻し慣行の研究』前掲、所収）参照。

（3）小山市史編さん委員会編『小山市史』通史編二、近世（小山市、一九八六年）六五五～六七三頁。

（4）国文学研究資料館所管、須田家文書。植田敏雄編『茨城百姓一揆』（風濤社、一九七四年）二三三頁。本史料は飯村祥子・秋山高志両氏の提供を受けた。記して深謝の意をあらわしたい。

（5）茨城県史編さん近世史第二部会編『茨城県史料』近世社会経済編一（茨城県、一九七一年）四六六～四六七頁。以下、県史料・社経編一と略す。茨城県つくば市上大島、片岡家文書。

（6）県史料・社経編一、四六七～四六九頁。

（7）茨城県つくば市大貫、糸賀家文書。

（8）同前。

（9）拙稿「茨城県西部百姓一揆村方騒動年表」（前掲）。

（10）県史料・社経編一、四六九～四七〇頁。

（11）県史料・社経編一、四九六～四九八頁。同前、四七二～四七四頁。この文書の表題は「県史料」では「文久元年大島村国松村一同より村役人選任方につき願」とあるが、一三五号文書（四七二～四七四頁）と関連して読めば一見して清兵衛の嫌疑を受けた斉藤伊豆守への張訴状であることは明らかである。

(12) 茨城県つくば市国松、塚本家文書。以下とくに注記しない限り国松については同家文書によった。
(13) 茨城県つくば市大貫、糸賀家文書。
(14) 茨城県つくば市上大島、片岡家文書。
(15) 茨城県つくば市上田中、大里家文書。なお佐村村方騒動の詳細は拙稿「幕末維新期の村方騒動と主導層」(地方史研究協議会編『茨城県の思想・文化の歴史的基盤』雄山閣出版、一九七八年)参照。
(16) 茨城県つくば市作谷、飯塚家文書。
(17) 茨城県つくば市洞下、飯村家文書。
(18) 県史料・社経編一、四九一〜四九五頁。
(19) 拙稿「常陸西部における世直し期の土地問題」(前掲)。宮本常一著作集『忘れられた日本人』(前掲)五五頁。「名倉談義」に公事坊主の記述があり、武州一揆にも僧侶の参加が見られる。
(20) 拙稿「常陸西部における分郷支配の解体と村方騒動」(前掲)。沢辺進『豊里町小史』一二九頁。
(21) 茨城県つくば市上田中、大里家文書。以下とくに注記しない限り上田中村については大里家文書によった。
(22) 茨城県つくば市杉木、石島家文書。
(23) 下野南部についてはとくに記さない限り、小山市史編さん委員会編『小山市史』通史編二、近世(前掲)によった。
(24) 栃木県小山市下国府塚、岸家文書。

付記　本章は拙稿「幕末維新期の村方騒動と主導層」(前掲)と小山市史編さん委員会編『小山市史』通史編二、近世(前掲)の担当部分をもとに若干事例も加え再構成したものである。なお深谷克己『八右衛門・兵助・伴助』(朝日新聞社、一九七八年)が前論文と同じ頃に出ている。現在では、須田努『「悪党」の一九世紀』(青木書店、二〇〇二年)などが参考となろう。

Ⅳ　村と民衆運動

第九章　一八世紀末における幕藩領主の関東認識と村方騒動

はじめに

一八世紀末には関東農村が「人気悪しき」地域であるという認識が領主階級に強く意識されていたことはよく知られている。しかし、こうした側面は主として農村荒廃や博徒等遊民の横行との脈絡でとらえられ、農民闘争との関連でとらえる観点は弱かったと思われる。

ここではこうした点を重視し、村方騒動の展開と領主階級の関東認識を追究してみたいと思う。

一　幕藩領主の関東認識

安永六年（一七七七）二月の博徒三笠附等を禁止した幕令には、

都て御料所之内国郡にも寄候得共、関東筋幷甲州辺は一体人気強我意申募、不宜者も致出来候風儀之国柄に相聞、別て武蔵・下総・上総・上野・下野・常陸辺は不宜者も有之、（以下略）

とあり、これはこの時期の幕藩領主の関東認識を示す代表的なものとされる。[1] ここでは博徒等に関して関東筋は「人気強我意申募」とされ、主としてその退廃的側面に注意が向けられている。しかし、何もこうした退廃的行為のみに領主階級の目が向けられていたわけではなかった。むしろ、一八世紀末では「人気悪しき」ことの内容により積極的な農民闘争――とくに村方騒動――の激化にあるという把握がなされていることが少なくなかったと思われる。

例えば彦根藩は近江の本領のほかに、江戸近郊の世田谷と下野佐野に所領があったが、この佐野領支配について宝暦九年（一七五九）に提出された覚書の下札には、

佐野奉行江戸ニ詰罷在候ては、佐野御役人共申渡候事御百姓共納得仕兼、少シ之事も江戸え願ニ出可申由、相談仕候もの出来申候頭取候もの弐三人御座候へハ、一統ニ何之差別も不存、数千人百人江戸え罷出候様ニ相成候事、関東百姓之風之様ニ御座候、

とあり[2]、江戸藩邸に設けた佐野奉行を廃止し、彦根の勘定奉行に兼帯させることで、百姓の出訴をかわそうとしたことがわかる。彦根藩の役人が、国元の近江と比較して、このように「関東百姓之風」を特徴づけたことは注目してよいだろう。これは百姓一揆についての悪しき「関東百姓之風」であるといえるが、村方騒動については寛政六年（一七九四）に撰せられた『地方凡例録』の名主選出の条に、著名な記事がある。同書では上方・遠国筋は庄屋の家筋が一定していて威厳も重く村内はよく治まるとし[3]、

関東も昔は名主の家定まりありし由なれども、前書の趣にて百姓の為に宜しからざること多きに依て、享保の頃より一代勤め又は年番名主とて、一村内名主役を勤むべき家柄を撰ミ、百姓の内より一年宛順番に名主役を持つなり、此の如く百姓仲間ゆへ役威も曾てなく、下の示し不行届にて、村中不取締之儀も多く、

と関東の名主と比較している。また、その後段では、

近来村々とも名主百姓出入多くして、村方不法なるは名主の勤め方不正ゆへの儀もあり、又畢竟百姓より立

置名主ゆへ、役威薄く百姓共非礼不敬の儀多く、我儘より起ることもあり、と関東の村方騒動の増加の原因を考えようとしている。

いっぽう、『地方凡例録』と同様に関東の「人気」と村役人のあり方を幕府が考慮しようとしていることは興味深い。幕府は、『地方凡例録』の著されたまったく同年の寛政六年（一七九四）に常陸・下野等の農村復興につき代官に指示をしたが、その全文二条中一条に、[4]

一、都て村役人の儀は、一村の取締に拘候儀に付、人物等を撰、其外家筋を以て前々より代々役儀相勤来候分も有之候得共、関東筋の儀は別て小前のもの共、人気如何に相聞、場所に寄候ては、村役人取計方行届兼候類も有之哉に相聞候、村役人共の儀は、小前の人情にも拘り候事に候間、精々人物等被相糺、縦令家筋にて代々役儀勤来候跡にても、当人如何と被存候類は、先名主役は不申付、見習抔と名目を付置、弥勤方被見定候上は、名主役申付候方にも可有之哉、且其村内孝心又は奇特人等は、おのづから小前のもの共帰伏致居可申哉……（中略）……何れ村役人の儀は、一体人気にも拘り、不軽事に付、人物の撰方専要の事に候、

と「関東筋の儀は別て小前のもの共、人気如何に相聞」るので家柄だけで名主を決めず、人選に細心の注意を払うようもとめている。

このように見てくると、一八世紀末の関東は領主階級にとって他地域に比べてとくに「人気強我意申募、不宜者も致出来候風儀」の地域であり、その内容は①博徒等の横行とともに②「少シ之事」にも出訴を繰り返す「関東百姓之風」（百姓一揆・村方騒動の頻発）にあるととらえられていたことがわかる。

さて幕藩制社会の転換期にあたって領主階級が、以上のような深刻な関東像を描かねばならなかったとするな

らば、そのような認識をあたえた関東の農民闘争とはどのようなものであったろうか。つぎに一八世紀の村方騒動にそって考えたい。

二　一八世紀関東の村方騒動

村方騒動は百姓一揆に比較して発生件数が莫大におよぶと予想される割に『総合百姓一揆年表』[5]でも、その収録件数は三一八九件にすぎず、その統計的把握はなお困難である。しかし、こうした限界を認めつつ、ある程度の傾向をもとめることも、今後の研究を深める上では必要であろう。

表4・表5は、一八世紀の関東の村方騒動の動向を知るために作成したものである。表4は村方騒動の発生件数を全国・関東・畿内（摂・河・泉三国に限定）で比較したものである。表5は一八三〇年までの関東の村方騒動の内容を分析したものである。総件数四一九件中約五〇パーセント程度しかその内容把握はできないが、ある程度の傾向はつかむことができる。

まず、表4によれば一八世紀の前半では畿内先進地域の村方騒動は比較的発生件数が停滞しているが、関東では一七二〇〜三〇年代、享保の末年より村方騒動が急速に増大した。ことに、一七三〇年代の全国的ピークを形成させる要因は関東の村方騒動の増加にあったことが注目される。いっぽう、一八世紀後半では全国的に村方騒動が増加しており、一七世紀前半ほど関東の村方騒動の増加は目立たない。しかし一七八〇年代、天明から寛政期にかけての発生率は全国平均を上回り目ざましいものがある。その後、やや低迷し一八一〇〜二〇年代にかけて再び増加し天保期にいたるが、享保末年と天明・寛政期の村方騒動の増加は全国と比較して顕著なものがあり、

表 4　村方騒動の発生件数

年代	全国（指数）	関東（指数）	畿内（指数）
1651～1660	23　(51)	4　(31)	2　(29)
70	29　(64)	8　(62)	5　(71)
80	38　(84)	13 (100)	7 (100)
90	63 (140)	16 (123)	13 (186)
1691～1700	45 (100)	13 (100)	7 (100)
10	58 (129)	10　(77)	9 (129)
20	70 (156)	12　(92)	9 (129)
30	70 (156)	23 (177)	9 (129)
40	90 (200)	30 (230)	10 (143)
50	78 (173)	20 (154)	7 (100)
60	77 (171)	18 (138)	7 (100)
70	93 (207)	21 (162)	11 (157)
80	111 (247)	29 (223)	15 (214)
90	138 (307)	40 (308)	19 (271)
1791～1800	160 (356)	31 (238)	13 (186)
10	169 (375)	34 (261)	19 (271)
20	211 (469)	38 (292)	18 (257)
30	249 (553)	50 (385)	30 (429)
40	339 (753)	63 (485)	34 (486)
50	331 (735)	70 (538)	32 (457)
60	339 (753)	72 (534)	60 (857)
70	337 (749)	96 (738)	50 (714)

表 5　関東の村方騒動の内容

年代	全国	関東	名主給・村役特権	家格・座祭礼	村入用年貢割	用水・入会運用	田地争論	小作・質地	その他不明
1601～1610	8								
11～　20	12	2							2
21～　30	18	3				1			2
31～　40	27	3				2			1
41～　50	13	1							1
51～　60	23	4		1			1		2
61～　70	29	8	2	1		1	1		3
71～　80	38	13	1	2	1		2		7
81～　90	63	16	3	3	1			2	7
91～1700	45	13	1	2	3	1		1	5
1701～　10	58	10	2	2	2			1	3
11～　20	70	12		4	1	1		1	5
21～　30	70	23	1	1	6	2		3	10
31～　40	90	30	1	4	11	1	1	1	11
41～　50	78	20	2		7		1	1	9
51～　60	77	18	2	2	2			1	11
61～　70	93	21		1	5				15
71～　80	111	29		1	13			1	14
81～　90	138	40	1	1	12		1	1	24
91～1800	160	31	1	3	6		2		19
1801～　10	169	34		2	12	1		2	17
11～　20	211	38	1	2	11				24
21～　30	249	50		2	13	2	2	1	30
合計	1850	419	18	34	106	12	11	16	222

領主階級に「人気強我意中募」「関東百姓之風」を意識させるに十分なものだったことがうかがえよう。そこで、その点を踏まえて、享保・元文期と、天明・寛政期の村方騒動の発展について見ることにしよう。

表5は四七パーセントしか村方騒動の内容が判明せず不十分なものであるが、それでも村方騒動のあり方にいくつかの変化があったことを示している。まず、一七世紀末から一八世紀初めにかけて、名主給や村役人の諸特権、家格・座・祭礼等村落身分秩序をめぐる村方騒動が多く、村方騒動の中心といわれる村入用・年貢割をめぐる村方騒動はなお十分な展開を見せていないことが注目される。つぎに村入用・年貢割をめぐる村方騒動は一七二〇〜三〇年代享保・元文期に比重を増し始め、一七八〇年代天明・寛政期にかけて発展をつづけたと見ることができる。こうした村方騒動の変化は何を意味しているだろうか。

①享保・元文期

ここでは二つの村方騒動を紹介して考えてみたい。

一つは常陸国新治郡玉取村での享保一七年（一七三二）の村方騒動である。[6] ここではある坪の小前百姓が村役人の恣意的取り扱いを批判し、分村を出願して騒動となった。これにたいし、村役人は、小前の批難があっていないことを返答した上で、わずかな村役人給で勤めており、養子縁組・五節句以下質地売買にいたるまで、小前百姓は村役人に礼物を出すこともなく、勝手におこなっている。村役人は「御百姓之手代同前ニ罷成」ていると述べている。

もう一つは下野国都賀郡下国府塚村の享保一一年（一七二六）の村方騒動である。[7] ここでは享保六年（一七二一）に、あまりに「小分之出入」が多いので、村内で内済するよう幕府代官から叱責を受けたほどであったが、この年、名主が、小百姓が縁組披露のさい裃を着用し郷例にしたがわないと訴え騒動となった。名主はこのさい、「筋目無之末々之小百姓共大勢内通ヲ申合、古来之郷例ヲ破り、表百姓も脇百姓・水呑等迄も同ジ格式ニ可仕と企」たと訴えている。

元禄・享保期にかけて関東農村では初期本百姓経営が最終的に解体し、近世小百姓経営が確立するとされるが、二つの村方騒動はこれにともなう村落秩序の再編成の方向を端的に示しているといえるのではなかろうか。初期本百姓の系譜をもつ村役人は、関東では『地方凡例録』で述べているように、まさに「享保の頃」に、ここで見た村方騒動の激化のなかで性格の変更を迫られていたといえるだろう。そして、その方向は比較的フラットな小百姓的村落秩序のなかで村役人を「御百姓之手代同前」「百姓仲間」として包摂してゆくものであった。

②天明・寛政期

この時期は前代の傾向を引き継いで、村入用・年貢割をめぐる村方騒動が発展した。村入用・年貢割をめぐる村方騒動は村落が村請制村落として設定された時点で内包される矛盾の表現形態であり、この限りでは近世成立期からその解体にいたるまで、一貫して村方騒動の基盤部分として存在する。しかし矛盾が村内に持ち込まれたとしても、これが闘争として表現されるにはそれなりの闘争主体が形成されねばならない。関東農村で元禄・享保期に①で述べたような村方騒動をともないつつ、ほぼ並行して村入用・年貢割をめぐる村方騒動が増加していったというのは、村方騒動の闘争主体としての小百姓の台頭があったことを示している。とくに関東では、この時期近世を通じて最高度の年貢収奪が強行されるいっぽう、農村荒廃が深化するなかで村方騒動が激化していった。

この時期は村役人が年貢引負や普請人足銭等を小前に割り返えさず騒動となったり、騒動の結果年貢引負を咎められ処分される騒動が多発した。このさい、村役人側の返答は大体、割り返さない分を年貢・村入用割のなかでほかに転用する差引勘定をおこなっており、不正ではないというものが多い。領主側は差引勘定を禁止しているが、これこそ実は最大限の年貢収奪という領主側の要請に応えつつ、元禄・享保期以来小百姓の厳しい監視のなかで、「御百姓之手代同前」となった村役人の取りうる数少ない選択の一つだったと思われる。差引勘定は、年貢・村入用等を可能な限り、村役人の手のうちで相互に運用して、当面の破綻を回避していく方法であった。したがって村役人が、この過程で不正を働き最終的に小前百姓にこれを転化することがなかったにしても、常に不正に接して運用されたと思われる。不正がおこなわれなかったにせよ、これが破綻すれば村方騒動がおきるか、領主側から年貢引負として処分（百姓に転化できなければ年貢未進へ転化するしかない）された。この時期、村役人の年貢引負が多いのもこのためであろう。例えば彦根藩世田谷領では元文四年（一七三九）に小山・世田谷・鎌田・岩戸で名主が年貢引負で追放され、同じく天明六年（一七八六）弦巻・世田谷・岡本村でこれがおこなわれたのはよい例である。(8)また、そうでない場合、村役人家の潰れが生じることもあった。この時期、関東では村役人家の潰れが案外多いのはこうした関連でとらえるべきであろう。

さて、この時期の関東の村方騒動の顕著な増大背景を考える上で、もう一つ重要なのは商品流通の発展と領主権力のあり方にかかわる問題であろう。この時期関東でも都市の商業資本の主導で商品生産が展開し、村役人の豪農化が開始される。これにともない農村荒廃が深化し、豪農—小生産者農民との対立が村方騒動として表現された。こうしたことは当然関東外の地域でもおこなわれたが、注意したいのは、関東外の藩領地域では藩の国産政策と結んで豪農形成がおこなわれることが多く、批判は藩政へ向けられ、したがって百姓一揆として表現されることが多かったということである。一八世紀の後半、藩領の百姓一揆で村方騒動的要求がとりあげられ、村役人総罷免要求が多く見られる。いっぽう、関東の場合、小領主が入り交り、領国を形成できず、領主の市場統制が不徹底であったので、これが村方騒動として個別に闘われることが多かった。例えば、安永八年（一七七九）に下野国安蘇郡高橋村の名主が普請銭の割り返し不正で訴えられた騒動があげられる。(9) この村は旗本領で名主はその用人と結んで不正を働いたとされるが、名主は旗本に御用金を多額に貸し付けその家政を掌握し、年貢米を引き取って運用して経営を拡大したらしく、小前側は名主を罷免できない旗本にたいし、御用金を村で立替るので名主を罷免せよと迫っている。ここでは年貢米の流通に吸着して成長してゆく豪農と小前の対立が示されている。

こうした豪農の台頭は荒廃の激化とともに村内に深刻な矛盾を醸成したらしく、天明三年（一七八三）には高橋村ではこの名主が闇打ちにされ重傷を負うという事件まで引き起こしている。領主側が「人気強我意申募」「別て人気如何」と憂慮せざるを得なかった関東の村方騒動情勢はまさにこのようなものだったのである。

（1）大蔵省編纂『日本財政経済史料』第二巻下（財政経済学会、一九二二年）一〇九二頁。
（2）佐野市史編さん委員会編『佐野市史』資料編二近世（佐野市、一九七五年）五一頁。
（3）大石久敬著・大石慎三郎校訂『地方凡例録』下巻（近藤出版社、一九六九年）八九〜九〇頁。
（4）大蔵省編纂『日本財政経済史料』第六巻下（前掲）九七二頁。
（5）青木虹二『百姓一揆総合年表』（三一書房、一九七一年）。
（6）拙稿「享保期における村落共同体と祭祀問題」（『立正史学』四三号、一九七八年、後に同『日本近世の村と百姓的世界』校倉書房、一九九四年所収）。
（7）栃木県史編さん委員会編『栃木県史』史料編近世一（栃木県、一九七四年）八三八〜八三九頁。

（8）　森安彦「関東における農村構造の変質と支配機構の改革」（『史潮』七四号、一九六〇年、後に同『幕藩制国家の基礎構造』吉川弘文館、一九八一年所収、九七表）。
（9）　佐野市史編さん委員会編『佐野市史』通史編上巻（佐野市、一九七八年）二〇一頁。

第一〇章　近世村落の社会結合と民衆運動
――天保三年、武州橘樹郡南加瀬村門訴一件を中心に

はじめに

天保三年（一八三二）一一月五日の夜更け、江戸へ向かってゆく、五〇名ほどの集団があった。彼らは、武州橘樹郡南加瀬村の百姓で、領主の旗本倉橋氏に年貢のことで、門訴をおこなおうとしていたのである。近世を通じて、関東の旗本領の百姓が江戸の領主屋敷に押し掛け、年貢の減免を歎願するということは、数多くあった。だから、百姓たちが門訴をおこなったこと自体は、ここでは問題ではない。今日、この門訴事件が我々の注意をひくのは、事件の後おこなわれた取調により、詳細な口書が残され、一揆の形成過程と百姓の日常的社会結合とのかかわりを理解する、いくつかの手掛かりが得られるためである[1]。

近世の民衆運動史研究は、民衆の意識や行動様式の独自性を、既成の概念にとらわれず、あるがままにとらえることから出発して、近世社会の質を照射するという視座をとることで、大きな成果をあげてきた。その場合、生活者である民衆がどのような過程をへて、蜂起へいたるかということが、もっとも主要な課題の一つとして設定された。ややいい古された言葉でいえば、それは日常生活から蜂起の非日常的世界への転換の意味を問うということになろう。その問い方は、さまざまに設定することが可能であるが、当面民衆がもっていたり、彼らをと

りまいている意味の世界の解明に力が注がれたのは当然であった[2]。

ところで、こうした研究が深まるにつれて、意識過程の分析にとどまらず、民衆が形成している社会結合のあり方にまで、視野を広げることが要請されるようになった。民衆が現実に生きている生活過程の分析を欠いたままでは、意識過程の分析も限界があることが自覚されてきたといえるかもしれない[3]。

しかし生活過程へ分析を下降させるさいは、民衆運動から生活過程への分析を媒介するはずの民衆運動の組織過程の記録が、その非合法性から意識的に排除されていて、ほとんど得られないという制約があった。また何といっても、民衆運動は非日常的行為には違いないので、簡単には日常的な生活過程と接点を見出すことはできないという問題点もあり、研究の進展が阻まれてきた[4]。

ここでとりあげる天保三年（一八三二）の南加瀬村の門訴一件は、こうした点をある程度埋める手掛かりをあたえてくれる恰好の事例である。本章では、門訴一件の経過を紹介しつつ、この問題を考えてみたい。

そのさい分析方向としては、門訴とその組織過程から、日常的な生活過程へと下降することにしたい。門訴一件は、百姓一揆ではあるが、通常我々が描く百姓一揆像とは異なって、広域性に欠ける、村的な闘争であった。したがって、大規模な蜂起のなかでこそ発展するような意識や行動様式の展開も、村の世界の文脈のなかに未発のままで封じ込められている。この点で、一件に時代を象徴する意義を見出そうとするのは、あまり意味がないし、また未発の契機を探りだし、位置づけるということもしない。ここではかえって、村の世界の文脈を重視し、門訴の分析を通じて、近世の村の社会結合のありように迫ることに努めたい。その方が村の機能に依拠するところが少なくなかった近世の民衆運動の理解に資するところが大きいと考えるからである。

一　南加瀬村と旗本倉橋氏

南加瀬村は、天保一四年（一八四三）の『村差出明細帳写』によれば、村高は七〇七石四斗二升、田畑反別八五町一九歩で、この内田地が六六町四反七畝一一歩という田勝ちの村であった。家数は一〇六戸、人数は五六一名であった。

村は、西を村に接して鶴見川が、やや離れて東側には多摩川が流れる河川にはさまれた位置にあった（図6参照）。鶴見川は川床が高かったため、これを用水として利用することができず、多摩川の二ケ領用水を使用した。しかし二ケ領用水の「用水元」は村から四里も上流であったので、用水事情は悪く、「水旱損勝」であった。いっぽう鶴見川は砂川でしばしば氾濫した。とくに南加瀬村は、鶴見川とその支流の矢上川との合流点に位置していたため、水害に悩まされ、川筋の水除などをめぐって、周辺村落と紛争が絶えなかった。[5]また村は、原・辻・泥（どぶ）・東前・恋地など「図子」（ずし）と称する地区に分かれていた。[6]これらの小地域は門訴の組織にあたって大きな役割を果たしたが、この点については、最後に検討したい。

村の生活については、明細帳では「農業之間、男女共縄こも稼仕候、其外稼無御座候里方村ニて、耕作一通り故、困窮村ニ御座候」と、水田耕作を中心とした村であることが強調されている。門訴一件では、江戸に出ている百姓や筏乗りの百姓がいたことがわかるから、江戸近郊農村として、ある程度、農間渡世が展開していたことが想像されるが、ここでは明らかにできない。天保五年（一八三四）四月の調査では、一〇五戸中、夫食のないもの三六戸、家族を養うだけの夫食の蓄えがあるが、販売する米穀のないもの三九戸、販売する米穀をもつもの

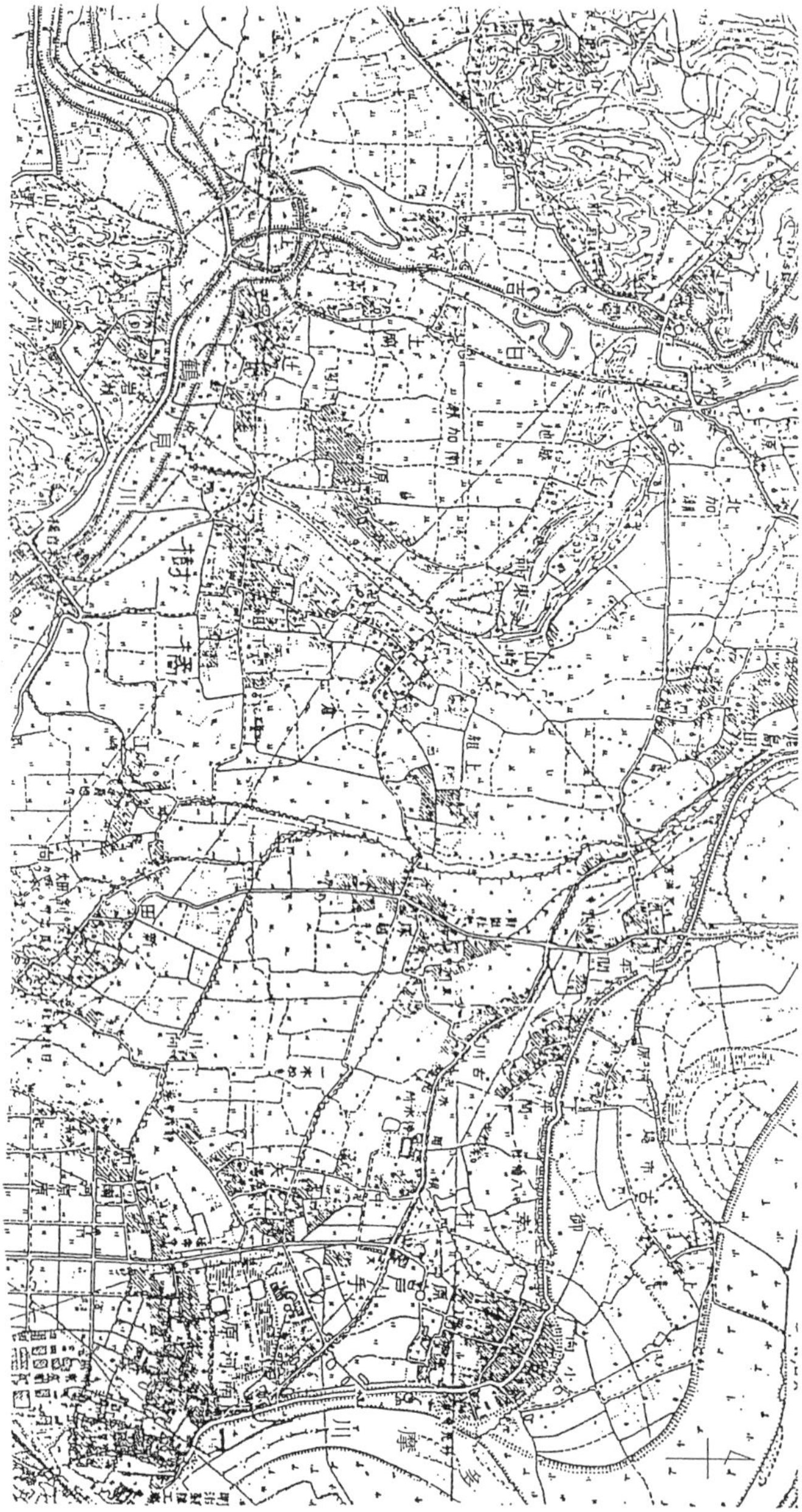

図6　南加瀬村（大正6年測量2万5千分の1）

三〇戸で、買喰いに近い状態のものがかなり多くなっていることがわかる。販売できる米穀は一八三俵で、最大は二八俵三斗の百姓代、これにつづくのが二六俵の名主で、以下一〇～二〇俵が四名、五～一〇俵が二名、五俵以下が二六名となった。

南加瀬村の領主は一〇〇〇石の旗本倉橋氏で、わずかに四斗五升九合が幕領であるほかは、倉橋氏の一円知行地であった。倉橋氏が南加瀬村に知行を得たのは、『新編武蔵風土記稿』では「慶長二年に倉橋三郎五郎へ賜り、夫より引続き今も倉橋氏の知る所なり」と、慶長二年（一五九七）のことであったという[7]。倉橋氏の知行地は幕末には、南加瀬村七〇七石余のほかに、武蔵国橘樹郡矢上村に四九石余、都築郡上谷本村に五七石余、下総国葛飾郡和名ケ谷村に二〇〇石余で合計一〇一五石余となっていた[8]。

年貢は南加瀬村の場合、天保五年（一八三四）の皆済状では、田畑ともに米納で、村高七〇七石四斗二升にたいし、三六〇石の定免で、これに山開畑年貢一石五斗六升六合五勺が加えられた。本免だけで年貢率は、五〇・九パーセントにおよぶが、頻繁に「御用捨米」として減免がおこなわれたようで、定免といっても定免額を基準にその都度、領主と農民の間の交渉の結果、「御用捨米」額が決められて、実際の年貢額が定まるというものであった。天保五年の場合、用捨米や村引きをのぞいて、二七一石余を年貢として納めており、村高にたいして三八・四パーセントの年貢率となった。天保一四年（一八四三）の「村差出明細帳写」では、

一、御年貢之儀ハ、前々より時之相場ニて、御払ニ相成申候、出水などニて悪米ニ相成候節ハ、安値段ニ被
　成下金納仕候、

とあり、平年は村で取り集めた年貢米は地払いして、江戸旗本屋敷に納め、水冠のさいは値段を下げて、農民から代金納させた。

二　天保三年の門訴一件

天保三年（一八三二）、南加瀬村は鶴見川の増水の被害を受けた(9)。とくに「窪地」の水冠がひどかったため、同村では、同地分の年貢のうち、中・下米を水冠した悪米で上納することを願い出た。倉橋氏は、この頃、年貢を知行地の周辺の商人に入札で地払いしていたが、水冠のさいは、安い値段にして百姓から石代納させた。水冠で品質の悪くなった米を売ることが難しかったからである。しかし悪米を売り年貢金を調達することの困難さは、百姓側も同様であるので、このような願いが出たのである。これにたいし、倉橋氏側は水冠はさほど深刻なものではないとして、現米で納めるならば、上米で納入するよう命じた。名主がこのことを小前に伝えたところ、小前側は中米は上米で上納してもよいが、下米については窪地の悪米で上納するようにしてほしいと願ったので、名主は一〇月二六日に再度倉橋氏に願い出た。

いっぽうこの間、領主側では他の払い米分の入札手続を進めており、二六日に開札の結果、神奈川宿の才賀屋藤兵衛が一両に九斗五升三合で落札した。そこで倉橋氏は窪地の年貢上米一〇〇俵分については、この値段で金納し、下米については格別の配慮で両に一石の割合で金納するように村方に命じた。一〇月二八日に名主が小前にこのことを伝えると、小前は下米一二六俵については受け入れたが、今度は上米値段は高すぎると主張した。また神奈川宿の藤兵衛も入札金額は両に一石五斗三升の間違いであることを伝えてきた。二九日になって、藤兵衛より倉橋氏に訂正願いが出されるが、倉橋氏は「不埒」としてとりあわず、藤兵衛はやむなく落札相場で、払い米を引き受けることにした。また南加瀬村の名主も小前の願いを取り次いだが受け入れられなかった。結局、小前側も年貢を請けるということになり、名主は年貢を割り合って、納入が開始された。

しかし実際、納入が開始されると、不満が高まった。一一月二日、辻図子の百姓彦七倅角五郎・甚左衛門倅富士之助が金納に出かけたところ、原図子の庄左衛門に呼び止められた。庄左衛門は泥図子のものが再度名主への出願と、これが認められない場合の領主への直訴を計画しているので、金納に応じては「外々之障りニ相成候ては不宜候間、見合可致」と伝えたので、彼らは金納を止めて帰宅した。また三日の朝には、清三郎・金蔵・武兵衛・藤七・吉左衛門らが、金納の日延べを名主に願い出た。この前後と思われるが、村役人側も、一九名の上納遅滞の百姓から詫書を取り、上納を促進しようとしている。

こうしたなかで四日夜になって、彦七家で風呂がたてられたさいに、居合わせた彦七の倅角五郎と甚左衛門倅富士之助、清五郎が相談して、辻図子でも触れ出せば同意のものは出るだろうということになり、泥図子の安左衛門宅へいって様子を問い合わせた。これが契機になって、辻・泥図子のものが中心となり原図子が加わって、領主の倉橋氏の江戸屋敷に直訴することになった。まず五〇名余の百姓が五日の夜、村内長延寺の薬師堂に集まって、議定をおこない名主宅に押し掛けた。名主は願いは取り次ぐが、すでに年貢金納を請けたことでもあり、成功は難しいと小前を説得したので、小前側は予定通り、長延寺に引き上げ、いったん帰宅して、ただちに江戸へ向けて出発した。途中、桐ケ谷の茶屋で休息をとり、訴状を作成して、江戸に入り、虎ノ門の近くで、訴状を参加者に読み聞かせ、倉橋氏の屋敷にいたって門訴した。

百姓は、倉橋氏の屋敷内に収容されたのか、門前で交渉したのかはっきりしないが、ともかく三日間、願いをつづけた。しかし八日になって、後を追いかけてきた百姓代や江戸に出ていた有力百姓の掛け合いで、村役人より願いを取り下げることにして帰村し、結局失敗に終わった。取調の宥免を願って、百姓新五郎が倉橋氏の組頭や勘定奉行所の御帳掛りに出訴するなどのことがあったが、幕府のとりあげるところとならなかった。その後の取調の結果、中心的役割を果たしたとみなされた庄左衛門・安左衛門・彦七倅角五郎・甚左衛門倅富士之助の四名が手鎖の上、押込、宥免願いをおこなった新五郎が押込を命じられ、参加した四六名の百姓が御叱りの処分を受け、一件はともかく終息を見たのであった。

三　風聞・発頭人・重立

1　風聞

門訴一件の発端は、原の百姓庄左衛門が年貢金納に出かけた辻の角五郎と富士之助を止めたことにあった。角五郎・富士之助の口書では、このとき庄左衛門は、泥のものが米納の門訴をするといっているので、その差障りになってはいけないので見合わすべきであると述べた。これにたいし、角五郎らは名主方にまず願い出て、受け入れられなければ、江戸屋敷に直訴するのがよいといい、数刻話し合って、金納は止めて帰ったという。

庄左衛門は、最初の取調で、門訴をするといった泥の百姓は茂右衛門・源左衛門・新太郎の三名で、また安左衛門からも不満を聞いたと、供述したため、それぞれにたいし取調がおこなわれた。しかし茂右衛門ら三名は、一一月一日に名主宅で金納の申し渡しがあった後、帰りに名主宅の門口で、庄左衛門が自分は金納でもよいが各々は難儀するだろうというので、米を売って金子を調達するしかないと答えただけで、それ以上の話はなかったと主張した。また安左衛門は、事実無根で一〇月二九日に江戸へ出て一一月三日の夜に帰宅し、四日も庄左衛門にあっていないと述べた。取調が進んだ結果、閏一一月になると庄左衛門は茂右衛門らの供述を認め、泥の門訴計画については「承り候儀ニてハ無御座、私一身之存寄ヲ以」て角五郎らに伝え、安左衛門についても事件後のことを考え違いしていたと訂正した。庄左衛門は「私義老衰仕」ためにこのような間違いを申し立てたと詫びたのである。

一揆の取調にあたって、参加者が自らの責任を回避するために、自分の果たした役割を極力小さく供述し、証言が矛盾することはよく見られる。したがって、この証言の食い違いについても慎重でなければならないが、それにしても庄左衛門の言動は、「老衰」といわざるを得ないような一貫性に欠けるものであった。

天保一四年（一八四三）の宗門帳では、庄左衛門は死去していて年齢を知ることはできないが、その妻は六二歳で存命であった。とすると門訴一件当時、妻は五一歳で、庄左衛門は五〇歳以上であったと考えられる。まだ記憶が混乱するほど「老衰」する年齢とも思われないが、その後、角五郎らが泥の安左衛門へ門訴を問い合わせにいったさい、泥側にはその準備がなかったことは、多くの供述が一致している。庄左衛門は、角五郎らの金納を止めておきながら、自分は翌日金納を済まし、門訴にも参加した。原図子は、泥・辻とは異なって、それほど参加強制は強くなかった。しかし庄左衛門は最初、倅を出し、倅が印形をとりに長延寺から戻ってくると、わざわざ自ら出向き連印を頼んで、名主宅へ出発まで、百姓義兵衛宅で酒を飲んでいたという。いっぽう長延寺では一部に、発頭人たちと並んでいたという供述もある。また名主宅に向かったさいは、頼まれて、龍太郎というものとともに、願いの口上を述べる役目を務めるなど、その言動は首尾一貫しないところが多い。

庄左衛門は、天保五年（一八三四）の飢饉のさいの夫食調査では、家族四人で米・麦各一俵をもち一応、夫食がある百姓に数えられてはいるが、金納に困難を感じないというほど富裕であったとは思われない。したがって庄左衛門が自分の期待を多分にこめて、角五郎らに事情を説明した可能性は高いのである。庄左衛門と角五郎らの話し合いが「数刻」におよんでおこなわれたが、そのなかで、名主に訴えた後、直訴を敢行するという一件の基本構造があらわれた。とすると南加瀬村の門訴一件は、期待に基づいた不確かな風聞が百姓の話し合いのなかで、真実味を帯びるようになるという相互交流の過程をへて構想されたといえるであろう(10)。

2　発頭人

角五郎らは直訴計画の情報を得たものの、ただちに、門訴の組織化に進んだわけではなく、四日まで行動はおこさなかった。四日の夜になって、彦七家で「風呂相建候節」に、居合わせた彦七伜の角五郎と甚左衛門伜富士之助、清三郎が話し合い「当組之義も、一統え触出候ハヽ、同意之者は罷出可申」となったことから、門訴へ向けての具体的行動が開始された。彼らは、まず辻図子の惣右衛門宅で伜の千代松に同道をもとめ、つづいて善兵衛にも呼び掛け、途中新左衛門に出あったのでこれを加え泥図子に向かった。泥図子では安左衛門宅を訪れて、計画を尋ねた。安左衛門は一〇月二九日より江戸に出ていて、三日の夜帰宅したばかりなので、事情を知らなかったが、角五郎らより直訴計画を聞いて「私組内之義も、触次差出し一同承知ニ候ハヽ、長延寺薬師堂え五日夜寄合候」と答え、翌日になって門訴の具体的行動が開始された。

以上の経過から、途中で辻図子の一行に出あって同道をもとめられた新左衛門をのぞいて、一一月四日の夜の関係者を門訴の発頭人と見ることができる。そこで彼らの性格を検討すると、彼らは何れも村役人ではなかった。また彦七家に「居合」わせたという三名は、門訴一件のさいは二五歳の同年で、二名がまだ家督を継いではいなかったが、いずれも妻子をすでにもっていた。彦七家については不明であるが、天保五年（一八三四）の飢饉のさいの調査では、甚左衛門家は売るだけの米穀をもち、清三郎家は飯米を確保していた。彦七家についても風呂をもっていることから、比較的余力のある家であったのではないかと思われる。しかし泥図子の安左衛門は風呂をもちながら、この年の調査では、飯米のないものの項にあがるので一概にはいえない。三名は同年で、境遇も似ていたから、相当気安い仲であったのであろう。また彼らが、泥図子の安左衛門宅への同道をもとめた惣右衛門倅千代松と善兵衛については、惣右衛門家は夫食があり、善兵衛はわずか三斗であるが販売できる食料があると計算されている。千代松も善兵衛も当時三三歳で角五郎らより一段高年齢であった。泥図子の安左衛門は三九歳で、二五歳の角五郎らが話をつけるには、千代松や善兵衛の仲介が必要であったのであろう。安左衛門についてては、その性格がはっきりしないが、辻図子のものが彼に問い合わせたことを考えても、泥図子をとりまとめることのできる人物と目されていたことは間違いない。彼は村役人ではなかったが、翌日触次をして泥図子のものを動員することに成功している。

3　重立

一揆においては、発頭人と重立が同じでないことが、よく見られた。発頭人は一揆の組織者ではあるが、一揆勢がいったん蜂起すれば、一揆集団自体の論理が機能して新たに重立があらわれ、一揆を指導した。南加瀬村の門訴一件でも同様な事態があらわれている。門訴を呼び掛けた発頭人は、辻の彦七倅角五郎・甚左衛門倅富士之助・清三郎と泥の安左衛門で、これに風聞を流した原の庄左衛門を加えたものが発端の中心人物であった。

これにたいし、安左衛門宅の寄合、長延寺寄合の過程で、まず泥の平内が重立として表面に押し出されてきた。平内は頭痛で、倅を寄合に出したが安左衛門に強要されて、自ら同人宅へ出向き、その要求で、泥の連判状を書かされた。また長延寺寄合でも、泥・辻・原の連判状を書き、門訴の途中、桐ケ谷村で休息したさい、門訴の趣意を述べた口上書下書を書いて、虎ノ門の前で参加者へ読み聞かせている。また沢吉伜龍太郎は、長延寺の寄合で名主方への申し立てを依頼され、庄左衛門と一緒に交渉をおこなった。そして桐ケ谷村で門訴の口上書が書かれるとこれを預かり、倉橋氏の屋敷では口上書を差し出している。

平内・沢吉伜龍太郎は、いずれも門訴勢が結集した後で、重立として前面に出てきたものたちである。平内家は、寛政期より文化期まで名主を勤めた家柄であった。天保五年（一八三四）の調査では、家族五人で米麦各一俵の夫食をもっているが、家勢は衰えていたのであろう。一件のさいの当主は養子で立場が弱く、大勢に逆らって参加を拒否することができなかったと弁解しているが、発頭人たちは彼を重立に入れることで、その権威を高めようとしたといえる。またその文筆能力もあてにされたが、桐ケ谷村で領主に提出する口上書を書いたときは、悪筆なので居合わせたものに清書してもらったという。沢吉伜龍太郎については、最初、辻の発頭人たちは、龍太郎に依頼して、名主への申し立てや倉橋氏への門訴の口上書の提出をおこなったと述べたが、やがてそれは「余人」へ難儀を掛けないためで、「私共より、相頼候義、毛頭無御座候」と否定しており、本人がどの程度、積極的に一件に関与していたかは、はっきりしない。沢吉家も享和元年（一八〇一）には組頭を勤めており、天保五年（一八三四）の調査では、八俵二斗の販売する食料があるとされた。一件のときの当主は、平内の伯父にあたり、江戸に出ていて不在であったが、事件を聞いて百姓の帰村に努めており、有力な人物であった。その伜として、龍太郎は名主・領主との交渉などに、前面に押し出されたのである。

このように門訴勢の結集の後に、重立としてあらわれたものたちは、村役人を勤めた家柄で、その家柄の高さからくる社会的能力の故に、重立になったのだといえる。

四　風呂たて・言継ぎ・百姓仲間

1　風呂たて

門訴の具体的行動が、彦七家の風呂に入りにきた同輩のものの話し合いから開始されたということは、百姓の日常生活での結合のあり方と門訴とのかかわりを示して興味深い。五日の長延寺の寄合に先立って、泥図子では百姓が安左衛門家に集まったが、このさい同家でも風呂がたてられた。百姓武兵衛は「安左衛門家へ風呂相建候ニ付、参り候て休居候処、当組之者追々参り」と門訴に参加した事情を述べている。風呂に入りにいったところ、一件に巻き込まれたというのは、武兵衛の言い訳であろうが、彼が日常、安左衛門宅に風呂を貰いにいっていたことは事実と思われる。おそらく安左衛門は、門訴でしばらく帰宅できないことを予測して、風呂をたて、日頃、貰いにくるものも入れたのであろう。

風呂をたてると、周囲の親しいものが貰いにき、風呂あがりに世間話がおこなわれる。風呂はこうした百姓相互の情報交換や交流の場でもあったが、南加瀬村の門訴一件の場合、これが門訴への転機になったのである。

風呂の施設が、近世後期の江戸周辺の農村にどれくらいあったか、またその利用状況がどうだったかという点については、判然としない。文政七年（一八二四）の武蔵国埼玉郡下蓮田村では、七六戸中二二戸に「湯場」の施設があった[11]。村の総戸数の約三〇パーセントが風呂の施設をもっていたことになる。その特徴を見ると、一寺と名主の家一軒は湯場が母屋に構造的に組み込まれているが、他は土間の外におかれた馬屋に付属しているものが一七例、土間の外に直接付属しているのが三例と、母屋の外に付属するものが多かった。また家屋が大きいものに湯場があるとは限らなかった。湯場の施設がなくとも、湯を沸かして土間や屋外で湯に入ることはできるので、湯場がどうしても必要ということではない。火事への配慮や労働の内容などが、湯場を建築するかどうかの判断に、関係したのであろう。

風呂の利用については、長塚節の小説『土』にその描写がある。[12]『土』は明治四三年（一九一〇）に「東京朝日新聞」に掲載された小説で、長塚節の故郷である常陸の鬼怒川ぞいの農村の明治後半期の状況を写実的に描いたものである。ここでは貧しい小作人の主人公の妻が子供をつれて、東隣の地主の主人の家へ風呂を貰いにいっている場面がある。主人公の妻は、地主の家は遠慮があるので、いつもは少し遠くとも他の家にゆくのだが、その日は、二、三軒歩いてみても、どの家にも風呂がたたないので、しかたなく主人の家にいったという。風呂を貰う家は、主家・隣家などに特定されているわけではなく、数軒の気安い関係の家をあてにしてゆくというものであった。富裕な地主はともかく、普通の百姓の家で、毎日風呂をたてることは難しかったと思われるから、頼みやすい家を数軒もっている必要があったのであろう。また村内に風呂の施設が多くなれば、その関係も主家の支配から比較的自由なものになったに違いない。彦七家の風呂がたったさいに、若い同輩のものが門訴の相談をしたというのは、この風呂をめぐる社会関係が開かれたものであったことを想像させるのである。

2　言継ぎと押し掛け

門訴の動員は、図子ごとにおこなわれたが、その方法は言継ぎと押し掛けとに分けられる。史料によって、これを復元してみると、図7のようになる。[13]原図子については、門訴の中心人物がいなかったためか、誰が図子に

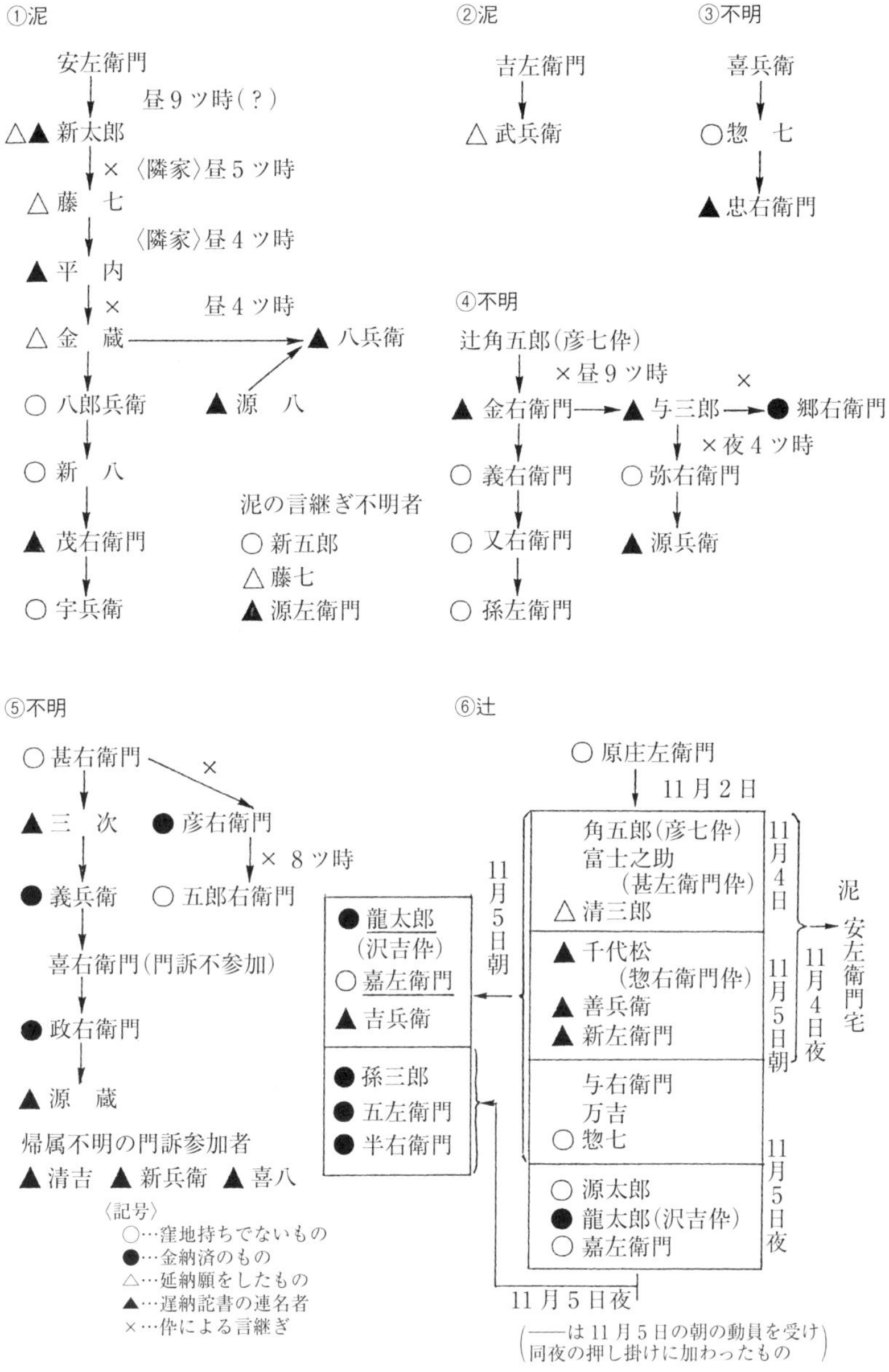
①泥
安左衛門
昼9ツ時（？）
△▲新太郎
×〈隣家〉昼5ツ時
△藤　七
〈隣家〉昼4ツ時
▲平　内
×
昼4ツ時
△金　蔵
▲八兵衛
○八郎兵衛
▲源　八
○新　八
▲茂右衛門
○宇兵衛
泥の言継ぎ不明者
○新五郎
△藤七
▲源左衛門
②泥
吉左衛門
△武兵衛
③不明
喜兵衛
○惣　七
▲忠右衛門
④不明
辻角五郎（彦七倅）
×昼9ツ時
×
▲金右衛門
▲与三郎
●郷右衛門
×夜4ツ時
○義右衛門
○弥右衛門
○又右衛門
▲源兵衛
○孫左衛門
⑤不明
○甚右衛門
×
▲三　次
●彦右衛門
×　8ツ時
●義兵衛
○五郎右衛門
喜右衛門（門訴不参加）
●政右衛門
▲源　蔵
帰属不明の門訴参加者
▲清吉　▲新兵衛　▲喜八
〈記号〉
○…窪地持ちでないもの
●…金納済のもの
△…延納願をしたもの
▲…遅納詫書の連名者
×…倅による言継ぎ
⑥辻
○原庄左衛門
11月2日
角五郎（彦七倅）
富士之助
（甚左衛門倅）
△清三郎
11月4日
泥
安左衛門宅
▲千代松
（惣右衛門倅）
▲善兵衛
▲新左衛門
11月5日朝
11月4日夜
与右衛門
万吉
○惣七
○源太郎
●龍太郎（沢吉倅）
○嘉左衛門
11月5日夜
11月5日朝
●龍太郎
（沢吉倅）
○嘉左衛門
▲吉兵衛
●孫三郎
●五左衛門
●半右衛門
11月5日夜
（――は11月5日の朝の動員を受け
同夜の押し掛けに加わったもの）

図7　門訴の組織過程

属する百姓か、ほとんど確認できないが、大体の傾向は読み取ることができる。門訴では、泥図子は言継ぎにより動員をおこない、おそらく、原図子もそうであったと思われる。また辻図子では、発頭人たちが「大勢」で一戸ずつ廻って、参加を強要する押し掛けによる動員をおこなった。

　言継ぎについては、泥図子の場合が実態をよく伝えているので、この点から検討してゆくことにする。泥の安左衛門は、一一月四日の夜、辻の角五郎らから申し入れがあると、翌五日の朝、隣家の新太郎に相談した。新太郎は「一同之義ニ候ハヽ、承知」と答えたので、組内に「触次」を出すことにした。触次の方法は、口頭で家継ぎに用件を伝えるもので、「言継」と称している。[14] 安左衛門から出た言継ぎは、①のようにつぎつぎと一〇名に伝えられた。泥図子に所属していた②の吉左衛門・武兵衛についても、誰から伝えられたか、言継ぎ関係が復元できないが、おそらく、安左衛門から出た伝達経路にあったと思われる。③については所属を知る手掛かりはなく、④・⑤については、一部に原図子ではないかと見られる記述がある。

　①では安左衛門から平内までは「隣家」であったことがわかり、言継ぎは隣家関係を通じておこなわれた。もっとも民俗学の成果によれば、単純にその家の隣が隣家なのではなく、言継ぎの順が隣家と意識され、これを基準に隣家の共同組織が形成されることがあるというから、かならずしも地理的な関係ではなかった。

　言継がれた内容は藤七の口書きには「悪米願之義ヲ名主方迄相願、若取用無之候ハヽ、御屋敷様へ願出候積り、尤夜ニ入、長延寺薬師堂え寄合名主方へ参り候由申来たり候」とあり、安左衛門と辻図子の角五郎らとの話し合いにそったものであった。つぎの平内の口書きでは「晩程、悪米願ニ付、役元迄参り、若聞届ケ無之候ハヽ、御屋敷様え御願可申上由」となっている。長延寺寄合の項がないが、これは平内からつぎのものへは伝わっているので、省略されているのであろう。基本的には、藤七が言継がれた内容が、伝わっている。いっぽう金蔵は「晩方印形持参ニて、長延寺へ寄合可申」と平内から言継がれ、さらに八郎兵衛は金蔵から「印形持参ニて、長延寺寄合、尤安左衛門方落合之積り」と伝えられたという。悪米願の項が消え、印形持参と安左衛門方落ち合いの項目が新たに加わっている。

印形の必要については、安左衛門の口書によれば、五日の朝、新太郎と相談して触次を出した後、辻図子の角五郎らから、辻図子が爪印の連判をとったと聞き、「私組内之義も、連印ニて取極可申」と答えたことから始まっている。しかし角五郎らは「名主方え参り掛ケ、印形持参ニて、長延寺薬師堂え一同相揃可申」と安左衛門から伝えられたとしており、まったく反対になっている。安左衛門の口書を信じれば、印形持参の項は言継ぎの途中で、その必要がおきて、追加された項目であるといえるし、角五郎らの口書にしたがえば、初めから言継ぎの内容に含まれていたことになる。印形については、新太郎の口書には記述がないが、藤七は安左衛門から連判をもとめられて、自宅へとりに戻っているし、平内も持参していなかった。しかし金蔵・八郎兵衛は印形持参で出かけている。言継ぎの発生源に近いものが印形を持参せず、遠いものが持参したということは、途中で、この項が追加されたことを思わせる。

いっぽう安左衛門宅で落ち合うという件について、安左衛門は自然と集まったといい、自分が言継ぎで組織したのではないとしている。新太郎は本当に知らなかったらしく、安左衛門が遅いので迎えにゆくと、すでに出た後だった。隣家で行き違うことも考えにくいので、おそらく長延寺へ向かったのであろう。藤七も長延寺へゆこうとして、安左衛門宅前で呼び込まれたといい、平内もほぼ同様であった。つまり新太郎・藤七・平内の三名は、安左衛門方で落ち合うことを言継がれていなかったのではないかと考えられるのである。

安左衛門方での落ち合いの項については、安左衛門がとくに指示しなくとも、言継がれている間に、長延寺に出かける途中で、同人宅に立ち寄って様子を聞いてゆこうという合意が生まれ、追加されたということも考えられる。この点では、悪米願の手順が省略されてゆくのと、逆に安左衛門宅で落ち合う項が生じることが注目される。これは単に史料記載の不備なのではなく、悪米願の手順まで、正確に口頭で伝えることが難しかったため、悪米願の項が次第に省略され、代わりに言継ぎの出所である安左衛門宅へ、出がけに立ち寄って事情を確かめてゆくという項が生じたためだったのではなかろうか。

言継ぎで確実に伝えることのできる内容は、普通、日時と会合場所だけといった、かなり簡単なものであったらしいことは、経験者からの聞き取りでもわかる[15]。こうした事件のさいの言継ぎでは、言継ぐもの同士が相互に相談をしたり、情報を交換していたであろうから、ある程度、追加や内容の変更が生じることもあったのかもしれない。いずれにせよ言継ぎの伝達手段としての特質から、解かれるべき問題である。

原図子については、詳細は不明であるが、④と⑤に、原図子と思われるものが含まれている。④では、与三郎が「途中」で金右衛門より「泥・辻一同長延寺寄合之由」を聞いて、弥右衛門・郷右衛門へ言継ぎをおこなっている。口書が供述に比較的近いとすると、「泥・辻」と述べている以上、与三郎はそれ以外の図子に属していることが前提になった発言といえる。金右衛門については、辻の角五郎から「悪米願之義、どぶニてハ取極候由」と伝えられたといい、これだけでは、金右衛門がどの図子に属するかはっきりしない。しかし辻図子の動員は言継ぎではなく、大勢で押し掛けて同意をもとめるというものだった。金右衛門は、原図子に属したため、角五郎は連絡をするにとどめたのであろう。⑤では五郎右衛門の口書に「悪米願義、辻図子ニてハ、有増取極候趣」と甚右衛門より彦右衛門をへて言継がれ、「近所え咄し呉候」と頼まれたという。とするとやはり、⑤も原図子であった可能性が高い。

言継ぎの担い手と速度についてみると、担い手では、当主ではなく伜が多く言継ぎに出ていることが注目される。門訴についても、伜が代理に出されることがあるが、本来は当主が出るべきであると考えられていた。したがって⑤の彦右衛門のように、言継ぎは伜に命じて、門訴には自分で出かけるということも多かった。日常的には、言継ぎは適当な年齢に達したものが家内にいれば、そのものがゆくことが多く、かならずしも当主である必要はなかったのであろう。

いっぽう言継ぎの速度はどのようなものであったかという点を示す記事が断片的ながらあたえられている。①の泥図子の場合、新太郎から藤七へ言継がれたのが、昼の五ツ時（八時頃）で、平内・金蔵へは四ツ時（一〇時頃）となっており、大体二時間ほどかかっている（安左衛門より新太郎への言継ぎが昼九ツ時というのは誤記と思われる）。また④・⑤へ情報が伝わったのはもっと遅かったようで、④では金右衛門が角五郎から情報を得たのは、昼の九ツ時（正午）で、与三郎をへて弥右衛門に言継がれたのが、夜の四ツ時（一〇時）になっていた。また⑤では五郎左衛門に言継がれたのは、昼の八ツ時（二時）であった。

言継ぎの伝達強制について見ると、この場合の言継ぎは、あらかじめ江戸屋敷への門訴が前提になっている非合法な内容であった。正確に伝えられなくとも、おそらく受け手はそれを期待していたし、事態がそこまで成熟しなければ、門訴の呼び掛けをおこなったところで、実行にはいたらない。非合法な内容であることを誰もが知っていながら、門訴にたいし利害が同じでない人びとの間を言継ぎは伝達されてゆく。その場合、言継ぎが止められたり、村役人なり領主なりにもれてしまうことが考えられる。この点については①では八郎兵衛・新八は窪地持ちの百姓ではなかったが、言継ぎをおこない、やはり窪地持ちでない宇兵衛で止まっている。彼らは門訴には参加している。同様な例は④にもある。また⑤の喜右衛門は門訴には参加しなかったが、言継ぎはおこなっている。門訴には参加しなくとも、言継ぎを止めることはしないというのは、言継ぎのもつ日常的な伝達強制力がこうした非常の事態のさいにも、発揮された例であろう。泥図子では機能した伝達強制力も、原図子では次第に弱まっていったのではないかと思われるが、残念ながら、その境界を明らかにすることはできない。

言継ぎの伝達経路の解放性についてははっきりしない。経験者よりの聞き取りでは、通常誰でもどこからでも発することができるわけではなく、出発の家が決まっていた。最初の家は年番で替わっていく場合もあったようである。言継ぎの伝達手段としての性格から見て、伝達経路の利用は平常はある程度、閉鎖性があるのが当然であろう。一件にあたっては、泥の安左衛門の場合は、辻から安左衛門をあてにして問い合わせにいったというのは、これにあたるかもしれない。しかし⑤の五郎右衛門の場合、「近所へ咄し呉候」というのは、言継ぎの伝達経路を日常の手順で利用したのではないような印象を受ける。言継ぎは本来は、伝達経路が一つに定まっており、不特定を対象にすることはない。伝達経路が不特定な対象に拡散していった場合、伝達強制力が低下し、言継ぎの性格は次第に失われてゆくといってよい。そうした状況での伝達方法が、原図子での「近所へ咄し呉候」ということかもしれない。いずれにせよ非日常的な場合、両者が交錯していることはあり得るだろう。

いっぽう辻図子では、押し掛け方式による動員がおこなわれた。角五郎らは一一月五日の朝になって、同志を募って、図子内に参加をもとめて廻った。与右衛門の口書では、まだ寝ているところへきて、参加をもとめた。与右衛門は最初は断わったが、是非にといわれて「同人と一同組内へ相ハナシ」たという。また嘉左衛門・吉兵衛宅には、角五郎・富士之助・清三郎そのほか一同が、「泥ニては有増取極り候趣」を話していった。いっぽう孫三郎・五左衛門・半右衛門らの金納の済んでいたものには、朝はその件を尋ねただけで帰ったが、夜になって、再び大勢で押し掛けて参加を強要した。このさい大勢に加わっていたのは、朝は角五郎・富士之助・清三郎・善兵衛・千代松（惣右衛門伜）・万吉・惣七の七名、夜はこれに源太郎・嘉左衛門・龍太郎（沢吉伜）が入って一〇名であったという。

言継ぎにたいし押し掛け方式は、動員が確実ですばやいことから、一揆では広く用いられている。しかし辻の場合、それだけでない理由があった。泥の場合、悪米願いへの期待が広がっていたことを別にすれば、安左衛門はすでに壮年に達しており、言継ぎを出すだけで、図子内をまとめるだけの自信と信望があったので、この伝達方法を利用したのだと思われる。だが若い角五郎らには、言継ぎのような日常的で伝統的な伝達方法で、動員をおこなうことは難しかった。そこで同志を募り、大勢で参加を強制したと考えられる。この点について、関係者の年齢を前節で検討した以外でわかるだけあげてみると、大勢の参加者では、与右衛門二三歳、惣七三六歳、嘉左衛門二七歳か五五歳（父子どちらが当主だったか判明しない）で、五日の朝と夜に押し掛けられたものは、吉左衛門五九歳、五左衛門四八歳、孫三郎五五歳、半右衛門四〇歳か六三歳（同上）となり、年齢差がかなりはっきり出ている。角五郎らは、まず年齢の近い同意を得やすいものたちを結集していったのである。伝統的な共同結合を背景にした言継ぎによる動員にたいして、辻の場合、同志的な結合が優先されたといえるであろう。

3　百姓仲間と他組

南加瀬村の門訴の場合、門訴に百姓を結集させる論理として、「百姓仲間」と「当組一同」という主張が強調された。泥図子では、安左衛門が言継ぎを出すにあたって、隣家の新太郎に相談したところ、新太郎は「一同之義ニ候ハヽ、承知」したと答えている。また安左衛門宅での寄合では、「一同不致者は、闇討ニ致し候」（「平内口書」）とか「一同へ加り不申者は、百姓仲間相外し候」（「金蔵口書」）などと気勢をあげていた。辻図子では、一一月五日の朝、角五郎らが源五郎に参加をもとめたさい、源五郎は「当組一同之義ニ候哉と承り候処、一同之趣」といったので参加した。また孫三郎は、金納がすでに済んでいたので参加しないと答えたのにたいし、角五郎らに「百姓仲間一同之義、是非可参」と迫られて参加したという。

いっぽう百姓仲間の内容については、泥図子の百姓平内の口書に興味深い記述がある。平内は安左衛門宅の寄合に頭痛を理由に伜を出したが、安左衛門はこれを承知せず、本人を呼び出した。安左衛門は平内が以前に金納でもよいとしていたので、伜では話にならないと主張したのである。これは平内を門訴の重立にしようという狙いもあったようである。平内はやむなく出てきたのであるが、長延寺にいってみると、藤八・源左衛門らが代理として伜を出していることがわかった。そこで平内は「高持身分ニて、自分罷出不申、如何訳ニ候哉」と強硬に主張した。これにたいし安左衛門は両人はよく承知しており、今晩も一足早くきて相談していると受け合ったので、その場は収まったが、一般に平内が主張したように、当主が出るという理解があったことが認められる。

以上のように、門訴では当組一同と百姓仲間の論理で強制をともないつつ、動員がおこなわれたのであるが、この結果、形成された惣百姓は、一同・仲間の論理とは逆に、かなり異質の要素を含み込まざるを得なかった。門訴には、五一名が参加したが、なかには窪地百姓でないものや、すでに金納を済ましているものが、かなり含まれていたのである。名主の指摘によれば、五一名中、窪地持ちでない百姓は一四名と全体の二七・五パーセントもいた。また金納を済ましたものは九名、一七・六パーセントで、両者をあわせると、四五・一パーセントとほぼ半分にもおよんだ。一同と仲間の主張は、こうした参加の動機のとぼしいものに向けられて使用されていたのである。窪地持ちでないものや、金納済みのものを多くかかえながら、門訴勢を組織するためには、仲間外しの脅しをともなう参加強制の必要があったが、それは多かれ少なかれ一揆に共通するものであった。門訴一件の場合、それが有効に機能したのは、図子の共同結合が百姓をなお強く規制していたという条件があったためであろう。

以上のように門訴の結集の論理を把握した場合、門訴の発頭人たちはどのように、これを掌握したかという問題が残る。もう少し具体的にいうと、どのようにして発頭人は、その主張が一同の総意であるという正当性を確保したかという問題である。

一つは、辻図子でおこなわれたように、順次参加を呼び掛けて、参加者を同道させ、最後は大勢を構成して、直接的に一同・仲間の総意を目に見えるものとして具現させるという方向がある。これは一揆の一般のありようであった。いったん、一揆集団が形成されれば、それは集団の威勢によって、正当性と権威を体現する。とはいっても、集団の形成途上では、その権威も十分ではない。この溝を埋めて、一同・仲間の総意をいわば先取りする形で、集団形成を完成するのが、発頭人の役割であるといえるだろう。南加瀬村の場合、発頭人がこの溝を埋める論理として活用したのは、他組（＝図子）の論理とでもいうべきものであったようである。

門訴の発端でまず、辻の発頭人たちは、泥図子の直訴計画の風聞を聞いて、行動を開始した。いっぽう泥図子では、問い合わせで安左衛門が行動を開始する。翌日になって、安左衛門は辻図子で爪印の連判をしたと聞いて、泥図子でも連判をしようと参加者に奨めた。また辻図子では「どぶニてハ取極り候由」（「金右衛門口書」）と、発頭人が参加を呼び掛けて歩いた。発頭人がいなかった原図子になると、発頭人の強制もなしに、「泥・辻一同長延寺寄合之由」（「与三郎口書」）などという言継ぎがおこなわれた。他組（＝図子）ではすでに、行動を開始したので、自分たちも遅れずに、参加しようという主張は、ここで重要な役割を果たしている。とくに辻と泥の発頭人は、相互に自分たちの図子、あるいは自分たち発頭人より、他のものが先に進んでいることを強調することで、正当性を確保し、百姓を行動に駆り立てようとしたのである。[16]

五　村と図子

1　図子

村は、図子と称する地区に分かれていた。図子は、ズシと訓んで辻子・途子・厨子とも書いた。中世・近世の都市では、大路と大路を連結する小路、辻、町のことを称した。関東では、荒川・多摩川の下流の村落に名称を見出すことができるが、この場合は、室町から戦国期にかけて成立した開発単位だったといわれる。

橘樹郡小田村では、ズシの景観は、屋敷や産土社と耕地を、道とその内側に堀をめぐらして囲った状況を示しており、道の辻で他のズシとつながっているというものであった。ここから自立化をめざした在家が、新開地に土地占有を示すために道によって耕地を囲い、堀をめぐらして、そのなかに住み、やがて分家が多くなり集落を形成したことから、村のなかのムラとして成長したのではないかといわれている。小田村でも、その隣村の渡田村でも、ズシを講中とも呼んで、日待・庚申・稲荷講、無尽・頼母子などの講や屋根葺・道普請・川浚いなどの結もズシごとにおかれていたが、村の近世文書にはあらわれることのない生活結合の単位であった。ズシの規模は一八～三〇戸ほどで、ズシの内部に一〇戸ほどの横町と称する小組が生じる場合もあった。[17]またズシには御厨明神社が勧請されることが多く、荏原郡麹屋村ではそれぞれ草分け百姓が明神社を勧請し、同族的な祭りとして祭祀がおこなわれ、家父長的な家系のものに管理が掌握されていた。[18]

南加瀬村では、図子を「字泥」「字泥図子」と書いたり、自己の属する図子を「当組」といったりしている。南加瀬村の図子の全貌を明らかにする記録はないが、天保三年（一八三二）の「鶴見川瀬違・洲浚自普請箇所附帳」によれば、村では原・辻・泥（どぶ）・東前・恋地（こいち）の各図子に普請箇所を割り当てている。図6の大正六年（一九一七）測量の二万五千分の一の地図では、村の中央に原集落が、鶴見川沿いに辻・土腐（どぶ＝史料でいう泥図子）、北部の北加瀬村との境の加瀬山の麓に東前、越地（恋地）の集落があり、天保の記録と対応している。いっぽう化政期に編纂された『新編武蔵風土記稿』は、一二の小名をあげている。(19) これを方位記載にしたがって示すと、つぎのようになる。

東……原・二藤町
東北……山崎
北……金山・恋地・沼
西北……知木・新田
西……榎戸道・矢口・土浮
中央……矢中

原・恋地・土浮（どぶ）は図子名と一致するが、他は一致しない。しかし大正期の地図を見ると村の東北に山崎という集落があることがわかるから、『新編武蔵風土記稿』のあげた小名は単純に地字ではなく、小集落を意味したようである。山崎が天保三年（一八三二）の鶴見川普請の記録にあらわれないのは、あるいは山崎だけが、鶴見川と矢上川の水系から離れ、両河川の氾濫の被害を考慮する必要がないので、普請割当を受けないためかもしれない。しかし他の小名はいずれも、鶴見・矢上両川の水系に属すから、もし当時、図子として単位をなしていたならば、当然割当を受けなければならなかったはずで、それがあらわれないのは、これらの小名が天保期の図子に含まれているためだと考えられる。大正期の地図によれば、土腐（どぶ）と小名としてあらわれない辻は、地理的に明確に分かれるいくつかの小集落からなっていたことが読み取れる。とすると南加瀬村では、『新編武蔵風土記稿』のあげた小名は、最初に述べたズシに近く、天保期の図子は、本来のズシが統合された二次的なものとすることが妥当と思われる。ズシが分家などによって成長した場合、ズシ内に横町という小組を発生させることがあったというが、逆にズシが十分発達しなければ、近世にいたって、統合されて二次的なズシとして存続することもあり得たであろう。南加瀬村の図子はそうしたものではないかと考えられるのである。

2　村と図子

南加瀬村の図子の規模と共同結合の内容についての全貌はわからないが、門訴参加者から、泥図子一六名、辻図子一六名については帰属が確認できる。両図子は全構成員が門訴に動員されたと見られるから、帰属不明のものから若干加わるとしても、二〇戸前後の規模であったのではないかと推定される。その共同結合については、自普請の割当単位としての機能をもち、平常は図子ごとに言継ぎで連絡がおこなわれる連鎖組織をもっていた。皆済状を見ると、村には定使給米二俵が支給されており、村役人は言継ぎに頼るだけではなく、定使に一戸ずつ廻って伝達事項を触れさせることもできたが、図子内の連絡は言継ぎが日常的に使用されたのであろう。門訴では、図子ごとの触次で動員がおこなわれ、図子ごとに議定連判状を作成しており、図子の百姓結合が基盤になって門訴勢が組織されたことがわかる。

村と図子の関係については、明和四年（一七六七）の年貢規定が興味深い事実を伝えている。それまで南加瀬村では、「御年貢之儀、名主・組頭六人ニて、組切ニ取」ってきたのであるが、年貢米紛失をめぐる村方騒動がおきたため、領主の裁定により、この年より村高を均等に三組に分けて、名主・年寄各一名で年貢を徴収することにした。明和四年（一七六七）までの年貢徴収が「組切」であったという場合、その「組」はやはり図子と関係していると見るべきだろう。そこで名主・組頭が六人で組切りに年貢を徴収したとすれば、各一名の担当で六組の年貢組があったと考えることもできるが、この場合、南加瀬村の図子は、原・泥・辻・東前・恋地の確認されているものに、山崎を加えると六図子となり照応する。単純な照応から考えるのは危険であるが、それにしても、この時期で七〇〇石程度の村に名主三名・年寄三名の六人の村役人はいかにも多く、村が多分に図子と密接に関連した「組」の連合体としての性格を強く帯び、村役人はその代表として村にかかわったためであると考えるのがもっとも妥当であろう。

明和四年（一七六七）には、これが再編成されて、三つの組となり、各一名ずつ名主・年寄がおかれ、それぞれに年貢徴収の責任を負うことになった。同年の「為取替名主組頭六人連印証文写」によれば、①村高を「三ツ割持」とした上は、万事対談して手抜きなく支配する、②役人仲間で御屋敷へ願い事があれば罷出る、③御公用ならびに御屋敷への願い事は名主・年寄一体の相談の上にする、④村中の田畑の流地は切り畝歩とはせず、高譲り渡のさいは名主・年寄立会い一同印形をする、⑤御捉飼の回状は月番が受けるが、村の難儀にならないよう他の役人にも知らせる、⑥五節句の礼日は惣百姓は、まず名主・役人方へ勤めて、その後は、百姓仲間で自由に礼儀をする、⑦村中の縁談・養子跡式や嫁貰い、他所への取り組みはその支配の名主へ知らせる、⑧各組の年々の高の増減は五カ年平均とするが、二、三〇石は格別とし、それ以上は割合う、となっている。⑥・⑦で領主側が三組にある程度共同性もあたえようとしたことが、認められる。しかし三つ割持ちは上手く機能しなかったようで、明和七年（一七七〇）には二組に再編成された。その後の組の推移は直接わからないが、南加瀬村では、文化期まで、名主二人に組頭二～四人の体制がつづいた。

しかし文化期以降は、名主が一人となり、文政一〇年（一八二七）名主・組頭・百姓代各一名に減少し、天保三年（一八三二）にいたった。辻の三名の百姓が、名主の役宅へ金納年貢を納めにゆく途中で、止められたことから、門訴一件が開始されていることでも明らかなように、この時期、各組は組頭が年貢を取りまとめるという年貢組の機能はもっておらず、年貢は名主のもとに直接集められたようである。この時期の年貢以外の宗門人別帳や下付米の連印帳などを見ても、とくに組や図子ごとの記載を見出すことができない。組やこれをささえていたと見られる図子の機能は、この時期になると年貢徴収など村支配の面では認められず、自普請など村内部の共同機能に限られるようになったのである。こうした動向を大きな視点から見ると、村の行政機能が、近代社会に向けて共同機能から次第に分離していく過程にあったとみなすこともできよう。この過程で、村役人の役割が行政面へ傾き、百姓の共同結合から離れ始めたことが、村役人が図子を媒介に小前百姓の願いを汲み取って、訴願運動に集約してゆくことを難しくし、門訴に結果したのではなかろうか。図子の側からいえば、年貢組などの支配組織としての側面が希薄となり、百姓の日常結合の場としての意味合いが強まったことが、門訴にあたって百姓が図子ごとの結集を図るのに有利な条件となっていたといえる。もちろん行政機能が共同機能から分離してゆくといっても、その道筋は直線的ではなく、共同体の側から執拗な抵抗があったことが予想される。南加瀬村でも、天保四年（一八三三）には名主一名、組頭二名、百姓代二名、天保一四年（一八四三）になると村役人が名主一名と組頭五名となり、この間、組頭の大幅な増員がおこなわれたことがわかる。門訴が示した村の亀裂を埋めることが、増員の目的であったのではないかと考えられるのである。

おわりに

以上、天保三年（一八三二）の南加瀬村の門訴一件をめぐって、門訴勢がどのような村落の社会結合を媒介にして形成されたか検討してきた。個別の問題については、それぞれのところで述べてきたし、その一つひとつをとりあげて、位置づけをすることには、それほど意味はない。ここでは門訴一件の分析を通じて、一貫して底流となっている社会結合の二つのあり方について指摘して、終わりたい。

その一つは、言継ぎから図子へと広がる社会結合のあり方である。もう一つは風呂たてから押し掛けへと展開した社会結合のあり方であった。前者を伝統的で共同体的なものとすると、後者は同志的な結合原理であったということができる。両者は相互に排除しあうのではない。後者は伝統的で共同体的な結合のなかから、成長してくる性格のものであるし、相克と補完のなかに優勢になっていくというものである。例えば、一八世紀後半より展開した若者組などが、村の共同性を維持する役割をもちつつ、その枠組みからはみ出してくるという現象も、こうした文脈でとらえることができる代表的事例ではないかと考える。二つの社会結合のありようは、天保期に突然あらわれたのでも、急速に進んだのでもない。一八世紀以降の村落社会の長い変容の過程なのである。この点では、村と図子の関係にあらわれるように、村の共同機能がこの時期、そのなかから行政的機能を分離させ、図子から離れていくという傾向と底流では一致した動きだといえる。[20]

村共同体の内部における以上のような動向が、一八世紀以降の地域秩序の再編を生み出した基底である点を見落としてはならないだろう。[21]

（1）以下、とくに注記しない限り、川崎市南加瀬・深瀬家文書（川崎市ミュージアム現蔵）によった。
（2）安丸良夫『日本の近代化と民衆思想』（青木書店、一九七四年）、深谷克己『百姓一揆の歴史的構造』（校倉書房、一九七九年）がその代表的成果。
（3）安丸良夫「困民党の意識過程」（『思想』七二六号、一九八四年、後に同『文明化の経験』岩波書店、二〇〇七年所収）。深谷克己「日本近世の相克と重層」（同上）。
（4）注（3）の安丸・深谷の両論文では、いずれもこの点の解明の重要さを訴えながら、史料の欠如から、分析の困難なことを指摘している。また山田忠雄『一揆打毀しの運動構造』（校倉書房、一九八四年）は、一揆の組織論に取り組んだ仕事で、本章でも学ぶところが多かったが、組織論は未開拓な分野とされている。個別の一揆では、斉藤純「加茂の騒立ち」（豊田市教育委員会編『豊田市史』二、近世、豊田市、一九八一年）が、天保七年（一八三六）の三河加茂一揆の組織過程を明らかにし、木挽仲間と若者衆が発頭であったことを指摘しており、一揆の組織過程がわかるきわめて興味深い事例を提供している。民衆運動史のこの分野で、近年、もっともすぐれた成果をあげたのは、藪田貫「国訴の構造」（『日本史研究』二七六号、一九八五年）以下の国訴研究であるが、村内部の問題については明らかではない。
（5）川崎市編『川崎市史』資料編二近世（川崎市、一九八九年）四〇二〜四一四頁。
（6）「　」内は、史料表現である。以下、史料から抽出した用語は、煩雑さを避けるため、初出のみ「　」で示すにとどめる。
（7）『新編武蔵風土記稿』巻の六五、橘樹郡の八（雄山閣、一九三〇年）。
（8）木村礎校訂『旧高旧領取調帳』関東編（近藤出版社、一九六九年）。
（9）以下、史料は天保三年一二月「窪地百姓五拾壱人御門訴いたし候ニ付被召出御吟味中書付之写其外新五郎欠込訴書面共控御裁許御請書控」によった。
（10）以下、門訴の形成過程や社会結合については、G・ルフェーヴル著、二宮宏之訳、『革命的群衆』（創文社、一九八二年）に学ぶ点が多かった。

(11) 蓮田文化協会編『蓮田文化叢書』四三号(蓮田文化協会、一九七二年)。
(12) 長塚節『土』(新潮文庫版)一一~一三頁。
(13) 門訴をおこなったのは五一名であったが、図7には、関係者が五五名あがっている。一名は門訴に出なかったから、三名多いことになる。史料によって、伜の名前と当主の名前で記載されることがあり、重複しているものがいるのではないかと考えられる。
(14) 福田アジオ『日本村落の民俗的構造』(弘文堂　一九八二年)九九~一〇二頁。
(15) 以下、聞き取りについては茨城県龍ヶ崎市について、渡辺公雄氏、島根県飯石郡赤来町について吉川顕麿氏から御教授を得た。
(16) 同様の記述が加茂一揆にも見られる。この点は従来、「扇動」(斉藤純、前掲)としてしか理解されなかった。しかし、こうした主張は、他人任せの正当性という消極的な側面を含むにせよ、二つの点で、見すごせない重要性がある。一つは、孤独分散的な性格を本質とする近世百姓存在にとって、こうした「他」への依存は基本的なものであること。一つは、いっぽうで「他」者比較は百姓に視野の広がりを示し、ナショナルな百姓意識への一階梯となる積極的な側面をもつことである(深谷克己、前掲)。
(17) 竹内清「『ズシ』について」(日本地名研究所編『地名と風土』五号、三省堂、一九八六年)。
(18) 三輪修三「『ズシ』と村」(日本地名研究所『地名と風土』六号、一九八三年)。
(19) 『新編武蔵風土記稿』(前掲)。
(20) 柴田三千雄『近代世界と民衆運動』(岩波書店　一九八三年)二〇七~二一四頁では、サークルの形成という形式で、共同体的結合関係から、新たな社会的結合関係が成長することが指摘されている。
(21) 藪田貫「近世後期の民衆運動と地域社会・国家」(『日本史研究』三〇七号、一九八八年)は、民衆運動にあらわれた惣代の委任関係から近世後期の地域社会と国家を展望したすぐれた仕事であるが、本章で見た民衆の日常的社会結合の変容については、十分視野に入っているとはいえない。近世後期の地域論を検討する場合、避けることのできない課題の一つであると考える。

付記　本章は、川崎市史編纂にともなう史料収集に負うところが大きい。この場をかりて市史編纂委員会ならびに、筆者を市史編纂の一員に加えられ、ご指導いただいた村上直先生に深謝の意を表したい。

第一一章　寛政期肥料国訴の動向について

はじめに

国訴は近世の畿内において、木綿・菜種の販売統制にたいする反対と肥料高騰を訴え、摂津・河内・和泉など国単位で大坂町奉行所へ訴訟をおこなった運動として知られている。畿内農村の小商品生産を代表する作物が木綿と菜種で、その肥料として干鰯・鯡粕などの魚肥が大量に投下された。木綿は繰り綿・綿糸・木綿織に加工されて全国に販売され、菜種は灯油として大坂・京だけでなく、江戸に送られ都市生活をささえた。また魚肥は、近世中期には五島列島、豊後水道、房総半島などから干鰯が、後期には蝦夷地から鯡粕が運ばれてきた。その意味でいずれも近世的な全国市場と結びつくことで成り立っていた。木綿ではその優良な品質や織物技術と、菜種では精製技術の高さが、後進地域にたいする畿内の優位を保障していた。また魚肥が紀州をはじめとした畿内漁民の進出で後進地域で大量に漁獲され、安価に供給されたことにより、作付に有利に投下することができた。畿内を中心とした近世的な全国市場は、遠隔地取引を前提にしており、木綿・菜種に象徴された畿内の生産力的優位性は、こうした遠隔地市場によってささえられていたといってよい。しかし一八世紀中葉以降、各地に木綿や菜種の栽培が広まるなど国産品の生産が拡大した。これにともない特産地で魚肥の需要も増加したので、大坂に入荷する魚肥が減少して、価格が上昇するようになった。各地で特産地化の動きが生じたことで、畿内の優位性は動揺を始めたのである。いっぽう畿内のなかでも農村に絞油業や木綿織物業が広まり、在郷商人や富農が台頭して、大坂や城下町商人の特権的集荷機構を脅かすようになっていた。こうしたなかで幕府は、大坂の問屋商人を中心に株仲間を結成させることで、その集荷力を高め、江戸の物価の安定を図る政策をとった。ことに木綿と菜種の株仲間の結成による集荷の強化は、農民からは問屋商人らの独占による買いたたきを許すものとして批判の的になり、国訴が展開することになった。

ここでは、寛政期の肥料国訴にかかわる史料を紹介して、国訴の問題について考える手掛かりとしたい。

一　肥料国訴について

国訴の研究については、すでに厚い研究史があり、その整理もおこなわれているので[1]、ここではふれないが、肥料についてでは従来あまり研究が進んでいなかった。

八木哲浩によれば、大坂干鰯仲間は株数を固定されて冥加金を納める株仲間ではなく、一定の加入金を納めれば参加はそれほど困難ではなかった。当然、売買について独占も認められていなかった。しかも取り扱ったのは、魚肥だけで、干粕・油粕類以下は流通経路を別にしたので、肥料の高騰についても大きな影響力はなかった。このため当初、大坂干鰯仲間が二つに分裂したことにたいして、競り買いが激しくなって魚肥が高騰することを批判した以外には、主として肥料商の欺瞞的取引を批判したり、魚肥高騰自体の困難は訴えても、それ以上の展開をもち得なかったとしている。手広販売をもとめて、幕府の都市特権問屋保護政策と対立した木綿・菜種の国訴とはやや性格を異にしたのである。「肥料の国訴には領主的流通機構の排除、農民的流通機構の展開といった発展法則を認めえない」「極言すれば繰り返し的な単なる請願にとどまった」というのが八木の総括であった。このため八木は肥料国訴については文政期以降は、ほぼ同じ内容の訴訟であると説明を省略している。(2)

これにたいして平川新が、肥料国訴が他の国訴に先行しておきることが多いことに注目して、国訴の先導役としての重要性を指摘し、畿内肥料市場の構造の分析をおこなったことは貴重な成果であった。さらに平川は、肥料国訴を消費者問題の視点からとらえることを主張し、さまざまな違いをもつ畿内農村が消費者として容易に一致でき、いち早く国訴の連帯を形成することになったとしている。さらに国訴には他国売や外商人を禁止する要求があり、そこには大坂、畿内中心主義が反映されていたことを指摘した。この地域中心主義は地域間矛盾を引き起こす可能性があり、そこにこの調整にあたる幕府統治機構、国家の変容の問題まで引き出す契機を見出したのであった。(3)

国訴は、散発的に各郡や地域の訴訟がおこなわれているうちに、それが連合して大きくなり、ついには国単位の訴訟に発展することが普通であった。したがって、国訴というほどに発展しなかった訴訟も多くあり、また訴訟の内容も国訴に集約されるまでは、木綿・菜種の統制反対や肥料値下げなどさまざまな要求がそれぞれ個別に出されて、それが拡大する過程でまとめられていった。このため国訴に集約される前段階の訴状まで含めるとかなりの訴状が残されている。これらはかつて、八木哲浩によって国訴年表として集成されたが、その後補足したものはなく、もれているものも少なくない。(4)平川新の肥料国訴の調査によると、八木年表段階では三五件だった国訴も、現在五一件が確認されているという。ただ平川の指摘によれば、八木年表掲載のものも含めて、多くは完結した内容というのではなく、個別の要求としておこなわれたもので、これらを一括りにすると、肥料国訴は一四段階に区分できるとされる。(5)

このうち、ここで紹介する史料の前提となる、寛政期までの肥料国訴を簡単に要約すると大坂干鰯屋仲間が二つに分裂して、干鰯を競り買いしたため、価格が高騰したとして元文五年（一七四〇）に摂津の村むらが訴えたのが始まりで、寛保三年（一七四三）には摂河泉村むら両組の合同や買い占め、交ぜ物など不正取引の禁止、外売商人、廻船の途中での販売禁止（道売）、魚油搾りの禁止が訴えられた。その後、宝暦三年（一七五三）には摂津島上・豊島・川辺郡から買い占め、不正取引禁止の願が出された。さらに宝暦一一年（一七六一）には、摂津豊島郡から干鰯の取締支配人を設置することに反対する訴願が、天明六年（一七八六）には摂津・河内の四郡から株会所設置反対運訴願がおこなわれている。天明八年（一七八八）には摂河二一郡、和泉四郡から買い占め、不正禁止、外商人の禁止、百姓直買をもとめる訴願があった。このときは大坂町奉行所が同趣旨の国触れを出し、以後、村むらは国触れの発令をもとめるようになる。寛政期になると、寛政元年（一七八九）に大坂干鰯屋仲間が再び分裂したことにたいする反対で、摂津豊島・川辺郡から反対訴願がおこなわれ、同二年（一七九〇）には摂津武庫・川辺・豊島郡が干鰯の高騰で米価に準じて値下げすることを願った。平川年表にはとりあげられていないが、小林茂は寛政四年（一七九二）一一月にも摂津東成・西成・有馬郡村むらの肥料高騰を訴える訴願があったとしている[6]。こうして寛政六年（一七九四）には摂河二三郡の買い占め、不正禁止の訴願がおこなわれ、干鰯屋の不正の監視団を派遣するなど、文政期以降のいわゆる国訴概念が成立する時期以前の大きな高揚を迎えたのであった。

ここで紹介するのは、この寛政二年（一七九〇）から寛政六年（一七九四）までの間におこなわれた訴願闘争の史料である。従来から知られていた著名な文書群に属したもので、あるいは他にすでに紹介されている可能性もあるが、主要な関連自治体史や論文を検索しても、掲載が確認できなかった。心許ない点もあるが、まず紹介を試みてみたい。

二　寛政期肥料国訴の展開

①寛政四年閏二月、摂津・河内・播磨村むら訴状

小林茂は、寛政四年（一七九二）一一月に摂津東成・西成郡村むら、有馬郡村むらが連合して肥類の高騰を訴えたとしているが、これに先立つ寛政四年閏二月には、すでに運動は開始されていた。これについて同年六月の訴状が残っている。摂津八部郡花熊村に残された文書は、表題「諸肥類高直ニ付願幷困窮ニ付百姓相続願一件控」となっており、さらに「兵庫津より相廻り候ニ付写取之置候」と表紙に記載されており、兵庫から回覧されてきた文書を控えたものであることがわかる。訴状はつぎのようであった。[7]

乍恐以書附奉願上候

摂州
河州　村々
播州

一、近年私共村々困窮弥増ニて、何れ村方ニも高持百姓共程持高ニ応却て損多、毎年足銀等仕、右ニ付家居を潰し手余地等出来、御田地耕作難引分（合）不勘定ニ罷成難儀仕候ニ付、左ニケ条書ヲ以、乍恐難渋之訳御願奉申上候、

一、摂河播州村々之内ニは、村方ニ寄多ク手余地出来仕壱石ニても高多ク所持仕候もの程難儀いたし候、此

儀は其村乍恐御吟味被為成下、小百姓人別相応ニ居村之御田地請作仕、其余ハ他村之田地請作仕候様被仰付被下度、御願奉申上候、

一、諸肥前々とハ格別高直ニ相成、其上干鰯・油粕等国々より入津仕候共、其侭ニてハ売渡不申、或は水を打、砂を交セ縄俵を拵へ直し申候、右之通ニ仕候得ハ、干鰯勢ひ抜ケ肥しき、目悪敷、勿論右人足賃銀等相懸候得は、自直段も上り申候儀ニ御座候、依之以来ハ諸国より着仕候侭ニて、百姓方へ売渡申候様、且又油粕之儀も右同事ニ付、以来交りもの不仕、買〆等無之様、其外諸国猟場津々浦々ニて、鰯猟相増候様御触流し被為成下度、去ル天明八年申四月御当地町御奉行様え御願奉申上候処、御糺之上同七月願之通買〆并品々交り物致間敷旨、右商売筋之もの共、其外摂河一統御触流被為成下難有奉存候「付箋1」、然レ共今以干鰯直段至て高直ニ付、百姓共肥代銀相嵩ミ難渋仕候、依之大坂三郷小便之儀、前々ハ聊之替ものニて汲取来候処、近年段々倍高直ニ相成、其上市中之内ニて小便渡世いたし候もの多出来仕候故、自然と直段せり上、至て高直ニ相成難儀至極ニ奉存候、市中ニ於て小便渡世仕候儀御差止被為成下候様願上候事、

一、前書奉申上候通、近年耕作難引合不勘定ニ御座候ニ付、何れ村々ニも色々と小商人多相成、依之耕作仕候奉公人ハ至て無数候故、給米銀之儀ハ、前々農業筋一通無滞相働候男壱人ニて給銀米弐石、女ハ壱石弐斗位ニ御座候処、次第ニ高直ニ相成、当時ニてハ男ハ米三石、女ハ弐石程差遣不申候てハ奉公人無御座候、右之趣ニ御座候間、小商仕候ものへも其者人別ニ応し、小作為引請候様被仰付被下置候ハヽ、自然と農業ニ差はまり候様可相成、左候得ハ奉公人給銀ニ響可申と難有奉存候事、

一、御田地夏作草取等之賃金も、年々前条ニ随ひ高直ニ相成、前々ハ壱反歩ニ付七八匁ニ御座候処、当時拾五六匁も相懸り難義仕候間、前書ニも奉願上候通、小高無高之もの共、其村之日雇等不仕、他村之日雇ニ

罷出候儀差留被成下候得ハ、自然と草取賃銀引下ケ可申候と奉存候事、

右之条々御憐愍ヲ以願之通御聞済為成下候ハヽ、村々一統広大之御慈悲難有可奉存候、以上、

寛政四子年閏二月　　惣代連印

此書付寛政四子閏二月惣代共御召願書之砌、段々御糺ニ相成依之御下ケ之上、認替申候願書控、

「付箋1」「油粕交へもの之儀ハ真粉粕ハ綿実之損（カ）からを交セ、菜種粕へハ煎ぬか又ハ庭之はき集土等を交セ申候義故、きゝ目ハ悪敷候上、前々より御田地へは余計相用候得共、作物出来劣り申候、其上直段至て高直ニ付、百姓一統難渋仕候儀ニ御座候」

冒頭、訴訟は摂津・河内・播磨の村むらがおこなったことが示されている。実態として村むらがどの範囲だったかはわからない。花熊村は当時幕領だったので、三カ国幕領の訴状であるのかもしれない。宛所の記載がないが、同じ冊子に写された問い合わせへの返答が「谷町御役所」となっているので、大坂の幕府代官所に出されたものと推測できる。末尾に惣代が出願した後、御糺があり「認替」した文書の控えだとしているので、訴状には別の願いもあったが、役所の取調の過程でこのような内容になったということであろう。

内容は、①村方困窮と高持百姓の耕作の困難性の指摘、②村むらを調査して小百姓に家内人別相応に村内の手余り地を優先的に耕作させ、余裕があった場合に他村の耕作をするように指示する願い、③肥料について、天明八年（一七八八）の例にならって商人が交え物などすること、大坂市中での小便渡世の禁止の触流し、および全国の浦々へ鰯漁促進の触流しをもとめる、④耕作が引き合わない原因として、村むらで小商人が増加して、小作を引き請けないため奉公人給銀が高騰したので、小商いのものにも小作を引き請けさせるように命じることの願い、⑤夏作の草取り賃などが高騰しているので、小高・無高のものへ村内の日雇いをしないで他村の日雇いに出

ることを禁止してほしい、というものであった。

史料の表題にもあるように、肥料高騰から端を発しているが、それにとどまらず、百姓相続願という文脈のなかで問題がとらえられている。そしてそれは①にあるように高持百姓を中心としたものであった。どのような「認替」があったかわからないが、この訴状についていえば、手作り地主・高持百姓など農業専一のものの経営維持への願いが色濃く出ているといってよい。その背景には小商品生産の発展と地域市場の展開による農村の変容があった。小百姓が地域市場の展開のなかで、小商人や日雇いとなり、耕作から遊離し始め、より有利な奉公先や賃銀、小作料をもとめて行動するため、労賃の高騰・小作料の低減が生じていた。それを村内にもう一度押し込めることで、高持百姓の農業経営の維持を図りたいというのが願いの趣旨であろう。肥料高騰は、こうした矛盾のなかで、農業経営をいっそう圧迫する要因であった。

ところでこの冊子にはもう一件、肥料問題の取調が附属している。二月の訴訟のなかで、検討がなされる過程で「谷町御役所」から尋ねがあり、これに惣代が答えたもので表題は「肥類之儀御尋ニ付御答書」となっており、「兵庫津控」となっているから、兵庫から先の訴状と一緒に伝えられたものであろう。その内容はつぎのようである。(8)

乍怖口上

一、魚わたヲ大坂ニて買集肥うり候者町所名前、
一、右之品を取集樽詰ニ致播州へ売遣候由、右船は何様之船ニて積廻し候哉、又ハ播州村々より小船ニても差向大坂ニて買取候哉、
一、右取捌いたし候浜はいつ方ニ候哉、問屋体之もの有之候哉、左候ハ、有増其場所問屋名前承度、

一、右詰樽之儀四斗樽ニて油樽歟、壱樽ニ付何程ニ売渡候哉、
一、播州之外摂河之内ニては、右魚わた買請候村々も有之哉、
右御箇条之趣、御尋ニ御座候、
此段魚之わたを買集肥しニ売候もの之儀ハ、御当地ニては、さこ場又ハかまほこや抔、此筋合を相尋候処、さこ場は諸国より生魚積登し御当地ニて売捌、京都中買場ニて魚わたを取候儀稀成事ニ御座候、尤生魚沢山或は冬之生鰤わた取出し、肥方ニ致候得共、纔之儀ニて何船と極メ播州へ積下候程之儀ハ御座なく、尤海辺へ程近之百姓、右魚屋枢機ヲ以相求、船便積下候儀ニ御座候、中々問屋相立商売ニ致、山中之村々迄、右魚わた肥方ニ行届候儀ニハ無御座候、別て生鯛之わたハ塩漬にいたし喰料仕、肥方ニハ遣不申、且又かまほこや之儀も、右同様之儀ニて御座候、乍併年中を見込油樽壱丁ニ付、魚わた三匁位ニ相対致、油古樽壱丁ニ付、代銀壱匁弐分都合四匁弐分位、是も百姓方枢機之方へ売渡候儀ニて、摂河播州湊々ニて右商売柄之ものハ無御座候、幷右積船取極申儀ニハ無御座候得共、船便ニ播州明石より高砂辺迄積下し候分、凡四斗樽壱丁ニ付船賃壱匁当地小廻し賃凡弐分、中仕賃壱分相掛り、左候得ハ、魚わた樽代小廻し中仕賃、都合凡五匁五分位ニ播州海辺迄着致候様奉存候、
一、摂河播御支配所村々之内、渋川郡之儀ハ是迄ニ魚之わたを買取、少々肥しニ相用候儀も御座候得共、其外郡々ニは是迄相用候儀御座なく候、
一、播州津々浦々ニて取候生鰯之儀ハ、大漁不漁ニ随ひ直段高下御座候、尤高直之節は、酒樽壱丁ニ付、正升三斗入樽代之外生鰯直段凡七匁五分位、下直之節は凡五匁位ニ百姓方へ売渡申候、尤浦々ニて問屋より百姓方又は中買方へ直売ニ御座候、尤口銭之儀漁船買方より銀壱匁ニ付壱分つゝ口銭取之候儀ニ御座候、

右は、此度御尋ニ付、商売体最寄船方等聞合申候処、書面之通ニ御座候ニ付、乍恐書附ヲ以御断奉申上候、以上、

寛政四子年五月十二日

郡々惣代方連印

谷町御役所

乍恐口上

佐州ニて冬中鯛・鰯・さんま之類取之候処、生ニて四斗樽醤油樽ニ詰、田畑肥し積大坂迄相廻し積候処、摂河村々ニて肥ニ買取可申哉、弥肥ニ相成買取たく、凡四斗樽壱ツニ付代銀何程ニ買取可申哉、相糺可申上旨被仰渡候、此儀

此度摂河播州御支配所村々之内ニ右体之肥し、是迄相用候儀ハ河州渋川郡之内ニてハ右ニ類し候品、相用ひ候儀も御座候得共、其外郡々ニては相用候義、不承候得共、近年干鰯幷諸肥し類高直ニ付、百姓一統難渋仕候、右佐州表より積登鯛・鰯・さんま類樽詰之儀も、誠ニ相用ひ度奉存候、依之不案内之儀ニ御座候得共、四斗樽壱ツニ付代銀五匁位ニ候ハヽ、買取申度候、尤醤油樽詰等之儀ハ、右四斗樽壱分代銀之割合ヲ以買取申度奉存候、勿論樽代之儀は右直段之外ニ御座候、

右は、此度御尋ニ付、乍恐書面之通御答奉申上候、尤魚肥し之内ニ鯛魚肥し之儀ハ摂河播州村々ニてハ土地ニ合不申候趣申伝候得共、前書奉申上通り、右佐州表より積登り候樽詰之儀ハ、誠ニ相用ひ申度奉存候ニ付、乍恐惣代庄屋共連印ヲ以御断奉申上候、以上、

摂河播州

寛政四子年五月十二日

物代連印

谷町

御役所

問い合わせは二件で、二通の返答書が出されている。最初のものは魚のわたの取り扱い商人と流通事情についての尋ねである。大坂で魚のわたを集めて販売する商人の名前・居所、播州へ出荷されているというがその運送船は大坂から出るか、播州から来るか、出荷の浜と問屋、樽の規格と価格、播州以外に購入しているところがあるかどうか、という点が尋ねられた。これにたいして惣代は、大坂雑喉場やかまぼこ屋に事情を問い合わせた結果、雑喉場は生魚をそのまま京都などに販売して、そちらでわたを取るので、わたは出ない。ただ冬場に鰤などはわたを取って肥やしにするが、その量はわずかで播州へ売るほどはない。海辺の近い百姓で親しいものに売る程度で、山方まではいきわたらない。鯛のわたは塩漬けにして食べるので、肥料にはならない。かまぼこ屋も同じである。特定の取り扱い商人はいないが、売った場合は油樽一丁に魚わたが銀三匁、樽代が銀一匁二分ほどで販売している。播州明石から高砂位まで送るが、四斗樽で運賃一匁、積み賃二分、仲仕賃一分ほど掛かり全体で銀五匁五分ほどとなる。河内国渋川郡で魚わたを肥料として使用しているが、他は使っていない。播州でとれる鰯は樽詰めで、三斗入り酒樽で、生鰯を銀七匁五分より五匁位で売っていると答えている。特別の流通組織はないとしているものの、大坂から播州明石・高砂までの流通は認めている。河内渋川郡しか肥料として使わないといいながら、播州へ流通があったのだから、利用されていないはずはない。幕府の統制がかかってくることを嫌ったのであろうか。もう一通は、佐渡から冬に鯛・鰯・さんまなどを樽詰めして積み登せた場合、どの程度の価格ならば購入を希望するかという問い合わせに、四斗樽で銀五匁位ならば購入希望の地域もあるであろうと答えている。

小林茂は寛政五年（一七九三）二月に大坂曽根崎新地の町人が、海魚の内臓から油を取り、かすは肥料として販売することで灯油と肥料の高直の双方に役立てたいと願い出たことを紹介しているが[9]、谷町役所の尋ねでは、寛政四年頃から魚の内臓の処理をめぐる何らかの交渉があったことをうかがわせている。

②寛政五年二月、摂津・河内幕領村むら訴状

寛政四年末になると、さらに新しい動きがおこった。寛政四年（一七九二）一二月一七日に村むら惣代が老中松平信明に駕籠訴をおこなったのである。花熊村に伝えられたのは、この事件の後に、幕府代官所へ訴え出た寛政五年の訴状である。表紙には「竹垣三右衛門様御役所え差上摂州五郡河州五郡より願書写し」と説明があり、「耕作元入ニ引合不申難渋之願書」と表題が付いている。そのなかに訴状は駕籠訴状を丸ごと写す形式をとっているので、二つの訴訟を一度に見ることができる。訴状をあげるとつぎのようである[10]。

乍恐以書付奉申上候

一、近年御制事行届、万事取締出来、一統兼約相守候段、偏御威光之程難有仕合奉存候、然ル処、諸事兼約相守候得共、近年耕作元入ニ引合不申、村々百姓続兼一同及困窮ニ候段、乍恐左ニ奉申上候、

一、田畑耕作相用肥類、享保年中迄ハ銀拾匁ニ付、干鰯粉三斗余りも相当り候処、近年追々高直ニ相成、当時は銀拾匁ニ付壱斗より壱斗五升位迄直段上り、其外諸事肥類右ニ准し先年よりは倍増高直ニ相成、勿論大坂三郷町家下尿之分、先年ハ大坂近在百姓共野菜之類を以、替取下尿価ニ金銀差出候義無御座候処、享保年中より大坂近辺ニ御新田数多出来、其上諸国浦々不猟之由ニて、干鰯・鯡・鰊（ママ）・鯑無数、依之肥類次第ニ高直ニ相成、大坂三郷町家下尿之義も中古価銀極ニ相成、追々直段せり上ケ、当時ニては大坂三郷小

便之分除之、其外下尿之分代銀壱年分凡銀子弐百貫目も在之、百姓方より町家へ相渡、其外大坂え通船不出来村々多分御座候処、此分干鰯・鯡・鰊（ママ）・鯑・油粕等肥ニ相用候へハ、右体高直ニ付、御年貢方倍増ニ肥代銀差出、耕作元入ニ引合不申難義仕候御事、

前文之通、肥類高直ニ付、百姓一通り之者ハ衰微仕、商ニ携候者ハ取続候故、小前之もの是ニ泥ミ売買渡世ヲ思付、近年村々小商人多出来、農業励薄相成、勿論農業手当奉公人甚無数適々召抱候ても給銀せり上ケ、先年とハ五割増高ク相成、下男壱人分耕作三反当テ之積ニて、壱反ニ付給米壱石ニ相当り、其上飯料も相掛り候得ハ、御年貢方御上納外ニ高掛り入用、并肥代銀給分飯料農道具等入用迄数々出銀仕候義ニ付、耕作方元入ニ引合不申、近年村々潰百姓出来人家減少仕、御田地手余りニて重高持百姓并新田地地主共取続かね候御事、

一、御検見之節、御殿様御坪刈籾出合ヲ以如何様之御取箇被為　仰付旨、精々被為仰聞承知奉畏候得共、前文奉申上候通、近年諸事高直ニ相成、耕作壱反ニ付先年よりハ肥給銀三、四拾匁も余計ニ相掛り候処、先年同様之御定法ヲ以御取辻被為　仰付候てハ耕作元入ニ引合不申難義至極ニ奉存候御事、

一、年季御定免之義、精々被仰出御定免村方勝手も宜敷願請度奉存候得共、前文之通、近年耕作元入ニ引合不申、村方百姓取続兼候時節柄ニ候得は、先年同様之御定免難請候処、弐拾ケ年御取辻皆上ニ引合被為仰付候段難義至極ニ奉存候、享保年中御定免被仰付候得共、此義ハ其年之風水旱損御高引ニ被為　仰付御取辻ハ減し候ても、御定免ハ狂ひ不申候、然ル処近年御定免請候村々三分内之違作ニて御容捨引無御座候、依之定免村々追々破免ニ相成、勿論近年一統御高免被為　仰付候得共、此上増米仕候てハ、所詮相続出来不申儀ニ付、御定免願差控へ申候、此義何卒廿ケ年御取辻平均ニ少々之増米ヲ以、一同拾ケ年季御定免被

為　仰付被下度、乍恐此段一統奉願上候、右願之通り被為　仰付被下候ハヽ、格別御上不益ニも為不相成、百姓方農業之励出来、諸入用相減百姓相続出来可申候御事、

一、去子年摂河御料所村々御添御検見有之、存之外成御高免被仰付、惣百姓驚入難義之余り色々御訴仕候得共、段々御利解ヲ以厳御取立ニ付、無是悲銘々他借ヲ以追々御上納仕候得共、右他借銀相済不申其外肥代銀払方、銘々相滞有之、此義右体済方不仕候てハ已来耕作之差支ニ相成、立毛出来劣可申段歎ケ敷奉存候、此義連々御勘弁ヲ以、惣百姓取続出来候様御憐愍之程、偏ニ奉願上候御事、

一、摂州之内、京・大坂え手近之村々ハ、前々より縁組又ハ奉公人出入、其外諸商人売買往返ニ付、諸人常々入交り候故、自然と町家之風儀伝染、遠国とハ違、尤家作風体宜敷、依之一同畝詰御座候、勿論石盛甚高ク高壱石ニ免四ツニ候へハ、御田地壱反ニ付御取米六斗ニも相成、耕作元入ニ引合不申候故、百姓一通り之ものハ内分逼迫仕候得共、風体宜敷相見へ候ハ国風ニて御座候御事、

一、近年江戸表より御役人様方数多御出、被為　成取下ケ免直し荒所御改御添御検見「所検見等」（見せ消チ）御料所村々御廻村ニ付、道順帳・村絵図・御田地小前帳面臨時相認メ候義患成、村役人甚心配仕、勿論御廻村御泊村之義、小村ニて難成、大村大家ヲ撰御宿四五軒手当仕、尤賄方木銭米代銀被下候、野菜之品ヲ以相賄候故、此入用銀纔之事ニ御座候得共、大切成御役人様方御宿引請候義、第一御威光ニ恐心配之余り内分之諸失脚弁銀多相掛り候段、勝手百姓難義可仕候、勿論近年之通江戸御役人様方数々御廻村ニ被為　成下候てハ、已来御料村々如何相成可申哉と惣百姓安心不仕、殊ニ御田地不繁昌ニ相成、当時私領方御田地質方引当ニ相成候得共、御料所村々御田地ハ当時質方見合ニ相成、第一上納銀調達之差支ニ相成候段、難義至極仕候御事、

右之通去子十一月十七日
御老中様大坂より南都へ御通行之節、松原宿ニおいて村々惣代共御駕籠訴仕候処、書附御取上ケ被為成其
上、闇峠御休之節、暫く御手間取之上、村々惣代共呼出有之、御用人様被為　仰聞候ハ、書附之趣一覧致
候処、此度ハ差越之願ニ候間、実々難義之事ニ候ハヽ、御支配御代官様ニ幾度も可願出旨被為　仰聞書付
御戻し被為成引取申候、
尤右書附、
御老中様え差上候義ハ、御下一統之義ニてハ無御座候得共、右書附之趣は村々一統実々難渋之義ニ御座候
ニ付、不得止事、乍恐奉願上候、何卒御勘弁ヲ以、耕作元入ニ引合候様被為　仰付被下候ハヽ、自然と農
業出情之励出来、御田地繁昌仕候得は、惣百姓相続も出来、難有仕合ニ可奉存候、以上、
寛政五丑年四月
摂州
河州
村々庄屋連印
谷町御役所
此書附之義、去子十一月十七日御老中松平伊豆守様え御通行之節、大坂近辺惣代人御駕籠訴仕候処、本文之
通ニ被仰渡、依之一郡より壱人宛参会へ出勤当郡神戸村年寄八兵衛惣代、当村印形は市郎右衛門代印仕候、
丑五月廿一日神戸村より書付相廻り候ニ付、写置候、別ニ貯夫食籾麦米ニ願書同様相廻り申候、
此段大坂三御代官、大津、京都三御代官合七ケ所御代官様御下一体之書付文言同様ニて支配限差出之候也、

まず後書・奥書部分の説明から見ると、寛政四年（一七九二）一一月一七日、老中松平伊豆守信明が大坂から南都へ向かう途中、松原宿で大坂近辺の惣代が駕籠訴をおこなった。松平信明は堀田正順が京都所司代となったことを奏上するために上京を命じられ、この年一〇月一日に江戸城において将軍家斉に暇乞いをおこなっている[11]。京で任務を終えた後、一一月一三日大坂にいたり、巡見の後、一七日南都へ向かった。大坂の惣年寄より町触が出ており、駕籠訴の惣代たちはその動静を容易に知ることができたと思われる[12]。惣代は一郡に一人ずつで八部郡からは神戸村年寄が参加し、花熊村は市郎右衛門が代印した。市郎右衛門は寛政元年（一七八九）から花熊村の年寄として名前の見える人物である[13]。各郡訴状に各村の印形が捺されてあったということから、以前から周到に準備がなされていたのであろう。駕籠訴を受けた松平信明は惣代を同道させて闇峠にいたり、昼食の休みのときに訴状を見た上で、差越しの願い（越訴）であるので、訴状のように本当に難義であれば、その旨を支配代官所に何度でも訴えるように命じて帰したという。そこで寛政五年（一七九三）四月になって摂河惣代が同様の文書を経緯を添えて提出したのである。

その内容は、①近年耕作が引き合わないで百姓相続が困難であること。②享保以来新田の増加で需要が増したのに、不猟で干鰯・鯡以下の魚肥が高騰し、これにともない小便・下尿なども高値となったので、耕作が引き合わなくなり、小商売を営むものが増加した。そのため奉公人が減少し、田地が手余りとなり、高持百姓や新田地主は取りつづかなくなった。③検見にあたって「坪刈籾出合」で年貢を算定しているが、従来通りでは、肥料や労賃が高騰しているので、耕作が引き合わなくなっている。④年季定免を命じられているが、先年通りの定免ではとても請けることができないのに、二〇カ年平均に上増を付けるのでは難義である。二〇カ年平均に少々の増米で一〇カ年定免としてほしい。⑤寛政四年に幕領の「御添検見」がおこなわれたが意外の高免で難義している。

⑥京・大坂に近く町家の風儀が移って家作・風体がよく見えるが、畝詰まりの上、高免で百姓一通りのものは内分は逼迫している。⑦近年江戸から役人が多く検分にきて下ケ免直しや検見をおこなうのでその応接に費用が掛かり難義しており、田地が不繁昌で質地も引き合わないので銀子の調達もままならない、というものであった。

肥料の高騰は②だけで、③より⑦は年貢増徴をめぐる問題で、幕府から譲歩を引き出そうとしたものであったとしてよい。寛政改革期になって年貢増徴が試みられており、寛政四年（一七九二）七月には代官にたいして、定免の強化が申し渡されている[14]。そのなかに「坪刈籾出合」の処は厳重に吟味するようにと指示されており、③はこれにかかわってのことであろう。④の定免についても、享保期の定免は不作に高引きがある反面、作柄がよくても定免は維持されたが、近年の定免では三分以上の不作でないと用捨引きがないので、村むらの多くが定免を願い出なくなった。高免の定免では請けられないので、わずかな増米で定免としてほしいとしているが、寛政四年（一七九二）七月の代官への申し渡しで、幕領一〇万石に検見の村は一〇カ村程度にするように指示されており、代官所の定免願の強要に反発したものといえる。⑤と⑦は寛政三年（一七九一）と寛政四年（一七九二）に二度勘定（翌年には勘定組頭格）の勝忠昌らが「荒地段免場改」「上方筋御料所取締御用」として巡見し、吟味にあたったことを受けて、高免となったことを指摘しているのであろう。この時期、将軍代替りの巡見使の巡回、松平定信・同乗完など老中の巡見や勘定所関係者の巡見がつづいていた。松平信明の巡見にあたっても、摂河惣代の駕籠訴だけでなく、羽倉権九郎支配所の摂津西成・東成・有馬三郡の村むらからも「大切成御役人様方御宿引請候儀、第一御威に恐れ甚心痛仕」と訴えが出されているという状況であった[15]。

以上のように見ると、寛政四〜五年（一七九二〜一七九三）の老中駕籠訴と代官所への訴願運動は、肥料国訴というよりは、惣百姓一揆型の運動の性格が強かったということができるであろう。こうした運動を前提に、寛政六年（一七九四）の肥料国訴がおきてくるのである。つぎに寛政六年肥料国訴にかかわる訴状を検討しよう。

③寛政六年、御料私領摂河両国村々取締願

この訴状は表題は「御料私領摂河両国村々取締願」とされているもので、尼崎藩武庫郡上瓦林村大庄屋のもとに残されたものである。[16]

乍恐以書付奉願上候

御料
私領　摂河村々

一、耕作ニ相用候肥シ類、干鰯・鯡・数子・油粕・焼酎粕其外一切肥類、宝暦年中以来格別高直ニ相成、其上色々手管致シ、或は土砂其外一切之骨類籾空等を粉はたき、是を取交水を打、手を尽シ俵直シ致し売出シ候ニ付、風袋おもく臨時之運賃相掛り、勿論耕作ニ相用利目薄百姓方難義ニ付、右体之儀不仕、諸国着之侭売出候様被為　仰付被下度旨、天明八申年摂河両国弐拾弐郡御料・私領八百三拾六ケ村当御番所え願出候処、書付之趣御一覧之上一々御利解被為　仰聞、則御請書奉差上、其上右体之義致間敷旨、当表幷摂河両国え御触書御差出被下候段、難有仕合奉存候、然ル処、其後ニも肥手之類高直ニ付、大坂三郷下尿之義も、先年ハ野菜之類ヲ以替取候処、正徳年中より大坂三郷へ下尿急掃除人と申者出来、段々増長仕、中買と相心得価代銀ニ相究候故、当時右急掃除人不残御取放シ相成有之候得共、価代銀先渡之姿今ニ相残り有之難儀仕候、勿論明年之代銀今年より相渡候様ニ仕、自ラ百姓御年貢より先ニ町家へ相渡候様ニ相成候、小便抔も当時ニてハ銀究、或は綿・餅米等ニて、其上香物・茄子・くき菜等迄出シ候様ニ相成、耕作元入

ニ引合不申、百姓一通り之者は次第ニ困窮仕候故、小前百姓共自ラ売買渡世ニ思付、農業之奉公人甚無少、
近年御田地手余りニて荒地等出来、長百姓幷新田地主共致相続兼、難儀之余り向々御地頭え右之趣願上、
猶其上去々子十一月十七日　御老中様大坂より南都え御通行之砌、最寄村々申合松原宿ニて御駕籠ニ付、
右難渋之趣書付奉差上候処、御取上被為　成、闇峠御昼飯御宿ニおいて御書留メ被為　遊、其上惣代之者
御呼出シ之上被為　仰聞被下候は、右書付之趣実実難儀ニ候ハヽ、支配御役所え幾度ニても可願出旨被為
仰聞書付御戻シニ付引取申候、依之其後も追々御支配御役所え願出候得共、此儀ハ御料所最寄ニて村数
纔之事ニ御座候処、此度摂河両国御料・私領一統右難義之段当御番所へ被願出候由承り、私共村々同様之
儀ニ付、此度御料・私領一体ニ御願奉申上候、尤肥手之類多分当地売人より買取候儀ニ御座候得ハ、何卒
当御奉行所之御威光を以、諸事肥物類直下ケ出来候様、御勘考被為成下度乍恐此段奉願上候御事、
一、百姓之儀ハ麁服を着シ髪等も藁を以つかね、古代之風義ニ立戻り万事倹約を相守り、奢ケ間敷義相改、
質素ニ農業相励ミ可申旨、先達江戸表より被仰出、依之追々村方取締出来難有奉存候、然ル処、摂河両国
之義ハ遠国とは違ひ、京・大坂町家之風義自然と伝染り、内証逼迫仕候得共、風体を取繕五節句等之飾り
物、伊勢参宮之跡ト賑ひ、其外諸祝儀等相互ニ見合ヲ以取締不申、勿論聟取・嫁取広メ之節、所ニ寄村方
之仕来りと号、或は水浴セ・石打抔致シ、且諸道具等打破り候義も御座候得共、引請方ニハ出訴ニも不致
差控候を見込、利不尽ニ石打致候義難儀仕候、尤右体之儀致間敷旨兼て御地頭方より厳敷被仰渡、村役人
共取締仕候得共、最寄□半ニては難取締、此義何卒当御奉行所之御威光ヲ以、五節句飾りもの諸祝儀取遣
等古代之形ニ立戻り、其外伊勢参宮之跡賑ひ酒盛等相止、聟取・嫁取弘之節理不尽ニ水浴セ石打等仕間敷
様摂河両国御料・私領村々一統、厳敷御触渡被為　成下度、乍恐此段奉願上候事、

一、諸勧化幷売薬弘・座頭・浪人・虚無僧、無心合力之儀ニ付、百姓家へ猥りニ立入、六ケ敷申掛難義仕候処、近年御政道厳敷、当時穏ニ相成候段、全御威光之程一同難有奉存候、然ル処、百姓之義例年四月より七月迄ハ男女共ニ農業ニ罷出、家内無人ニ候処、右体之者順在致候てハ難義ニ御座候間、此義何卒四月より七月迄ハ右体之者順在不致様、被為　仰付被下度、勿論冬春ニても順在荷物村次人足取不申様被為　仰付被下度、且又手引無之座頭順在いたし、村次人足取候義、勿論座頭壱人順在致シ、急病死等難計、此儀何卒手引無之座頭順在不仕様、被為　仰付被下度、乍恐此段奉願上候事、

覚

一、百姓方例年四月より七月迄ハ男女共農業ニ罷出、家内無人ニ候間、諸寺社勧化・初穂・売薬弘・座頭・浪人村中へ立入申間敷事、
一、右類順在荷物村次送り人足村方より差出不申事、
一、手引無之座頭、順在致候ハヽ、村次請取不申候事、
一、右類順在人幷往来人及暮止宿乞候共、御支配御役所之御添翰無之分は、一夜之宿も不仕事、
右之通、御伺之上建札ニ書記置候間、右之旨承知可有之候、以上、

月日　　　　　　　　　　　　　　　　　　　　庄屋
　　　　　　　　　　　　　　　　　　　　　　年寄

右之通、摂河両国御領・私領村々入口ニ書札ヲ以書記置申度、何卒此段御赦免被為　成下度、乍恐奉願上候御事、
前文ニ奉申上候通、肥類高直ニ付、耕作元入ニ引合不申儀は、百姓実々難儀之事故、乍恐度々御願奉申上候、

且又村々倹約取締幷諸寺社勧化・初穂・売薬弘・浪人・座頭順在候儀ハ向々最寄ニては取締難行届、乍恐当御役所へ奉願上候、何卒前ケ条之趣、御賢察之上、肥類直下ケ之段、御勘弁被為　成下、其上摂河両国御料・私領村々取締之段、御触書ヲ以被為　仰渡被下候ハヽ、広太之御慈悲一統難有可奉存候、以上、

寛政六寅年

これについては、藪田貫の指摘があるので、まず示そう。(17)

また寛政六年の場合は肥類値下げ請願書が数多く残され、これまた肥料国訴とされたものだが、その時同時に作成された「御料私領摂河両国村々取締願」では第一項に肥料問題を掲げながら、第二項では村々が倹約に努めるよう、奉行所の威光で五節句の飾りもの、諸祝儀、婚礼弘め時の理不尽な水浴びせ・石打ちなどを厳禁にしてほしい。第三項では勧化・座頭などの廻村者を農繁期の四～七月の間に限り認めないことを求め、その旨を告げる建札を村の入り口に立てることの認可を願っている。河州古市郡内の村々にはこの取締願と肥類値下げ願書が同封され、廻されているが、後筆によると勧化取締りの件は「向々地頭へ申出、村限ニ取締」るよう指示があった。また倹約取締りも公儀の触流し要求だけに早々と訴答の過程で姿を消し、審議の継続した肥料問題のみが、この時の訴願闘争として関連史料を多く残した。その結果が今日、肥料国訴としての私たちの理解につながっている。

藪田は国訴を木綿・菜種の統制にたいする抵抗、肥料の高騰への対処をもとめる運動とのみとらえることを批判して、郡中議定を結んで小商品経済の発展にともなう問題に共同で対処しようとする村結合を起点とした新しい地域社会の生成のなかに国訴を位置づけようとした。こうした観点から従来見落とされていた奢侈の抑制や廻村者の制限などが国訴の問題としてとりあげられるようになったのである。

国訴は冒頭に述べたように、全国的特産地形成による遠隔地市場を前提とした畿内の地位低下の循環が、木綿・菜種の価格低下と肥料高騰となってあらわれているいっぽうで、畿内部でも地域市場が形成され始めるなかで、幕府の統制が大坂を中心とした株仲間商人の独占を強化する方向で強行されたことに抵抗した運動であり、三重の課題をもっていた。そのなかで小百姓の小商人化や労賃の高騰、貨幣経済の浸透にともなうさまざまな往来人の横行など地域秩序を揺るがす問題が生じていたのであるから、藪田の指摘は適切なものであったといえる。

河内古市郡ではこの「御料私領摂河両国村々取締願」は、肥料値下げ願と同封されて回覧されたといわれ、国訴の内容の一部だったとされる。史料の大体の内容は、藪田の紹介にあるので省略するが、注意しなければならないのは、この取締願の一条目と二条目の前半は、寛政四年（一七九二）一一月一七日の老中松平信明への駕籠訴状と翌年の谷町役所への訴状を継承しているという点である。藪田はこの点についてなぜか検討していない。ここで紹介した摂津尼崎藩領に廻された取締願では、藪田が紹介した河内古市郡で廻った取締願の後筆にあったとされる勧化取締りは「向々地頭へ申出、村限ニ取締」という文言は見あたらないので、文案に大きな違いがあるのかもしれないが、未見であるので今後の調査を待ちたい。いずれにしても、藪田が注意しなかった国訴の惣百姓一揆的な側面は、この取締願のなかにも明らかに痕跡を残していることは指摘しておかねばならないであろう。

もちろん国訴は、領域を越えて国郡単位でおこなわれる訴願運動であるから、幕領に限定した年貢増徴反対などの要求は、国郡規模の運動が形成される過程で領主ごとの個別の問題として後方に退いていくことが当然といえる。また幕府代官所としても、幕領の年貢増徴反対運動の側面を助長する方向で訴訟を受け入れるわけにはいかなかったであろう。最初紹介した寛政四年（一七九二）閏二月の訴状でも、役所側との交渉で訴状が「認替」えられていったというから、寛政五年（一七九三）から同六年（一七九四）のいわゆる肥料国訴が展開する過程で、訴訟側の結集の必要と幕府側の対応で、年貢問題は分離されてゆき、その痕跡だけが残ったのではなかろうか。そう理解すると、国訴と領主と農民の基本矛盾である年貢をめぐる闘争（百姓一揆）との関係をどうとらえるべきか、新しい水準で問題が問われていることになる。少なくとも寛政四年（一七九二）の松平信明への駕籠訴から翌年の谷町役所訴願までは、幕領に限定されているが国単位の組織で、肥料と労賃高騰による作徳の減退と年貢増徴による農業経営の危機が結びつけられて提起されるという方向があり、惣百姓一揆型の訴願運動が展開する可能性をもっていた。それがどのように寛政六年（一七九四）の肥料国訴へ展開したか、実証的に検討すべき課題がなお残されているといえる。

おわりに

以上、寛政四年（一七九二）閏二月以降、寛政六年（一七九四）肥料国訴までの史料を紹介した。とくにまとめることはしないが、これで見る限り、寛政六年（一七九四）国訴は幕領の訴願が先行して、拡大していった先にあったことがうかがえる。幕領訴願においても摂河播や摂河という国単位の結集が見られ国訴の前段階としての様相があった。また幕領訴願は、いったん老中籠訴で年貢増徴を含めた要求を打ち出すという惣百姓一揆型の運動の展開を示したが、領域を越えた国訴へ発展する過程で、その側面は後方に退いていったということができよう。その過程がどのようなものだったか、実証的に追究することは課題として残っている。

（1）　谷山正道『近世民衆運動の展開』（髙科書店、一九九四年）二部補論。

（2）八木哲浩『近世の商品流通』（塙書房、一九六二年）二五一〜二六六頁。
（3）平川新『紛争と世論』（東京大学出版会、一九九六年）一部の諸論文参照。
（4）八木哲浩『近世の商品流通』（前掲）一七三〜一七八頁。
（5）平川新『紛争と世論』（前掲）五〇〜五一頁。
（6）小林茂『近世農村経済史の研究』（未来社、一九六三年）二三四頁。
（7）神戸大学図書館所管・花熊村村上家文書一一七―三号文書。新保博『封建的小農民の分解過程』（新生社、一九六七年）に、この文書目録がある。現在はこの整理番号が文書とは照応していないようである。ここでは、筆者が調査したときに付けられていた文書番号による。以下同家文書は同様である。
（8）同前。
（9）小林茂『近世農村経済史の研究』（前掲）二三五頁。
（10）神戸大学図書館所管・花熊村村上家文書一一七―三号文書。
（11）『新訂寛政重修諸家譜』四巻（続群書類従完成会、一九六四年）四一〇〜四一一頁。
（12）大阪市立中央図書館市史編集室編『大坂編年史』一三巻（大阪市立中央図書館、一九七一年）三九七〜三九八頁。
（13）神戸大学図書館所管・花熊村村上家文書一一七―六号文書。注（7）文書と同一袋に収められている。
（14）大蔵省編纂『日本財政経済史料』第一巻上（財政経済史料研究会、一九七〇年）二五〜二六頁。
（15）大阪府史編纂専門委員会編『大阪府史』六巻（大阪府、一九八七年）六七三〜六七七頁。
（16）西宮市立郷土博物館所管・上瓦林村岡本家四一―八号文書。
（17）藪田貫『国訴と百姓一揆の研究』（校倉書房、一九九二年）一四四頁。

付記　調査にあたっては、岡本紀士生氏ならびに神戸大学図書館、西宮市立郷土博物館のご協力を得た。記して深謝の意を表す次第である。

第一二章　文政期の肥料訴願と国訴について

はじめに

国訴は、大坂周辺農村においておこなわれた菜種や木綿の勝手販売や肥料価格の高騰を訴えた訴願運動である。そのなかで文政六、七年の訴願運動は、文政六年（一八二三）が摂津・河内一一七九カ村、文政七年（一八二四）が同じく摂津・河内・和泉一四六〇カ村におよび、「国訴」観念の出現した時期として早くから注目されている。国訴の発見者だった津田秀夫の紹介によれば、文政六年（一八二三）国訴の組織にあたって参加していた平野郷代表は、綿と菜種の自由販売を「摂河両国一統より出訴」することになれば、平野郷も参加するが、一村でも欠ければ参加しないと述べた。結局、摂津・河内・和泉三国一統の訴願となったので、国一統の訴として「国訴」観念が出現していたことがわかる（実際は参加率は七五パーセントであった）[1]。藪田貫は「国訴」の語彙の使用が確認できるのは天保期であったとするが[2]、文政期の画期性はやはり大きいと考えられる。

津田秀夫は、国訴の意義について、大坂周辺農村で商品作物の綿と菜種にたいする幕府の三所綿問屋や油問屋の特権を強化した流通統制政策にたいする商品販売の自由をもとめる農民闘争とし、こうした商品作物・流通をめぐる闘争が幕藩制的市場構造の解体を促進する原動力であったと位置づけている[3]。さらに藪田貫は津田の主張を発展させて、国訴の組織過程のなかにブルジョワ民主主義における代表委任制を見出し、個別的な村々の利害がさまざまな交渉をへて一般的な要求に取りまとめられ、国訴という地域の意志が形成される過程に、近代につながる代議制的伝統を見ようとした。その一つが頼み証文で、地域の代表を頼み証文により委任することが国訴でおこなわれたことを指摘している。藪田の見解では、国訴に頼み証文が使用されたのは、安永期が最初であるとされた。訴訟などにあたって、惣代にたいして参加者が出訴を依頼するための証文が頼み証文であるが、これにより惣代と参加者の間には代表委任関係が成立する。代議制における選挙民衆と代議士の委任関係の前提となるようなかかわりが国訴には生まれており、それを象徴するのが頼み証文とされた。またその関係は、封建的な領地関係を越えており、国民国家を生み出すような地域性原理があったとされる。(4)いわば近代的な公共性が地域に成長しつつあることを背景に成立したものだったと理解できる。

ところで筆者は頼み証文を全国を対象に網羅的に集成する過程で、頼み証文は東国の家父長制的な竪型社会が解体する過程で生まれ、全国に広まったことを実証し、百姓的世界の成長とその社会結合の表象としてとらえる必要があることを指摘した。この点については、ここでは省略するが、国訴についてふれると、国訴に頼み証文が使用されたとする藪田の紹介した安永期の文書は、出訴の条件を決めた定め証文系の文書であり、出訴を依頼・委任する頼み証文とはいいがたいこと、そうした場合、頼み証文が使用されたことが確実な文政国訴の意義があらためて確認される必要があることを指摘したことがある。(5)

以上の点を踏まえて、ここでは文政六、七年の国訴の前提になる時期における運動について紹介して簡単な検討を試みてみたい。

一　文政二年、摂津・河内幕領の肥料訴願

肥料の高騰による国訴は寛政九年（一七九七）が一つのピークをなしており、その後、文政六年（一八二三）になって再び高揚したことは著名なことであるが、その間の動きについては知るところは少なかった。八木哲浩や平川新の肥料国訴年表では[6]、文政三年（一八二〇）に西摂津で肥料訴願がおこなわれたことは紹介されているが、訴状が差し出し者などを記していない写本しか残っていないため、はたして提出されたかなどまで含めて不明なままで、とりあえず、文政六年（一八二三）国訴への動きがあったことが想像されるだけであった。しかしこれに先立つ文政二年（一八一九）に摂津・河内の幕領六一九カ村の訴願がおこなわれていたことがわかる史料がある。それとの関係で、文政三年にも訴状が作成されたのであろう。文政二年の訴願の存在が明らかになることで、文政三年の訴状も位置づけの糸口ができたわけである。そこでまず文政二年（一八一九）の訴状を示そう[7]。

乍恐口上

摂州
河州　御料所村々

肥し類直段
引下御願

一、近年打続米穀下直ニ有之、世上一統難義仕候付、先般御触出被為　成下候諸色直段引下ケ方之儀、米穀ヲ以造出し候品は勿論、其余諸色之儀も、米穀を元とし売捌可仕旨、再三御厳重ニ被仰出、農家御救之程ニ難有奉存候、御当地ニおいても御触出御趣意之趣相守、追々諸色直段下仕罷在候処、百姓方作間ニ織出

木綿幷藁(カ)草ヲ以仕立候品々とも、聊之手間賃益ニ仕、売払御年貢足銀ニ仕候所、右之分も諸色下ニ准し、凡弐割方も直段下不仕候ては、問屋売捌ハ勿論、其外綿・米穀・菜種・綿実等迄悉相場立方下直ニ相成、いつれも安直段ニ不仕候ては、買調候もの無御座、摂河州村々一統難渋仕、農業難引合、当時之姿ニてハ御年貢皆済銀御上納方必至と差支、小前之もの離散之基ニ相成可申哉と歎ケ敷奉存候間、乍恐左ニ奉願上候、

一、当卯年作方之儀、凶作と申ニも無御座候得とも、去寅よりハ米・木綿共格別出来劣り、実入升目大無少一体之作柄ニ准し候てハ、昨年より米直段相増可然儀ニ候処、日々米相場下落仕候折柄ニ、前書諸色下御触出ニ付、米穀之方相場相居、右を元として諸色直下可仕御趣意乍恐奉存候所、如何相心得居申候哉、御触出より米穀之儀も、右ニ准し尚又日々直段引下候儀ニ有之、且畑作之場所ハ綿直段も同様引下候事故、問屋向ハ勿論、在々商人も此上如何体之直段ニ相成可申哉危踏買人無数、尤望人有之候ても、此節之相場ニて売渡候てハ、中々以仕当ニ合不申、肥代も引足兼候義ニ有之、曾ハ商人之内農家内証操(繰)廻し方善心得候もの共ハ、爰暫之処相待居候得共、御収納筋ニ差支、直段高下ニ不拘売掛候様罷成、迚も貯置候儀ハ仕兼候事故、自然と直段引下可申、其所ニて可買調抔と見込候義も可有御座哉、既ニ御物成銀納之義ハ、其年々米穀木綿ハ勿論、其余造立候品々幷莚縄俵之類作間ニ仕立売払候て、御銀御上納仕候義之処、前書奉申上候通、右品々大ニ下落仕候上、買人無少売捌自由ニ相成兼候間、おのつから御銀延納ニ相成、銘々御支配様御役所ニても御心配被成下、納方延納仕候訳被為及御聞候得共、御年貢筋之儀ハ夫々納方日数相定り候義ニ付、別段御勘弁御猶予被成下候義も出来兼、尤其余之儀ハ巨細御糺之上、御聞置相成候得共、差当り御銀納方差支候儀ニて、且在々召抱候奉公人も米直段下直ニ付、相稼候もの無之候間、無拠高給ニて召抱、日雇賃銀之義も右ニ准し相増、農業働方之儀は不容易辛苦背造立候得共、諸色高直ニ付、難引合相

歎候処、前書御触出とて、尚又百姓方売捌候品々不残下直ニ相成、右直段損毛ニてハ莫大之御儀ニ付、御銀上納ニ差支候儀ハ勿論、取続方無覚束奉存候、依之今般奉願上候は、百姓方第一ニ相用候干鰯・油粕其余都て肥し類之義造立候作物、諸色之直段ニ引競候てハ、大ニ高直ニ相当り候事故、畢竟作徳も薄く引合兼候間、右品百姓方売捌候諸色直段ニ准し、格別直段引下ケ候様被為　仰付被下度、曽は米穀直段之義も此上引立候様御趣意御賢慮之程、挙て奉願上候間、前書之趣委細ニ為　御　聞召上、御糺被成下候上、在町とも右品値下候上、米穀相場引立方之儀御触流被下置候様仕度奉存候、御聞届被成下候ハヽ、御上納筋無滞出来、摂河州御料所始、一体之村々数万之百姓御救ニ罷成、難渋相凌相続可仕義と、広大之御慈悲乍恐難有奉存候、依て惣代連印ヲ以奉願上候、以上、

文政二卯年

十一月　　　「（朱書）郡々惣代

連印」

御奉行様

「（朱書）下札」

本文肥し類之内、三郷下屎之義ハ先年取締奉願上候処、願之通取締り出来候得共、古来稀成百姓作立之諸品不残直下ケニ相成候上ハ、右取締り御直段ヲ以屎代相渡てハ、迚も仕当難引合奉存候ニ付、先達て摂河三百拾四ケ村より下屎代銀直下之儀、御憐愍御沙汰之程御訴訟奉願上候処、下屎之義ハ不浄之品ニて、外商内ものとは違ひ、三郷家主之もの共と、夫々相対直段も可有之義ニ付、直々及対談候様、御理解被為　仰付難有仕合ニ奉存候、依之追々町家家主之もの共へ及引合、厚用捨を受候様仕度奉存候、就中小便之義往古ハ百姓

作立候香もの類持行、無代ニて肥手浚来候、尤当時ニても船場辺ニては、前々之通青物ニて浚来候場所も有之処、追々羅上ケ餅米・綿・銭等ニて、(小脱カ)便至て高直ニ相成候ニ付、近来米直段等引合候てハ、高直ニ相当候故、毎々百姓方申出取〆りもいたし度候得共、何分下屎方とは違ひ、手広之事故取極難出来候ニ付、是又往古之通作出し候青物ニて、相対出来候様御賢慮之程、乍恐奉願上候、迚も下方ニて引合候ても頓着不仕、銘々勝手之筋のみ申立候義ニ御座候間、米穀ニ准し相当之取計仕候様、御勘考為　成下度、乍恐下ケ札ヲ以申上候間、御憐愍之程奉願上候、

訴状は、竪帳に写されたもので、表紙には文政二年一一月として表題に「摂河州御料所村々より肥し類直下願書写書」とあり、脇に「摂州八部郡灘組惣代控書　花熊村留書」とある。訴願の報告として灘組惣代から花熊村に伝えられたものを留めたと考えられる。留書はこの訴状と下札、後に示す惣代の連名部分からなっている。

　訴状の概略を見ると、幕府がこの年、米穀下落の対策として、これに準じて諸色の値下げを命じたことにふれて、このため綿・米穀・菜種・綿実などの農産物や農間余業の綿織物などが下落して困窮していることを述べている。つづいて昨年より収穫が悪いのに米相場や綿値段も、御触にもかかわらず下落している。商人は先行き値段の低落を予想して、買い入れを控えており、農作物が売れないので、銀納年貢にも差し支え代官所でも延納を認めている。また米穀が安価な上、奉公人も高給を出さなければ雇えず、日雇賃銀も高騰して、耕作が割が合わなくなっていると現状を説明している。その上で、農作物に比べて干鰯・油粕などの肥料代が高騰しており、引き合わないので、米穀値段に相応する引き下げを触れ流してほしいとしている。また下札では、下屎と小便をとりあげ、その汲み取り代の値下げを出願して、相対で引き下げ交渉をすることを認められたが、下屎については家主相手なのである程度交渉が可能であるが、小便は借家人などが代銀を配分するため多人数となり交渉が難し

いので、触れを出してほしいと願っている。[8] 訴状に下札をして追加の要望を出すのは、やや異例とも思える。訴状ができ惣代が捺印してから、大坂近郷から強い要望が出されたのであろうか。

幕府はこの年七月、米穀に準じて諸色値段の引き下げを命じたが、これが大坂に伝えられて七月二一日付で三郷町中へ触れられている。[9] 幕府は、米穀が下落しているのに、これによって作られる酒・酢・醤油・味噌などはもとより、米穀がもとになってできている商品の価格が下がらないのは不届きであるとし、その元値段を下げるように命じたのである。これは幕領だけでなく大名・旗本領にも命じられたので、岸和田藩では諸色掛かりを任命して取締りにあたっている。これにたいして和泉国では四郡寄合が開かれたが、「糞代」については堺近在で相談し、干鰯・油粕などについては取締りの様子を見ようということになって訴願にはいたらなかったとされる。[10]

この訴えは、幕府の物価引下げ政策がかえって百姓経営を圧迫したため起されており、その政策の矛盾が表われたものであったといえる。

幕領訴願は幕府の諸物価引き下げ令を契機におこされたのであるが、その規模と組織についてはつづいてつぎの記載がある。

乍恐御訴訟

摂州
河州　御料所

六百拾九ケ村

「（朱書）
但し右村名書ハ別紙ニ
帳面相認メ奉差上候　右惣代

左之通」

石原庄三郎殿御代官所

摂州東成郡

千林村庄屋　久左衛門

同州川辺郡

広根村庄屋　与右衛門

河州丹北郡

長原村庄屋　武兵衛

小堀中務殿御代官所

摂州豊嶋郡

木部村庄屋　甚右衛門

河州若江郡

高井田村庄屋　平左衛門

同州同郡

西郷村庄屋　五郎右衛門

嶋田帯刀殿御代官所

摂州川辺郡

山本村庄屋　丈右衛門

同州兎原郡
中野村庄屋　弥三左衛門
河州河内郡
池嶋村庄屋　清助
岸本武十郎殿御代官所
摂州東成郡
赤川村庄屋　十助
同州西成郡
大和田村庄屋　治郎左衛門
河州茨田郡
川上四番村庄屋　弥左衛門
辻甚太郎殿御代官所
摂州八部郡
白川村庄屋　左源治
木村宗右衛門殿御代官所
河州
額田村庄屋　小兵衛
上林六郎殿御代官所

河州交野郡
中宮村年寄　儀左衛門
永井飛騨守殿御預所
摂州嶋上郡
富田村庄屋代　喜右衛門
河州茨田郡
一番上村庄屋　太郎兵衛
同州讃良郡
御供田村庄屋　佐兵衛

ここでは摂津・河内の幕領六一九カ村が訴願したこと、これの名簿が帳面に仕立てられて訴状に添えられたことがわかる。また惣代は一八名で、署名のしかたを見ると各代官所と郡ごとに一人出されたようである。寛政四、五年（一七九二、三）の訴状では署名が省略されていてわからなかったが、(11)この惣代の署名のあり方を見ると、代官所という支配ごとの枠組みにしたがっている。いっぽうで各郡ごとに惣代が出るように配慮されている。また全体は摂津・河内御料所と国のまとまりも意識されている。国訴は幕領・私領にかかわらず郡ごとに惣代を出し、国単位でまとめるというものであった。この点でこの訴願は前国訴段階の組織を示すものであった。しかし寛政期の訴願でも見られたが、摂津・河内・和泉や播磨の幕領がまとまって訴願運動をおこすという点では、国訴に近似してきた運動であったということはできる。とくに国といえるほどまとまって訴願が可能な領主支配の単位は、大坂周辺では幕領しかあり得ない。国訴にいたる経験の蓄積で、このような幕領訴願の果たす役割は大きかったといえるであろう。
訴願の結果は別につぎのような文書が残されている。

乍恐御願下

摂河州御料所六百拾九ケ村
惣代共

一、当月七日肥代銀直下之儀、西御役所様え奉願上候処、当御役所様え可罷出旨、被為仰聞承知罷出候処、今般諸式直下之儀ハ趣意ニ付、右肥之内干粕・油粕・干鰯之類ハ直下、夫々え御取調可有之義ニ付、其元共不願出候共、御取締被為　成下候段為　仰聞、左候上は右願書不差出候ても可然哉、御利解被為　仰聞難有承知仕候、右御利解之趣村々小前之もの共へも申聞度、其上御願下ケ仕度、仍之昨廿九日迄御日延奉願上候、村々小前へも申聞候処、此度御憐愍之御趣意、先御取締被成下候段、難有奉存候、然ル上ハ、私共先達て奉願上候願書御下ケ被為　成下候ハは、御慈悲難有可奉存候、以上、

文政二年
卯十一月三十日

辻甚太郎殿御預り所
摂州八部郡
兎原郡 村々惣代
白川村庄屋
佐源治

外御公□惣代拾八人連印

御奉行様

これによれば、訴状は一一月七日に西御役所（大坂西町奉行所）に出願したことがわかる。その結果、呼び出しがあり、干粕・油粕・干鰯の類は諸色引き下げ令に基づいて出願がなくとも取り締まるので、訴願は取り下げるのがよいと説諭された。惣代は、それでは持ち帰って村々の小前に説明して、その上で取り下げるようにしたいと二九日まで日延べを願い、村むらに伝達した上で、三〇日にこの取り下げ願いを出すことになった。和泉四郡寄合は一一月一八日に開かれて、訴願を断念している。摂津・河内幕領の訴願はそれより早い段階で企画・実行されたものであったが、和泉四郡寄合が予想したように、奉行所のとりあげるところとならなかった[12]。しかし惣代が村むら小前に説明した上で、取り下げるとして日延べ願をおこない、これに基づいて取り下げ願を提出したことは、惣代と村むらとの間に、緊密な委任関係があったことを示している。日延べをして抵抗するという側面もあるが、いっぽうで村むら小前の願望を十分汲み取らなければ惣代としての任務が果たせないという緊張関係があったことをうかがわせている。

二　文政三年二月、肥料訴願

こうして文政二年（一八一九）一一月三〇日に摂津・河内の肥料値下げ訴願は取り下げになったのであるが、やはり納得はできなかったようで、文政三年（一八二〇）二月になって再び訴状が作成されている。これは尼崎藩領の西富松村に残された差し出し・宛所がない写本であるので、どのような経過で作成されたか、あるいは提出されたかについてはわからない。文中、諸国から実綿の買い人が「大坂・尼ケ崎・西宮」に宿をとって買い付けるという記述があるので、西摂津地域の事情を踏まえて、この地域で作成されたと見られる。同文書は『尼崎市史』に収録され[13]、八木哲浩・平川新の年表にも採用されているので、ここでは内容のみ箇条にそって紹介することにする。

①近年米穀・木綿が安価なところ、去年秋よりさらに安値になり、地米は三四〜三七匁、木綿は三〇〇目、一斤として四〇斤で上場は五二、三匁、下場は四七、八匁となった。いっぽう諸色は高値なので百姓は困窮している。諸色引き下げ令が出たが干鰯・焼酎粕・油粕などは今以て値が下がらないため、引き合わない。干鰯類の漁場は下値なのに、大坂干鰯屋では高値になっている。

②繰り綿は村むらの繰り商売のものから、最寄りの中問屋へ売り、そこから江戸積み問屋へ売るが、大問屋の口銭が銀一〇〇匁に一匁二分だったのが、中興には二匁四分となり、昨年は五匁となった。また中問屋は繰り綿一貫目に二匁の入目をとっていたが、最近は三〇匁になった。これは繰り綿屋が綿に水を漬けて量目を増すので、その取締りのためだったが、近年はこれもなくなったので入目もいらなくなったのに、かえって増加しているため、百姓方は綿一本（四〇斤）に七匁も値が下がっている。残りの実綿は諸国から買い人が大坂・尼崎・西宮へ宿をとり、宿のものの案内で買い付け、宿のものは実綿一本に一匁の口銭をとっていた。近年は諸国の買い人を宿に止めて、宿のものが百姓からは下値で買い、諸国買い人には高値で売りつけているので止めさせてほしい。

③干鰯類は上品に下品のものを交えたり、「あま」という不正のものを混ぜたりしている。また増量のため塩水をかけ、土砂を混ぜるなど不正をしている。諸国からの俵が一定でないとして、詰め直しているが、百姓方は定量でなくとも差し支えないので、諸国から積み上せた俵のままで売るように命じてほしい。

④焼酎粕は生粕一〇〇貫目で干粕七俵に干上げるところ、生干にした上「すり糠」を交えて八俵半から九俵にして売っている。生干のままなので百姓方が買ってからかびが生えて肥分を失ってしまう。また肥料商売をしないのに買い占めるものがおり、値段が高騰しているので買い占めを禁止してほしい。

⑤干鰯・干粕は風袋俵こみで売買しているが、百姓方から売るものは正味の重量・升目で売る。干鰯屋が買うときは正味で買っているので、百姓方に売るときも正味で売るように命じてほしい。
⑥油粕についても増量のため糠や土砂を混ぜるので、油性も悪くなり効果がないので禁止してほしい。
⑦国々の仕入れ元値段を調べて引き下げるよう命じてほしい。寛保年中には国触で厳重に命じられたが、その後もとに戻ってしまっている。百姓の田地相続、国益のためにも願い出る。

ということであった。内容は②で綿と綿実の問題をとりあげただけで、ほとんど肥料の高値と不正にかかわるものであった。ほぼ文政二年（一八一九）の訴願を引き継いで、より具体的に指摘したものといえる。その具体的な不正などの内容も、一八世紀から指摘されてきたものであった。やはり文政二年（一八一九）の諸色引き下げ令で米穀が引き下げられたにもかかわらず、肥料との格差が埋まらないということが問題の背景にあった。奉行所の取締りの効果があらわれていないことへの不満が出ているといえる。この点で、文政二年（一八一九）幕領訴願を引き継いだのがこの訴状であったということができる。

三　文政六年五月、菜種国訴状

最後に、文政六年（一八二三）国訴状の一事例についてふれておく、この国訴状は文政二年（一八一九）の幕領訴願とともに保存されたものである。すでに新保博により国訴の「案文」として一部紹介されているが、菜種をめぐる訴状としてはもっとも早いものなので、全文紹介することにしよう。(14) 表紙には「乍恐御訴訟」「百姓売買之品手狭ニて難渋ニ付歎キ御願」とあり「摂州・河州郡々何百拾ケ村　惣代」とある。表紙を開くと直接に条文

がつぎのようにつづいている。(15)

一、灯油高直ニて諸人難義ニ付、先年より度々御触被成下、猶又明和七寅年より油問屋并仲買絞り油稼之者、夫々御株ニ被為　仰付、追々御国触之趣奉畏罷在候、然ル処、右商売人とも御免株ニ事寄セ、種々内分取〆仕候て、下々之もの共難儀仕候、既ニ油小売之儀、摂河泉播四ケ国在町共小売仕候者ハ、大坂三郷油仲買共より買受不申候ては、聊ニても小売不相成候様取〆ニ相成、遠路之村々甚々難儀至極奉存候、百姓灯用油之儀は、先年より最寄絞り油屋、亦は小店等ニて直買仕来り申候御義ニ御座候処、去ル寛政十午年初て御口達を以、大坂三郷同様ニ相心得可申旨被為　仰聞、夫より御当地仲買共追々取〆、別て近年厳敷申堅メ仕、依之最寄油屋共遠路之上ケ下ケ駄賃并、問屋仲買共八重之口銭諸掛りもの不益之費夥敷相掛り、百姓共作立候菜種・綿之実売払直段之釣り合とは、格外油高直ニ相当り申候、全体下々之もの共少々之御冥加金銀上納仕候て、右ニ事寄種々工夫仕候て、下賤之もの共ニ難儀為致申候、元来油仲買共儀も、大坂三郷丈ケ之仲買ニて可有之処、御触下国々は不残支配ニ相成候段、四ケ国之在町絞り油屋は不及申、惣百姓共一同難儀ニ相成迷惑至極歎敷御儀ニ奉存候、

一、灯油之儀先年は、関東筋ニては何程も菜種・綿作不仕候得共、追々乍恐　御仁政行届ニて、近来関東筋ニても専ら菜種・綿之実出来仕、絞り油屋稼方相覚へ、年々人数相増出情仕候故哉、三拾ケ年已前迄は大坂より御江戸表へ船積仕候油樽数、壱ケ年ニ凡拾五万樽も積下シ候得共、其後追々相減シ漸々享和年中頃は、四万七八千樽より五万樽程ニ積下シ候て事済候様承り候、勿論右樽数は摂州兎原郡水車新田并大坂油問屋両所より積合樽数ニて御座候、別て近年は猶更樽数減少仕候趣も粗承知仕候、

一、菜種・綿実売買之儀も、先達て油稼方之もの共買入国割被為　仰付、百姓共一同御触之趣奉畏相守り罷

在候所、右ニ随ひ商売人共下ニて内分申談シ仕候故、百姓共売捌キ甚手狭ニ相成、差支難儀至極迷惑ニ奉存候、乍併右両品共直段上下之儀ハ、天情自然之道理ニて御座候得は、左候ハ何程下直ニ相成候迚も、其儀ニおいて相歎キ候義ハ少しも無御座候得共、都て百姓之義ハ農業ニ他事なく候ものゆへ、銘々難儀之筋可相成義と、何等之弁も無御座候愚昧之もの共多候ニ付、諸商売人共如何様之工夫仕候ても、実ニ難儀的当仕候迄は、決て御歎キ不奉申上候、依之文化弐丑年四月当　御役所様へ奉願上候処、右菜種・綿之実油方之義ハ御江戸表より被為　仰渡候義ニ付、当御役所ニては難相《（ママ）》取用旨被　仰付願書御下ケ相成申候、然ル処、其後追々手狭ニ相成、誠ニ必至と難渋相嵩候上、猶又昨午年西国筋拾三ケ国是迄灘目油屋共之買先ニ御座候処、已来ハ大坂表へ積送り灘目買留メ被　仰付、猶更菜種直段下落ニ相成、作立候ても手元ニ難引合相成難渋弥増、百姓共不相続之基可相成義ニ付、右菜種之義ハ裏毛麦作難仕附、且は夏毛稲・綿共出来方不宜候ニ付、無拠菜種仕候義ニ御座候、然ル処、右菜種売払代銀を以夏物肥手買入幷、作立中人夫日雇賃銀、又ハ夫食ニ交易銀等ニ相用候処、右手狭相成直段下落仕候故、夫食ニ差詰自然肥手仕込方も不行届、追々百姓難渋手弱成行作劣仕、本作取実無数候故、おのつから御収納方ニも相響、御不益筋ニ相成候儀ハ眼前之義ニ付、何卒厚御憐愍を以、右両品共ニ寛政年中以前迄之通り、手広ニ相成「〇油方之者共」《（加筆）》〇正路之取捌仕候様、不顧恐御願奉申上候間、右御聞済被下置候ハは、摂河両国普百姓御憐愍御慈悲之程一統難有仕合ニ奉存候、已上、

文政六未年五月

三所問屋共より村方之者ニ為致候一札之写シ

差入申一札之事

一、此度何村ニて実綿六拾五本買附、何国何郡え直売直船積仕候処、其御仲間より実綿荷物之義ハ、往古より外方ニて直買直船積不相成義、厳敷御引合被下驚入申候、私其儀ハ兼て承知罷在候得共、右荷物川内ニおいて、元船へ積合候ニてハ無御座、彼村方より何国へ直送り仕候故、不告(ママ)候義ニ相成行候段、全心得違、重々誤入候ニ付、段々御詫申入候処、御了簡ヲ以御仲間御一統御承知被成下忝存候、然ル上は、向後実綿荷物ニ限り直売直船積ハ不及申、御一統(カ)仲間差障りニ相成候義、決て仕間敷候、万一右体相洩候義御座候得は、此証文を以、如何様被仰下候共、一言之申分無御座候、為後日一札仍如件、

如此仲間へ被取候故此度難義と申立候事、

文政六年（一八二三）国訴は同年五月に、三所実綿問屋の独占に反対する摂津・河内両国七八六カ村の訴願が早いもので、五月中には一〇〇七カ村訴願に発展した。しかしこの時期は、実綿の手狭の売買が問題で、この史料のように菜種の問題は出ていなかった。菜種の手広売り捌きや油の直小売要求に発展したのは六月で、現在知られているものは文政六年六月一三日付の摂津・河内一一七九カ村の訴願が初願とされる。これから六月中に三回の訴願が知られており、文政七年（一八二四）の摂津・河内・和泉一四六〇カ村訴願に発展していった。したがって五月の訴状は本史料だけである。これは「摂州・河州郡々何百拾ケ村　惣代」とあるように案文であると考えられる。訴願がおこなわれたかは定かではないが、計画が早くからあり、五月の出訴を予定していたことは間違いない。摂津・河内両国七八六カ村の訴願を写した文書によると、三所綿問屋を相手取る訴訟は、四月一七日に案文が出され、翌一八日には菜種のことで参会があったが、五月二、三日の参会では分訴することになったという。また五月二五日に訴状を出した後、二六日に油方の願書の案文が三日市村庄屋五兵衛から出されたとしているので、その案文である可能性はある。[16]

また訴状の後に付けられた三所問屋へ出した詫びの一札では、文中「実綿六拾五本」と具体的な数値があり、また末尾には三所問屋へ一札がとられて難義であったことが記されているので、実際にとられた一札を「何村」などと事実部分を外して雛形のように写したものであろう。三所実綿問屋の独占反対の訴願のため、文政六年（一八二三）五月に古市郡村むらが差し出した頼み証文に、三所問屋が「遠国・他国え之直売・直船積を指留メ、直船積いたし候地場商人共より心得違之誤一札」をとったとあるので、その雛形と考えられる。[17]村むらでは、一札をとられて難渋しているという証拠として、写しが回覧されて、国訴の結集を促進するために利用されたことがうかがえる。なおこの頼み証文の末尾には、「油小売方幷油粕類、菜種売捌方等手狭」なので実綿同様に出訴してほしいとの奥書が追加されており、その月日も文政六年五月となっている。一時別々にされたものが五月中にはすり合わせがおこなわれて一本化される動きがあり、そのなかで頼み証文への書き加えが生じたといえる。西摂津の武庫郡大西・難波村からは六月五日付で明後七日に出訴する旨、尼崎藩に届けが出されたが、この訴願の内容は「□実綿・菜種売捌手狭ニ付、摂・河両国より御訴訟」となっており、[18]これが一三日の国訴につながっているのであろう。

訴状については、文政七年国訴状とそれほど変わらないので要約はしないが、菜種についての訴願が中心になっているので、実綿を中心とした訴願とは違いがあるといえる。またここでは「直段上下之儀ハ天情自然之道理」という後に天然自然の相場にまかせよと主張する自由売買の主張があらわれていることと、「摂河両国普百姓」という訴訟主体に関する表明があり、「国訴」観念が表されていることが注目される。三所問屋の独占反対国訴状ではこれらは数万の百姓とされているが、[19]こちらでは摂津・河内の普く百姓とされており、普遍的な両国の民百姓という主張がおこなわれていると考えられる。

おわりに

以上、ここでは従来見過ごされてきた文政二年（一八一九）の肥料幕領訴願と文政六年（一八二三）五月の菜種国訴状を中心に文政期の国訴の過程を見てきた。紹介の性格上とくに要約はしないが、国訴をめぐる史料は、一つは散在しているためと、国訴自体が小さい範囲の訴願運動が発端になって拡大していく性格があり、諸段階ごとに訴状が作成されるため、その全体像がわかりにくいことが多い。そのため史料の集成と分析が欠かせないのである。国訴の研究史は厚いものがあり完全にカバーし切れていないので、ここで紹介した史料もすでにどこかで紹介されている部分があるのかもしれない。ご教示をいただければ幸いである。

（1）津田秀夫『近世民衆運動の研究』（三省堂、一九七九年）付論一「いわゆる『文政の国訴』について」、および同『新版・封建経済政策の展開と市場構造』（御茶の水書房、一九六一年、新版一九七七年）。以下、国訴の内容、経過は津田の仕事による。

（2）藪田貫『国訴と百姓一揆の研究』（校倉書房、一九九二年）前編・第一章「国訴の再検討」では、藪田は津田が紹介した「文政六未年より摂州・河州・泉州国訴一件」という表題をもつ文書について、多くの関係文書を集成して、文政六年当時のものには、同様な記載がなく、後年国訴概念が一般化した時期に、写本が作られ表題が付けられたのではないかと推定している。また天保九年の訴願のさいに、国訴という確実な表現が生まれていることを指摘している。ただ文政国訴の画期性を否定しているわけではなく、支配国が違う摂津・河内が和泉と連携したことに意義を認めている。

（3）津田秀夫『新版・封建経済政策の展開と市場構造』（前掲）。

（4）藪田貫『国訴と百姓一揆の研究』（前掲）第二章「国訴の構造」。

（5）拙稿「近世の百姓結合と社会意識」（『日本史研究』三九二号、一九九五年、後に同『日本近世の自立と連帯』東京大学出版会、二〇一〇年所収）。
（6）八木哲浩『近世の商品流通』（塙書房、一九六二年）表37肥料関係国訴年表、平川新『紛争と世論』（東京大学出版会、一九九六年）五〇～五一頁、表2―1。
（7）以下、とくに断らない限り、神戸大学図書館所管・花熊村村上家文書、一一七―三号文書。同家文書は新保博『封建的小農の分解過程』（新生社、一九六七年）に目録があるが、現在では別の番号が付されているので、番号は現在のものによった。
（8）拙稿「畿内先進地域の村と商品生産」（東洋大学人間科学総合研究所プロジェクト『日本における地域と社会集団』二〇〇七年度研究成果報告書、二〇〇八年、本書五章所収）参照。
（9）大阪市立図書館市史編集室編『大阪編年史』第一六巻（大阪市立中央図書館、一九七三年）一七六～一七七頁。
（10）曽我友良「泉州の人びと、物価引き下げを求める」（『古文書講座25テキスト』貝塚市教育委員会、二〇〇七年）。
（11）拙稿「寛政期肥料国訴の動向について」（東洋大学人間科学総合研究所プロジェクト『日本における地域と社会集団』二〇〇八年度研究成果報告書、二〇〇九年、本書一一章所収）参照。
（12）曽我友良「泉州の人びと、物価引き下げを求める」（前掲）。
（13）渡辺久雄編集『尼崎市史』六巻（尼崎市役所、一九七七年）九八～一〇〇頁。
（14）新保博『封建的小農の分解過程』（前掲）三四八頁、注12。
（15）神戸大学図書館所管・花熊村村上家文書、一一七―一二号文書。
（16）兵庫県史編集専門委員会編『兵庫県史』史料編・近世三（兵庫県、一九九三年）八七九～八八四頁。
（17）羽曳野市史編纂委員会編『羽曳野市史』五巻史料編三（羽曳野市、一九八三年）四八〇～四八三頁。
（18）渡辺久雄編集『尼崎市史』六（前掲）一〇一頁。
（19）兵庫県史編集専門委員会編『兵庫県史』史料編・近世三（前掲）八七九～八八四頁。

初出一覧

Ⅰ　研究展望

第一章　「総説―村落論の展開」（村上直他編『日本近世史研究事典』東京堂出版、一九八九年）

第二章　「世直しと地域市場―幕末維新の基礎構造」（二〇一四年九月二七日、関東近世史研究会例会報告を原稿化した新稿）

Ⅱ　百姓の所有と共生

第三章　「近世の村と百姓の土地所持」（白川部達夫・山本英二編『村の身分と由緒』〈江戸〉の人と身分二、吉川弘文館、二〇一〇年）

第四章　「日本近世の共生思想―『河内屋可正旧記』をめぐって」（竹村牧男編『東洋知に基づく「共生」思想の研究』二〇〇六～二〇〇七年度科学研究補助金基盤研究（c）研究成果報告書、二〇〇八年）

Ⅲ　村と民衆世界の広がり

第五章　「畿内先進地域の村と商品生産」（東洋大学人間科学総合研究所プロジェクト『日本における地域と社会集団』二〇〇七年度研究成果報告書、二〇〇八年）

第六章　「江戸地廻りの賑わい」（林英夫・青木美智男編『番付で読む江戸時代』柏書房、二〇〇三年）

第七章　「幕末維新期の村と旅人改め―村をめぐる交流・流通・地域」（北原進編『近世における地域支配と文化』大河書房、二〇〇三年）

第八章　「幕末維新期の村方騒動と『小賢しき』者」（「幕末期の村方騒動と主導層―「小賢しき者」について―」地方史研究協議会編『茨城県・思想文化の歴史的基盤』雄山閣、一九七八年所収の一部と『小山市史』通史編二・近世、小山市、一九八六年の担当部分を再編）

Ⅳ　村と民衆運動

第九章　「一八世紀末における幕藩領主の関東認識と村方騒動」（『歴史手帖』一〇巻六号、名著出版、一九八二年）

第一〇章　「近世村落の社会結合と民衆運動―天保三年、武州橘樹郡南加瀬村門訴一件を中心に」（『法政史学』四三号、一九九一年）

第一一章　「寛政期肥料国訴の動向について」（東洋大学人間科学総合研究所プロジェクト『日本における地域と社会集団』二〇〇八年度研究成果報告書、二〇〇九年）

第一二章　「文政期の肥料訴願と国訴について」（東洋大学人間科学総合研究所プロジェクト『日本における地域と社会集団』二〇〇九年度研究成果報告書、二〇一〇年）

あとがき

私の最初の著書『日本近世の村と百姓的世界』(校倉書房、一九九四年)を上梓してから、二四年を経過している。学位論文をまとめて、最初の著書にとりかかった頃、法政大学の卒業文集に原稿をもとめられて、「戦後歴史学の後で」という小文を書いたが、その一部を示すと、つぎのようであった。

戦後歴史学のもとで行なわれた村共同体の階層構成・共同体規制・支配構造といった構造論的アプローチにたいして、近世百姓の自律の基礎としての所有と自由、および社会結合を社会意識の面から迫るという構想にたどりつき、なんとかまとめることができた。これがどの程度批判に耐え得るものかどうかわからないが、私なりに戦後歴史学から歩みだそうとした試みとなったわけで、そうした以上は、もう試行錯誤を続けるしか道はなさそうである。「戦後歴史学の後で」というのは新しい地平を切り開くといった勇ましいものでなく、どちらかといえば荒野へ向かって頼りなく歩みはじめたといったいまの心境なのである。

この小文を書いてから、どれほど前へ進めたのか、心許ない思いがする。もっともそういう感慨をもつのは、我々の世代が最後かもしれない。それだけこの間の変化は大きかったのであろう。もう少し、整理してからとも思ったが、今の私のかかえている課題から考えると、この辺で一区切りつけておく必要があると思い、まとめることにした。

『日本近世の村と百姓的世界』が、どちらかというと百姓的世界の構造を問題にしていたのにたいし、本書は

あとがき

この解体を意識して、それぞれのテーマの可能性を探るように試みた論文を収録している。百姓的世界の解体をめぐっては、世直しの検討が避けられないが、これについては、別に用意したいと思っている。各論文は、誤りを訂正した程度で基本的には、発表当時のものを変えないようにした。文末の付記で、その後の関係する文献などをあげておいたので、参照していただければ幸いである。

執筆にあたって史料の閲覧を許された所蔵者や関係諸機関の方がた、またご協力をいただいた方がたにも厚く御礼申し上げたい。

最後に学術出版が困難なときに、出版を引き受けて下さった塙書房白石タイ社長、出版を奨めて原稿の整理など大変お世話になった寺島正行さんに感謝の意を表したい。

二〇一八年七月

白川部達夫

へ

ほ

む

も

よ

索　　引

白川部達夫（しらかわべ　たつお）

著者略歴
1949年　北海道生まれ
現　在　東洋大学文学部教授

主要著書
『日本近世の村と百姓的世界』（校倉書房、1994年）
『近世の百姓世界』（吉川弘文館、1999年）
『江戸地廻り経済と地域市場』（吉川弘文館、2001年）
『日本近世の自立と連帯』（東京大学出版会、2010年）
『近世質地請戻し慣行の研究』（塙書房、2012年）
『旗本知行と石高制』（岩田書院、2013年）

近世《きんせい》の村《むら》と民衆運動《みんしゅううんどう》

2019年2月5日　第1版第1刷

著　者　白川部　達夫
発行者　白　石　タ　イ
発行所　株式会社　塙　書　房
〒113-0033　東京都文京区本郷6丁目8-16
電話　03(3812)5821
FAX　03(3811)0617
振替　00100-6-8782

亜細亜印刷・弘伸製本

ISBN978-4-8273-1301-7　C3021